折り紙 夢WORLD

川崎敏和

朝日出版社

銀河鉄道の夜

子ギツネの春と秋

海・浅瀬と深海

銀河鉄道の夜

汽車

折り方 41ページ〜

銀河鉄道の夜

雪の結晶

折り方 64ページ〜

銀河鉄道の夜

氷粒

折り方 67ページ〜

銀河鉄道の夜 客車 折り方 54ページ~

銀河鉄道の夜 家 折り方33ページ~

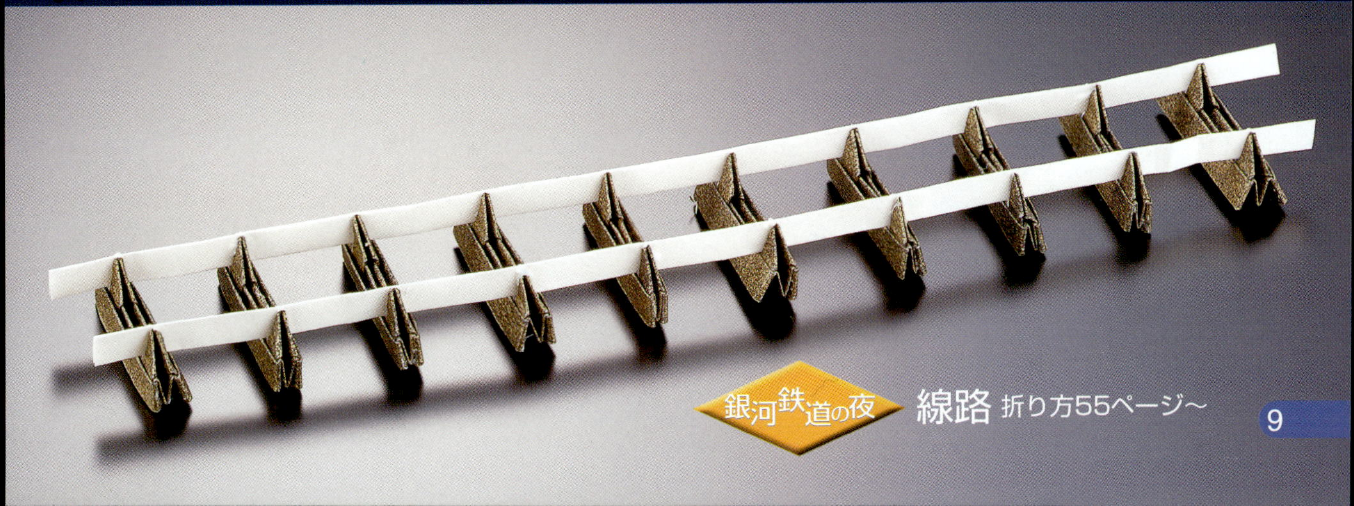

銀河鉄道の夜 線路 折り方55ページ~

銀河鉄道の夜

スペースシャトル

折り方 58ページ~

子ギツネの春と秋 と 銀河鉄道の夜

木

折り方 38ページ~

子ギツネの春と秋

桜一輪

折り方 85ページ~

子ギツネの春と秋 子ギツネ 折り方70ページ～

子ギツネの春と秋

桜玉

折り方 87ページ～

桜の応用

おたくさ 折り方 90ページ～

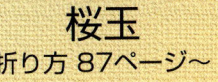

子ギツネの春と秋 バラ 折り方74ページ〜

子ギツネの春と秋

枯葉

折り方 92ページ〜

子ギツネの春と秋

バラの葉

折り方 82ページ〜

海・浅瀬と深海 コンブ 折り方120ページ～

海・浅瀬と深海

ワカメ

折り方 122ページ～

海・浅瀬と深海

サザエ

折り方 110ページ～

巻き貝

折り方 102ページ～

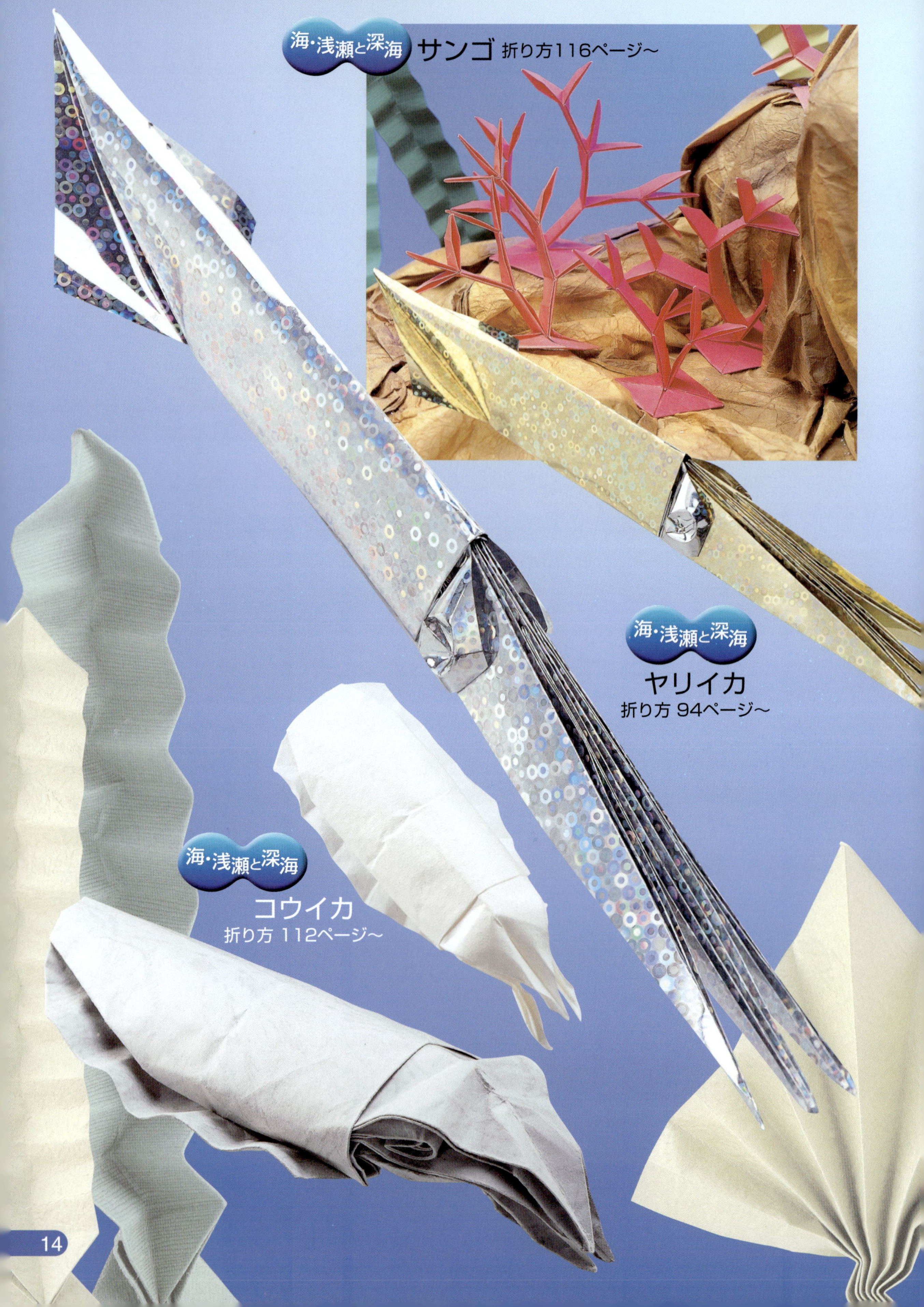

海・浅瀬と深海 サンゴ 折り方116ページ～

海・浅瀬と深海
ヤリイカ
折り方 94ページ～

海・浅瀬と深海
コウイカ
折り方 112ページ～

ゴンズイ

折り方 100ページ～

バラのイヤリング
メタリック用紙を使用。小さい方は2.5センチ角、大きい方は3センチ角の紙で折ってあります。

バラのブローチ　留め金具は、裏面の中央よりやや上に取り付けましょう。服につけたとき、花がきれいに上を向きます。

箸置き　おもてなしの食卓にどうぞ。お持ち帰りいただくと喜ばれます。

メモスタンド　家の本体の「ポケット(32ページ参照)」にメモをはさみ、煙突はペン立てに。

折り紙 夢WORLD

序文

無限のスクエア

私が川崎さんと出会ったのは、NHKの「誰もいない部屋」という番組の取材でした。この番組は名前の通り主人公のいない部屋を紹介し、その人の職業や属性を推理するという一風変わったもの。

ある日、リサーチしている中で、新聞の一行に目が止まりました。「世界初の折り紙博士・川崎敏和。職業は数学の教師」これは面白い！　僕たちが慣れ親しんだ折り紙で博士号を取った人がいる。どんな人なのだろう……、どんな部屋なんだろう……。

さっそく、長崎のご自宅にお邪魔しました。川崎さんが「僕の部屋です」と見せてくれたのは、四畳半の和室。そこには数学の参考書、植物、動物、海洋生物の図鑑、プラスチックの玩具、折り紙の研究ノート、ピーマン、書けなくなったボールペン、楊枝、ピンセット、ゴミ箱、アルバム、ジンが乱雑にありました。なんと、これらすべて、折り紙を作る時に使うものなのです。どんなふうに使って折るのか想像してみてください。

川崎さんは、畳にあぐらをかき、ゴミ箱の上に四角いアルバムを置き、その上で折るのです。書けなくなったボールペンは、紙に折る線をつけるため、楊枝とピンセットは細かい折りの時に使うのです。膨大な図鑑は、折り紙の作品探し、ピーマンは家庭菜園で出来たものを折り紙にした時のもの。研究ノートは折り紙を数式化しようと書いた論文用。玩具はヒント。そして、折り紙を学会で発表するための映像がパソコンに……。ちなみに、パソコンに入っていた作品は「火星人」という川崎さんの名作の折り方。今回の本ではテーマがちがうので紹介されてないのが大変残念……。

とにかく、最も小さい作品の“コーヒー豆”や、「カワサキローズ」として川崎さんの名前を世界的なものにした“バラ”、そして、遊び心溢れる“火星人”などたくさんの作品を生み出してきたこの部屋——。

四畳半の小さな部屋は、川崎さんの自由な折り紙ワールドを創り出す無限のスクエア（四角）なのです。川崎さんの柔軟な発想で折られる四角い紙と四角い部屋、そして、少々のジンが夢のある素敵な作品を生んでいます。

そしてじつは、折り紙の名手にして辛口の評論家である奥様の淳子さんのアドバイスと、娘さんの詩織ちゃん（本当は紙折にしたかった）の笑顔が何よりの発想のエネルギーである事を忘れてはいけません。

ディレクター　　新井正敏

■目次■

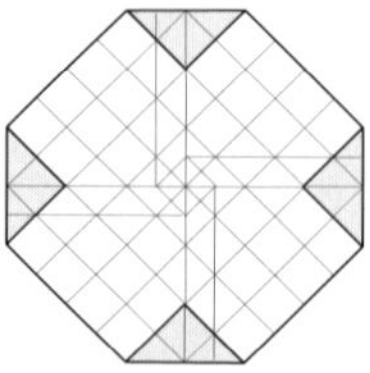

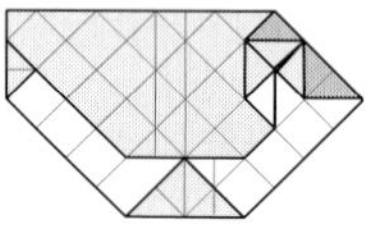

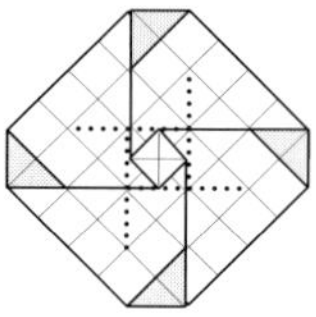

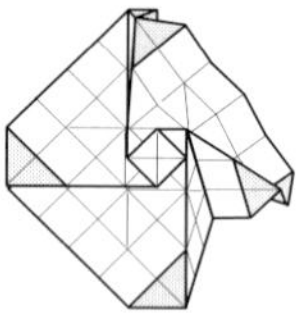

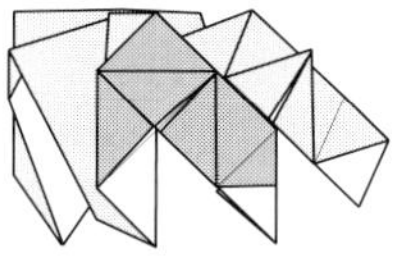

■ 第2章 ■
「子ギツネの春と秋」

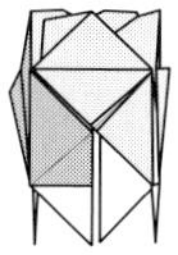

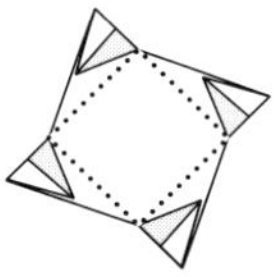

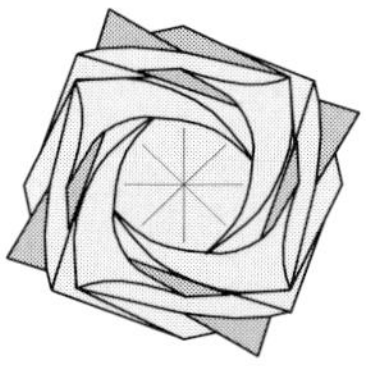

■ 第3章 ■
「海・浅瀬と深海」

折り紙夢WORLD

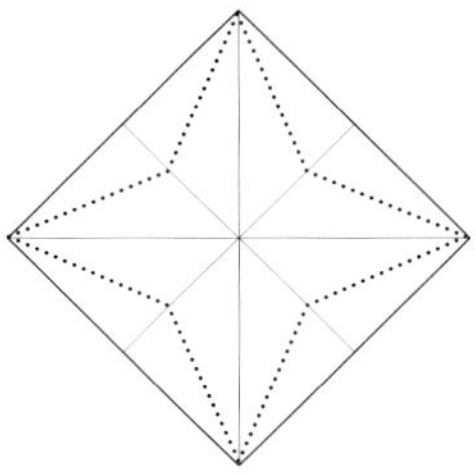

編集／神原恵里子

カメラ／杉山英治

装丁・デザイン／フリーノート

DTP：(株)百足舎

作品提供 ────

鈴木恵美子(16ページ「バラのブローチ」)

浦上新吾(16ページ「バラのイヤリング」)

川崎英文(90ページ「おたくさ」作品命名も)

解説　折り図記号について

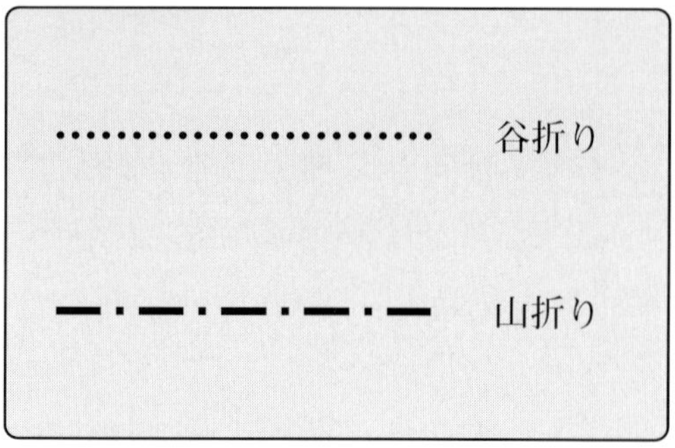

折り図を平面上で回転する

折り図を裏返して背面を上にする

折り図を拡大（縮小）する

折り図を縦（横）に回転し見えている向きを変える

細い線　細い線は、用紙につけられた折り目を表す。

用紙の裏表　原則として裏は白、表は薄いグレーで表す。

解説　紙サイズの表記について

家、汽車など、パーツを折って組みあわせる折り紙では、そのパーツを折る紙のサイズが重要になります。この本では、折り紙の標準サイズである15cm×15cmの用紙を大、その縦横2分の1のサイズ（7.5cm×7.5cm）を中、4分の1のサイズ（3.25cm×3.25cm）を小とし、下のような図表で必要枚数を表記しました。たとえば、下の左の図表は、右の図のように大0枚、中1枚、小4枚が必要という意味になります。

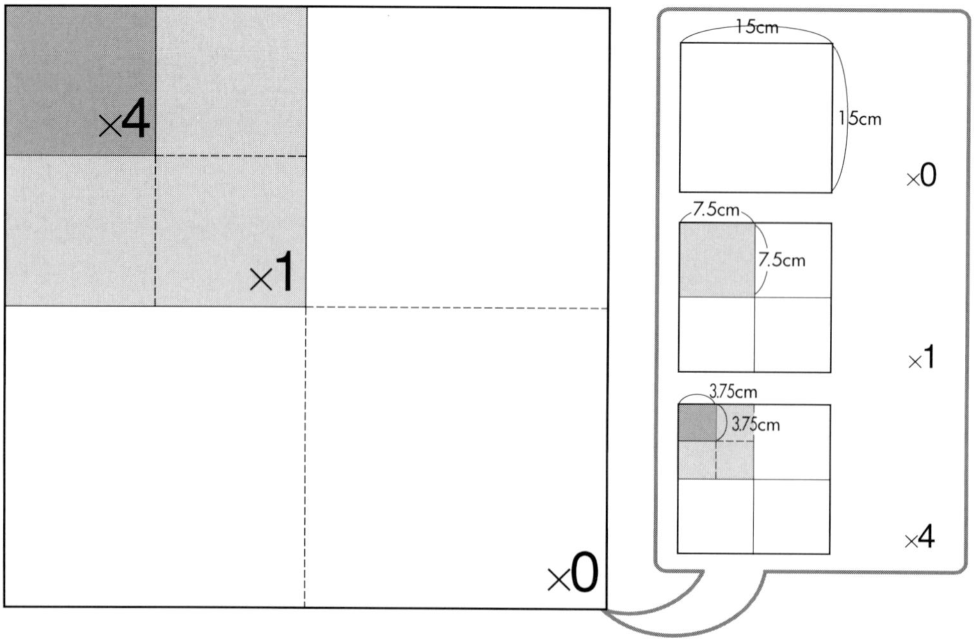

これ以外の特殊サイズの用紙については、目安となる用紙サイズを明記しました。
サイズの明記のないものは、縦横のサイズは自由な正方形です。

解説　上手に折るコツ

同じように折ったはずなのに上手な人とはできあがりがちがう……。そんな疑問を解消しましょう。

Point 1　折り目はしっかりつける

「折り目」の美しさは、作品の出来を大きく左右します。ツメを立て、折り目を完全につぶすつもりでしっかりしごいて、きちんと折り目をつけましょう。初心者は、指の腹でなぞっただけで「折った」つもりになっていしまいがちですが、それだけでは意外に折り目がゆるく、きれいな作品は折れません。

特にバラ、スペースシャトル、イカなど、いちど折り目をつけてからひらき、折り目をつけなおしてもう1度まとめる作品では、きちんとした折り目がついているかどうかで折りやすさが変わってきます。急がず落ちついて、しっかり折り目をつければ、後の作業が格段に楽になります。

○　×

折り目がシャープになっているかどうかに注目！

Point 2　紙のフチをきちんとそろえる

半分に折ったり、ななめ45度に折ったりするときは、紙のフチをきちんと正確にそろえて折る、とわかっていてもついつい適当になってしまいがち。けれども、フチはぴったり正確にそろえましょう。

右の写真を見てください。フチは、だいたい合ってはいますが、ほんの少しズレています。このズレが積み重なっていくと、作品がどんどん形崩れしてしまいます。どちらの面から見ても紙の裏側が見えないように、きっちりフチを合わせること。面倒がらずにていねいにフチをそろえて折るのが、美しい作品を折るポイントです。

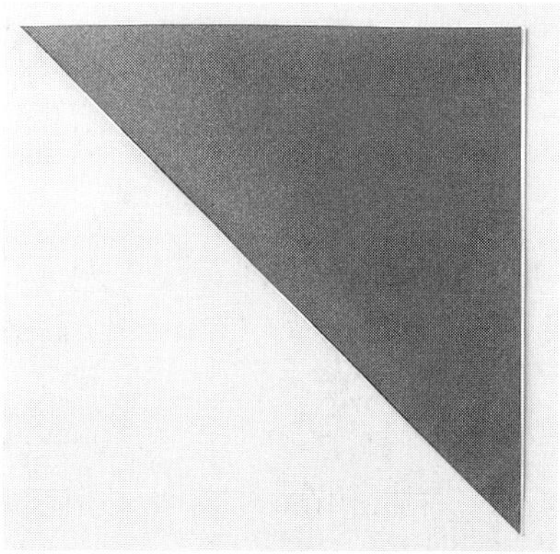

×

Point 3　次の段階の折り図をめざす

折り図は平面で、実際の作品は立体です。慣れない人には、ひと目見ただけではわかりにくいことも多いはず。そんなときは、落ちついて、次の段階の折り図をよく見ましょう。次にめざすものを念頭に入れ、山線谷線の折り目を正しくつけようとすれば、意外にあっさり折れるものです。あまり難しく考えずに、とにかく折ってみましょう。

第1章

「銀河鉄道の夜」の折り方

口絵2～3ページ

解説 基本ブロックとジョイントについて

単純なパーツを組みあわせてつくる折り紙を「ユニット折り紙」といいます。家や汽車は、「基本ブロック」というパーツをジョイントでつなげたユニット折り紙で、その基本ブロックもまた「くちばし」と「半くちばし」という、とても簡単なパーツを組みあわせたユニット折り紙です。

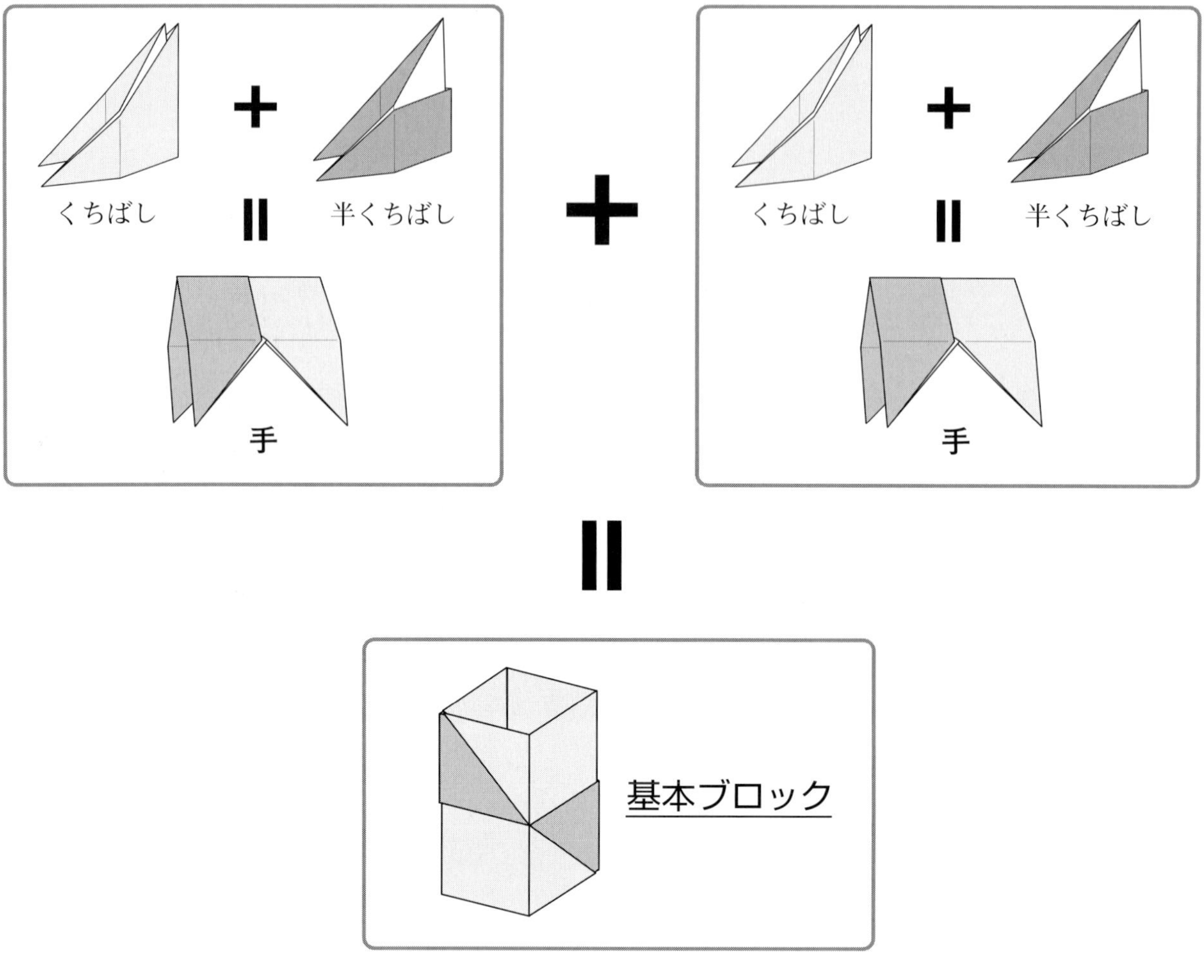

この基本ブロックをつなげるときには「ジョイント」をつかいます。折り方やつなげ方については順次説明します。

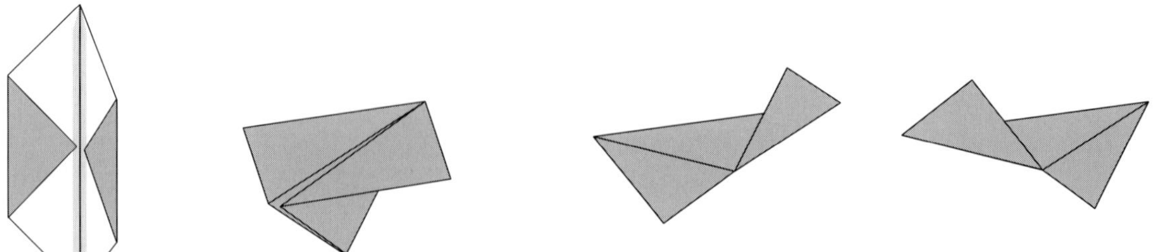

正ねじりジョイント　逆ねじりジョイント

縦ジョイント　横ジョイント　ねじりジョイント

Step 1 くちばし・半くちばし

基本ブロックはこの2つのパーツを組み合わせてつくります。
紙のカドをきっちり合わせ、しっかり折り目をつけて折りましょう。

2種類のパーツ（くちばし、半くちばし）が混乱しないように2色（濃色と淡色）で説明します。
練習するさいには、たとえばくちばしを黄色い紙、半くちばしを赤い紙で折ってみてください。

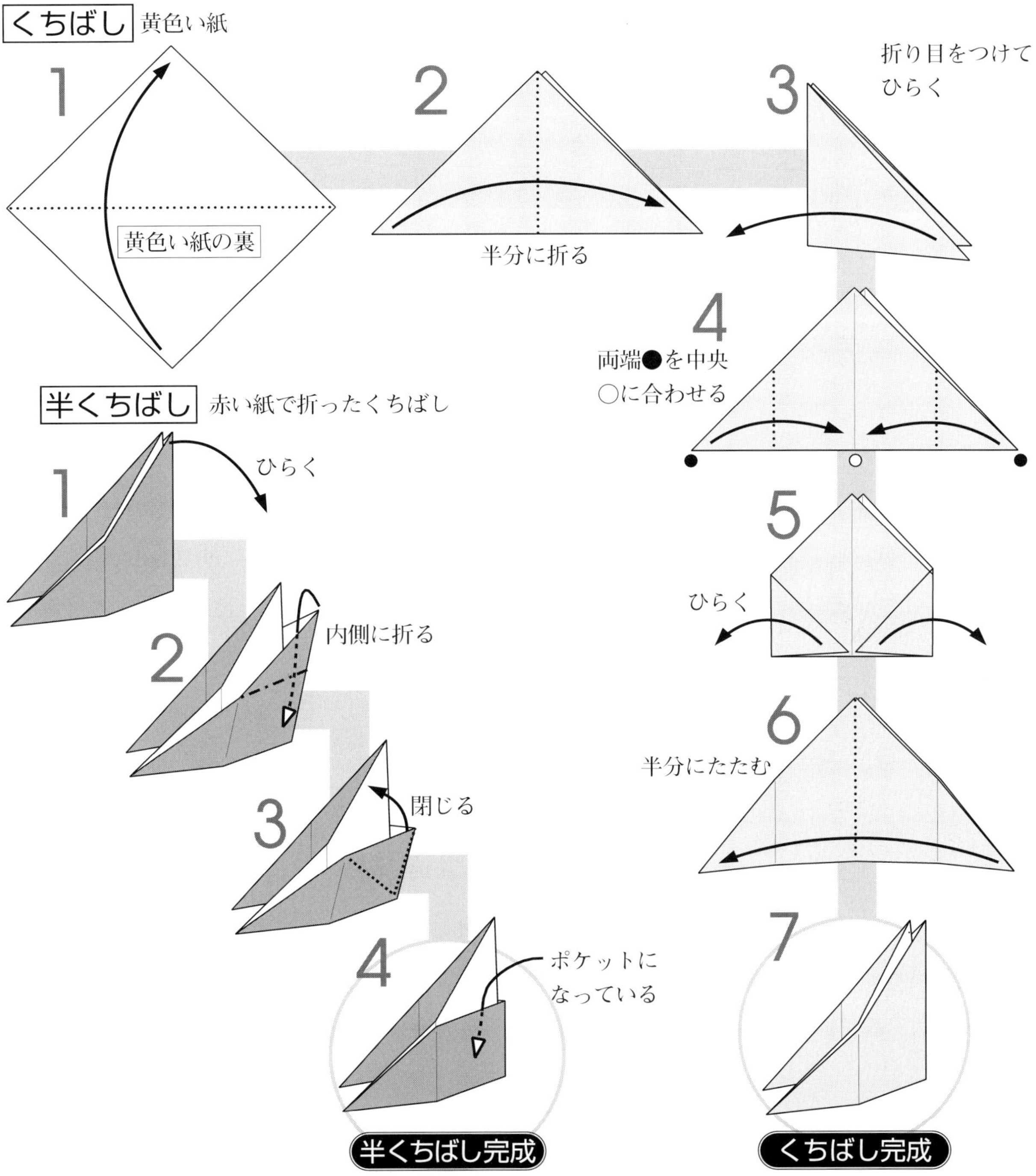

Step2 手　くちばし1+半くちばし1

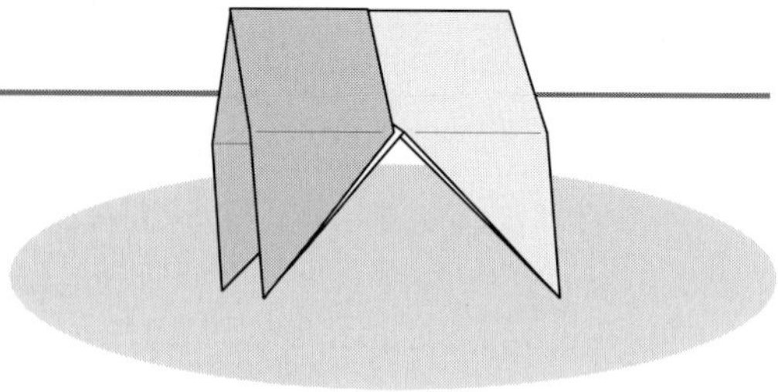

くちばしと半くちばしが、
お互いを挟みあうように組みます。

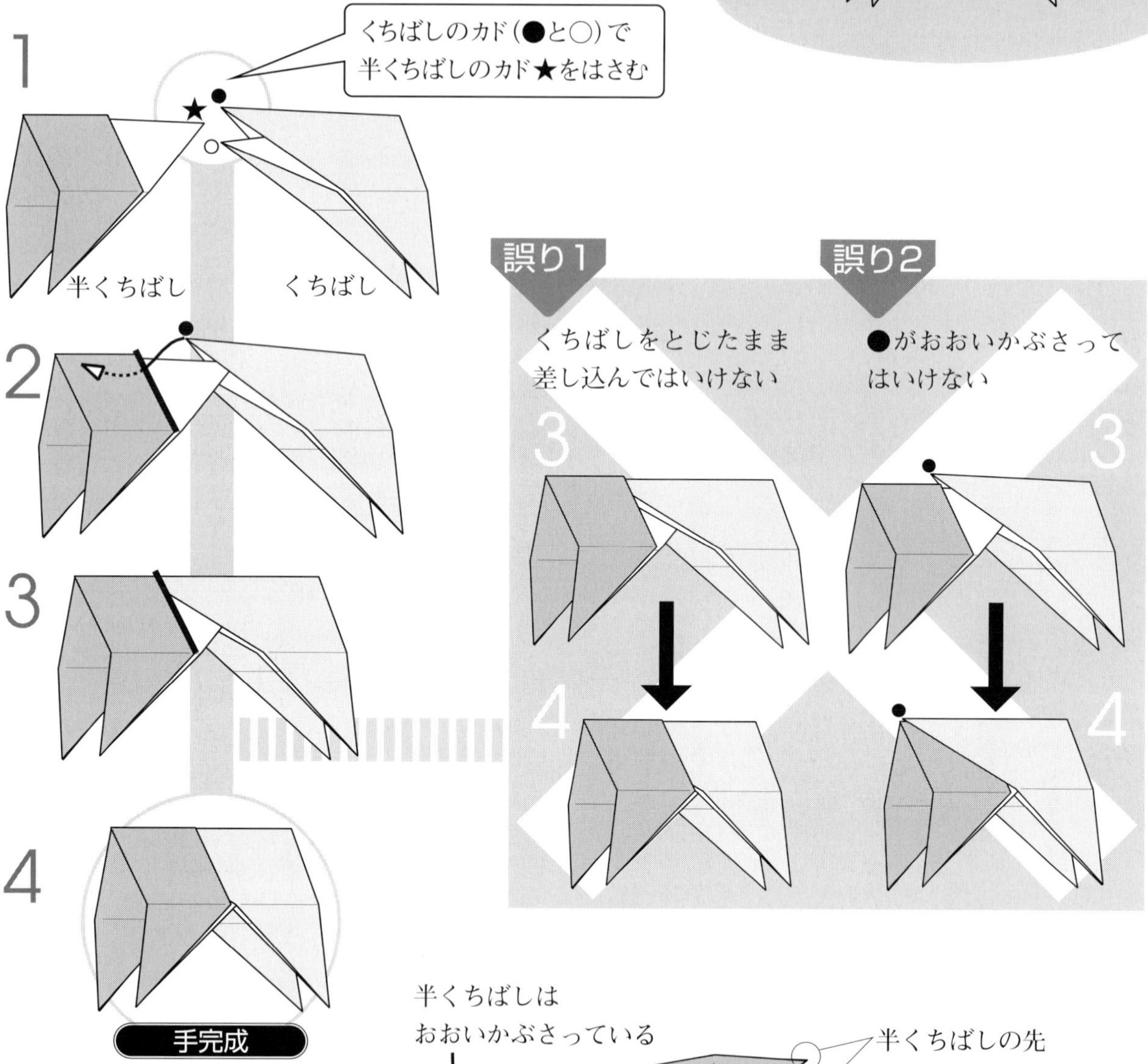
1
くちばしのカド（●と○）で
半くちばしのカド★をはさむ
★
●
○
半くちばし
くちばし
2
●
3
4
手完成
誤り1
くちばしをとじたまま
差し込んではいけない
3
4
誤り2
●がおおいかぶさって
はいけない
3
●
4
●

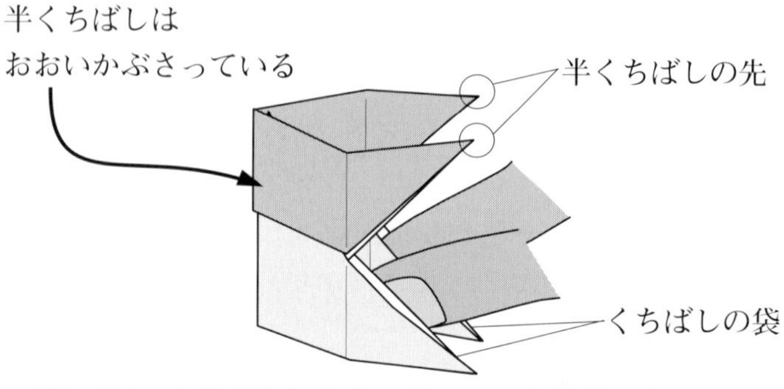
半くちばしは
おおいかぶさっている
半くちばしの先
くちばしの袋

手には4つカドがあります。どのカドも袋状になっていますが、基本ブロックをつくるときは、**半くちばしの先をくちばしの袋に**差しこみます。

Step3 ブロックの組み立て 手(くちばし1＋半くちばし1)×2

4つのカドを同時に差し込むのは難しいので、平たくした手を机の上に置き、1つずつ丹念に差しこみましょう。

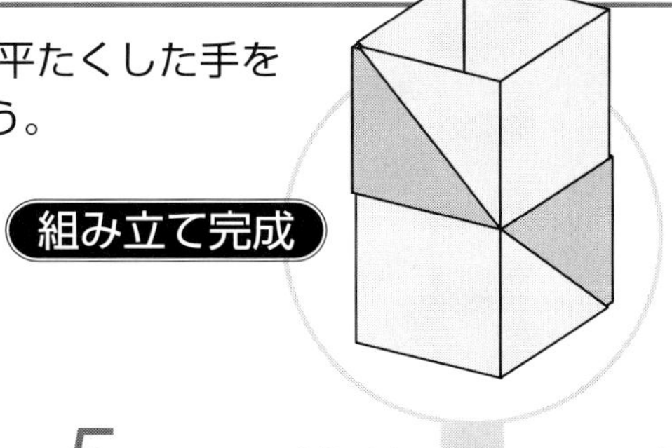
組み立て完成

1 ぺたんこにした手2つ

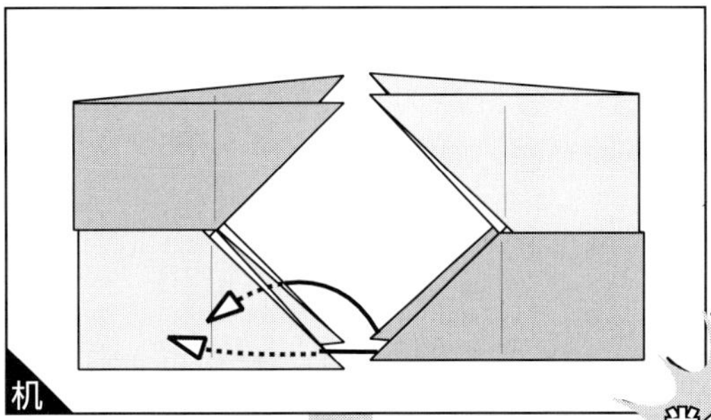
机

半くちばしを
くちばしに
差し込む

2

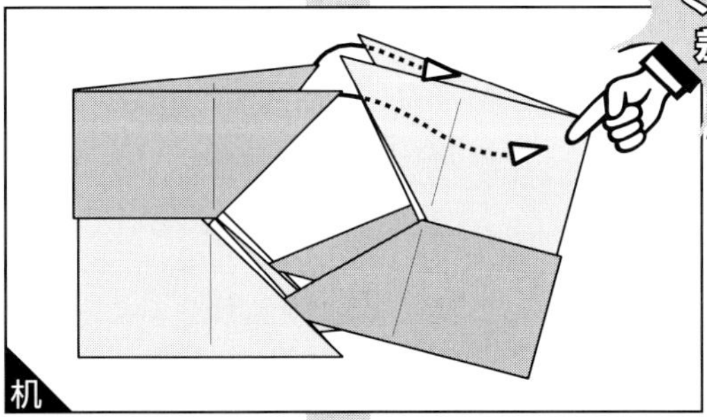
机

傾けて半くちばしの先を2つ差しこむ

3

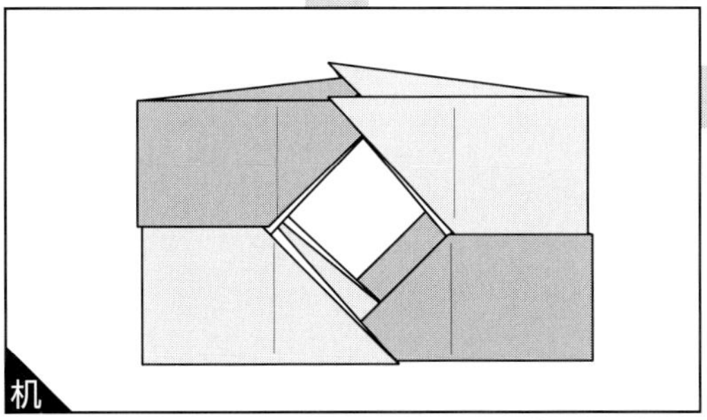
机

半くちばしの先は4つともくちばしの袋にはいっている

4

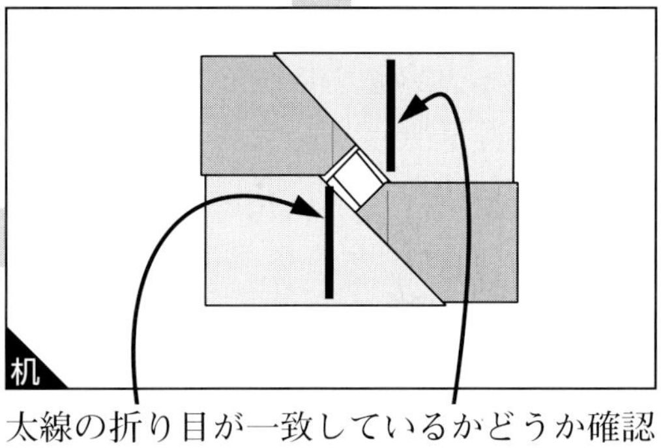
机

太線の折り目が一致しているかどうか確認し、上図のようにずれていたら、さらに奥まで差しこむ

5 この2つの折り目が一致したら、矢印の向きに押しつぶして4角い筒にする

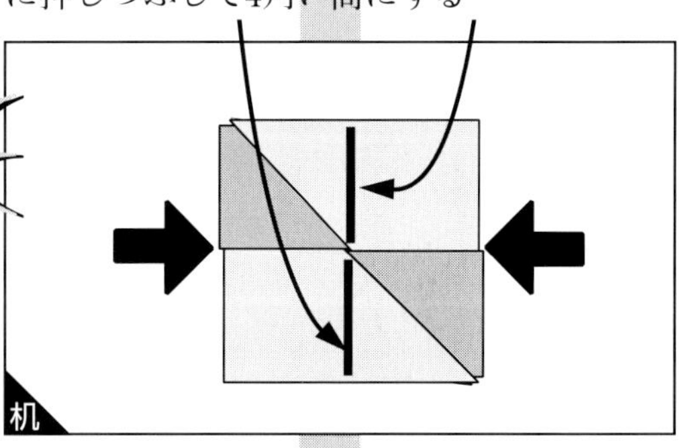
机

CHECK チェック

ブロックができたら中をのぞいてください。

本文の指示に従って黄色いくちばしと赤い半くちばしで組んでいれば、中は黄色1色です。

もし赤い面が見えたらどこかで間違っています。

30ページの誤り1、誤り2と**半くちばしの先をくちばしの袋に入れる**に注意して組みなおしてください。

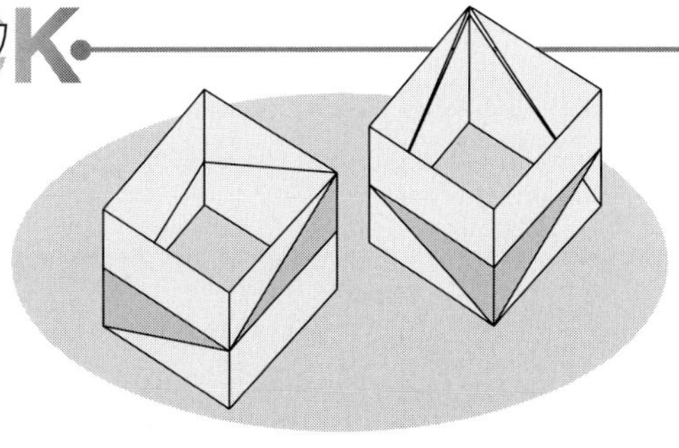

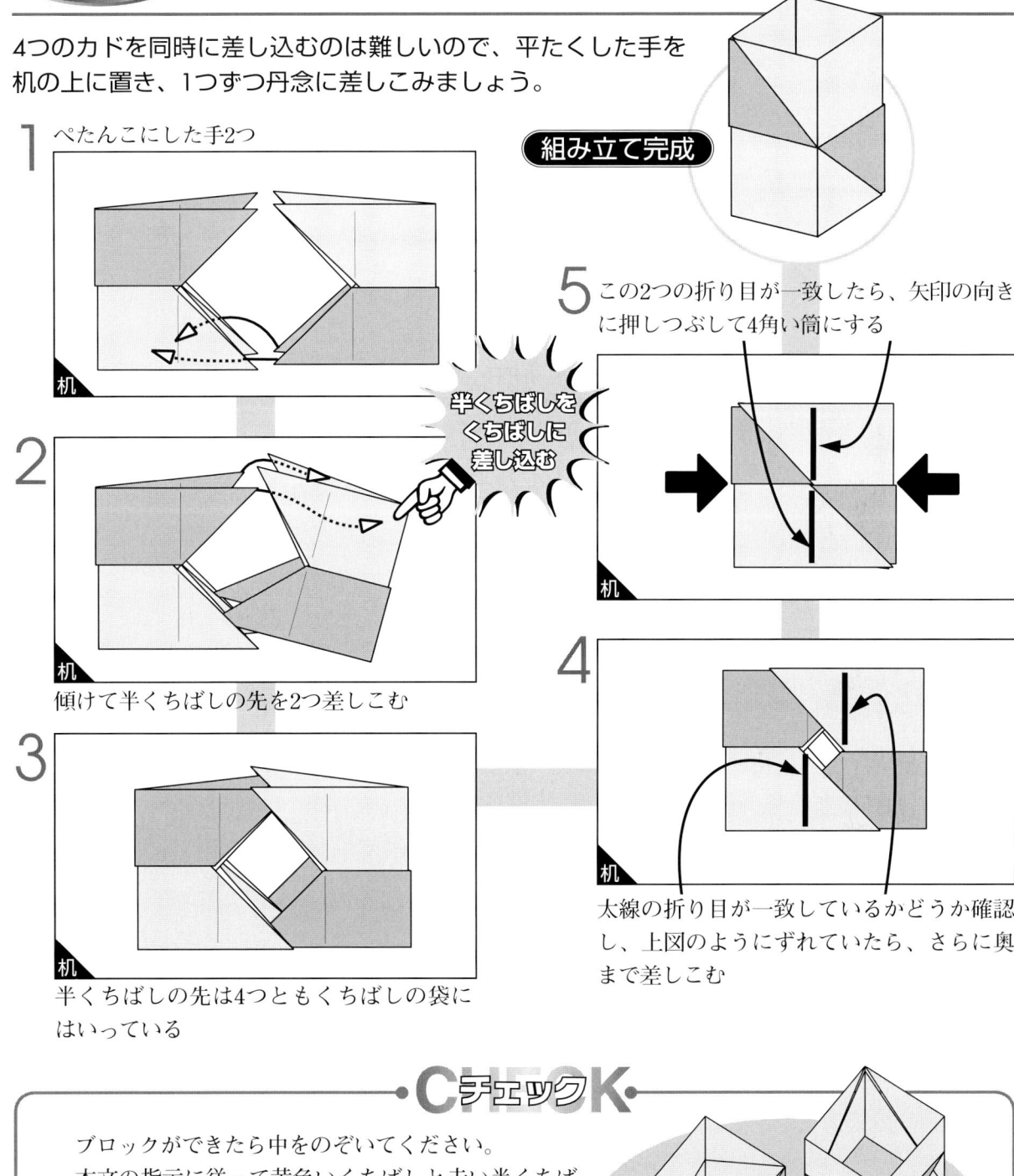

外ポケットと内ポケット

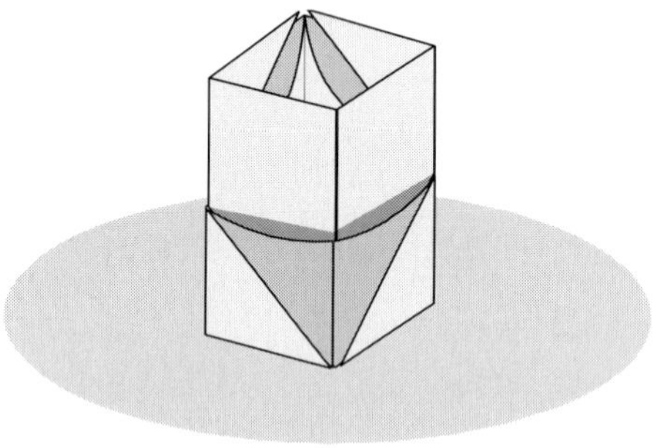

右図に影をつけたすきまをポケットと呼びます。基本ブロック同志の組み合わせにつかいます。
ブロックができたら、ポケットがあるかどうか確認してください。もしポケットの様子が下図と違っていたらどこかで間違っています。
半くちばしの先をくちばしの袋に入れるように注意して組みなおしてください。

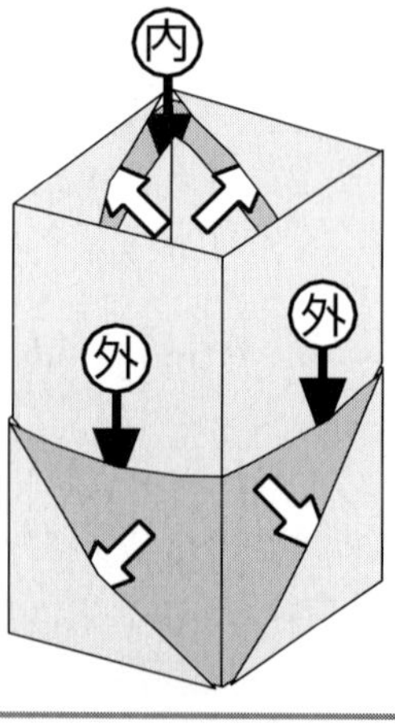

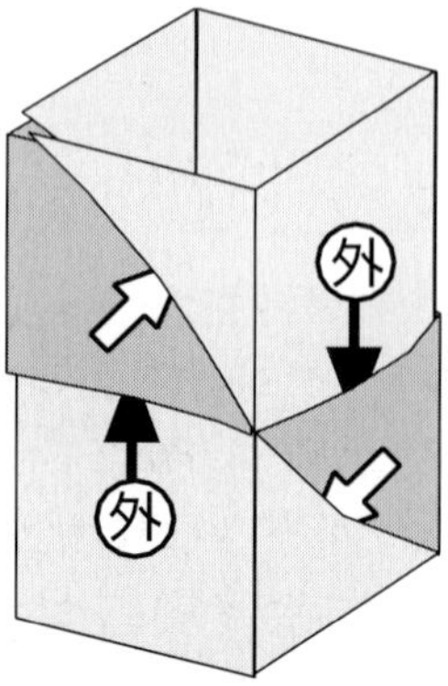

(内) ➡は内ポケット
(外) ➡は外ポケット
を表します。

⇨のすき間はブロックの組みあわせには使いません。

家

基本ブロック4個を組んで屋根を取りつけます。
きちんと手順をふめば誰でも簡単につくれます。

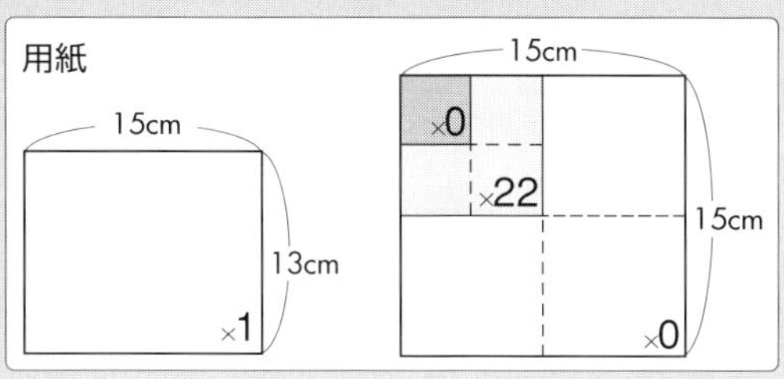

用紙
15cm
13cm
×1
15cm
×0
×22
15cm
×0

難易度 ★

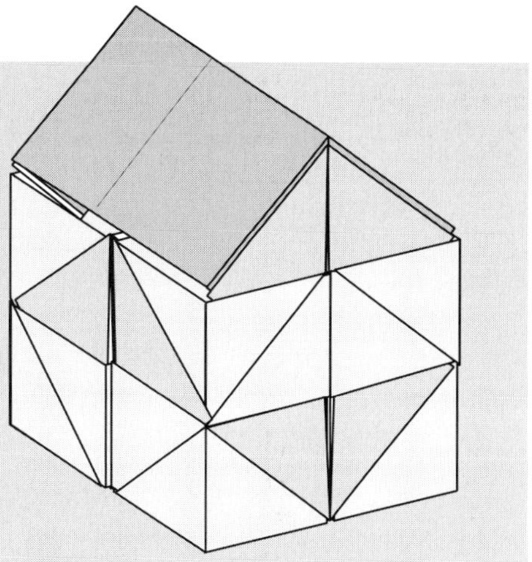

Step1 家本体をつくる

基本ブロック　4
横ジョイント　4

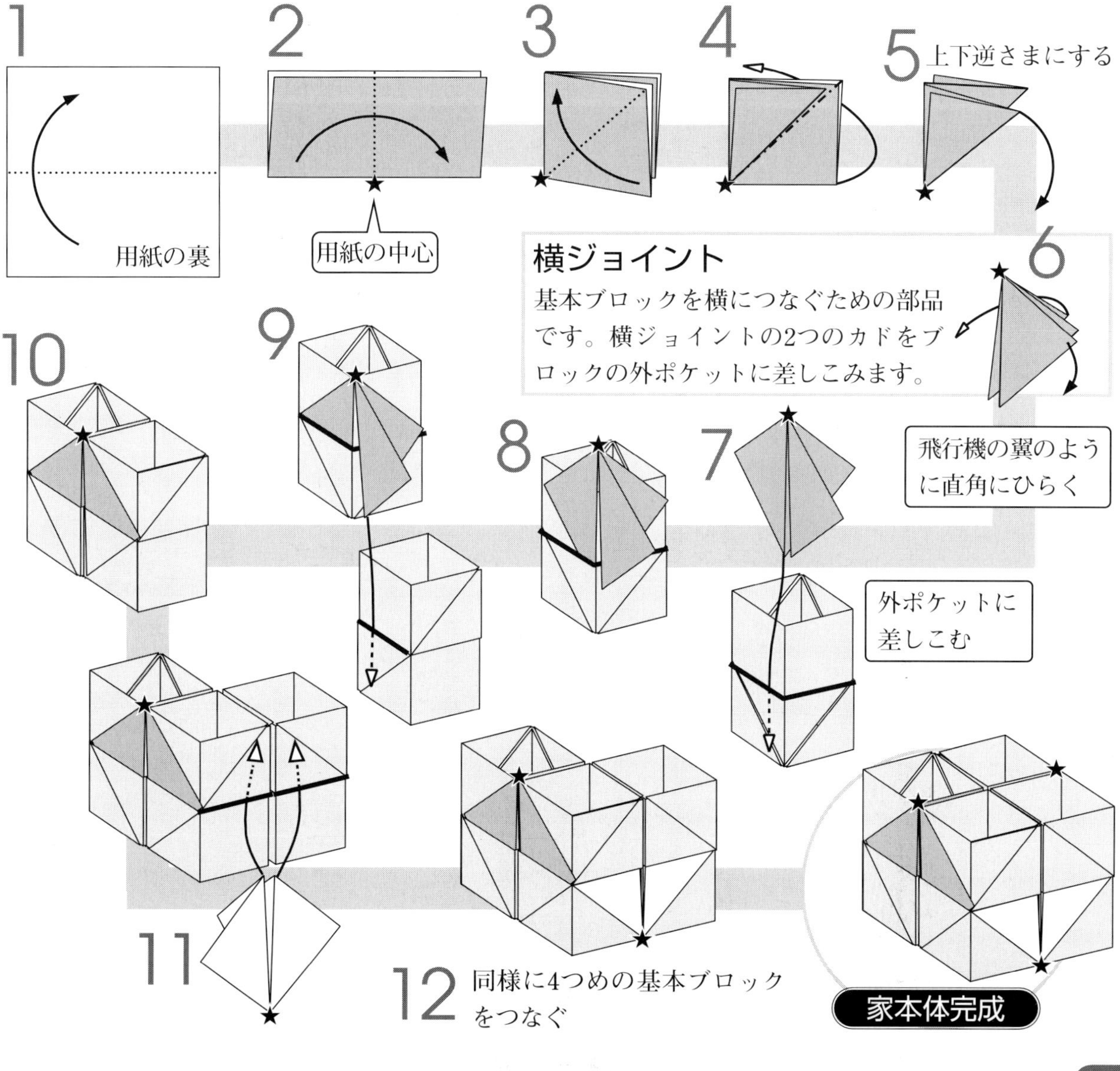

1
用紙の裏
2
用紙の中心
3
4
5 上下逆さまにする
6
飛行機の翼のように直角にひらく
7
外ポケットに差しこむ
8
9
10
11
12 同様に4つめの基本ブロックをつなぐ
家本体完成

横ジョイント

基本ブロックを横につなぐための部品です。横ジョイントの2つのカドをブロックの外ポケットに差しこみます。

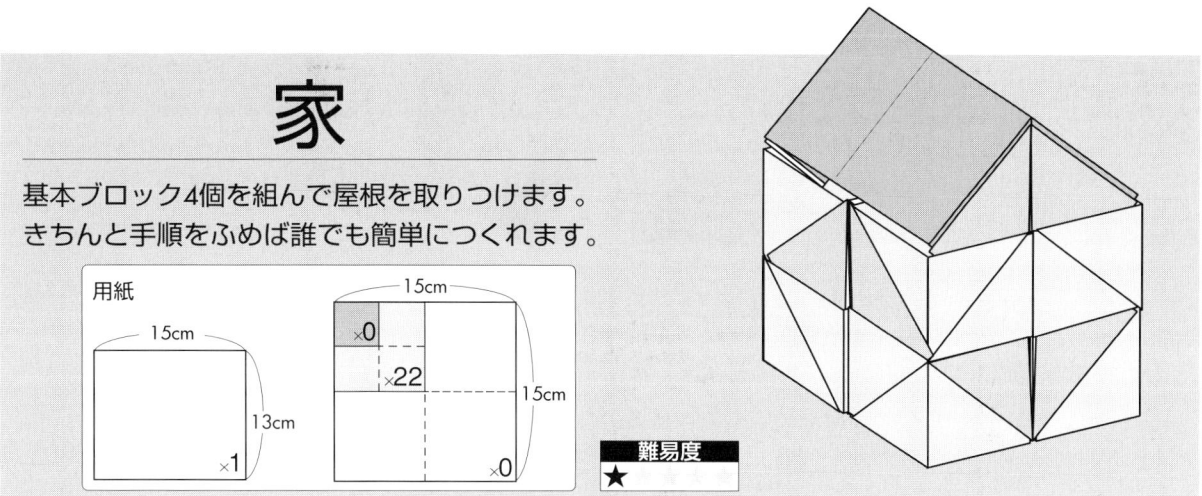

Step2 屋根をつくる

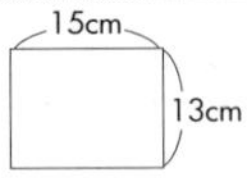
15cm
13cm

屋根の両端は横ジョイントと同じ構造です。

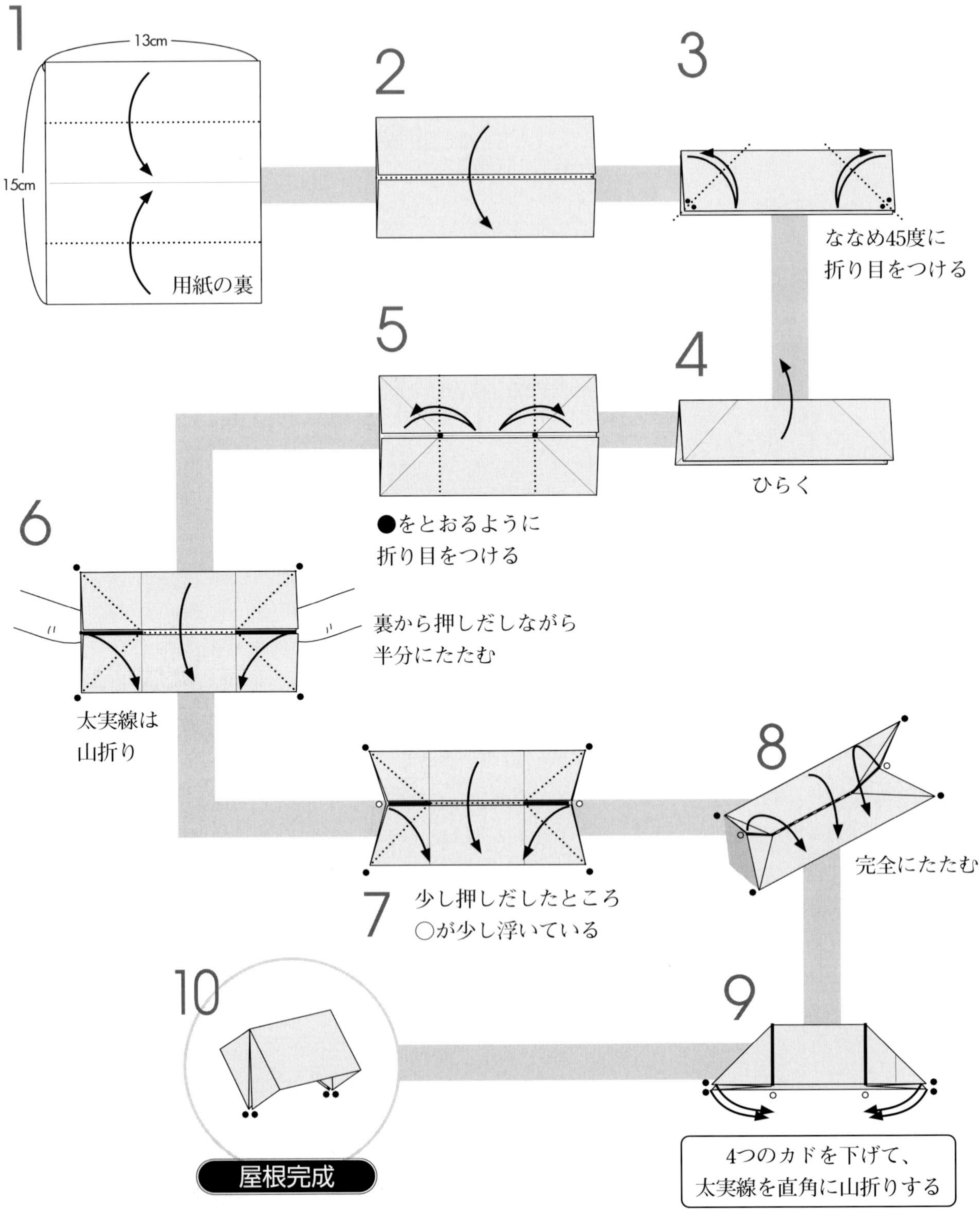
1
13cm
15cm
用紙の裏
2
3
ななめ45度に
折り目をつける
4
ひらく
5
●をとおるように
折り目をつける
6
裏から押しだしながら
半分にたたむ
太実線は
山折り
7
少し押しだしたところ
○が少し浮いている
8
完全にたたむ
9
4つのカドを下げて、
太実線を直角に山折りする
10
屋根完成

Step 3 組み立て＝家完成

家本体（基本ブロック4　横ジョイント4）
横ジョイント2

15cm 13cm 屋根1

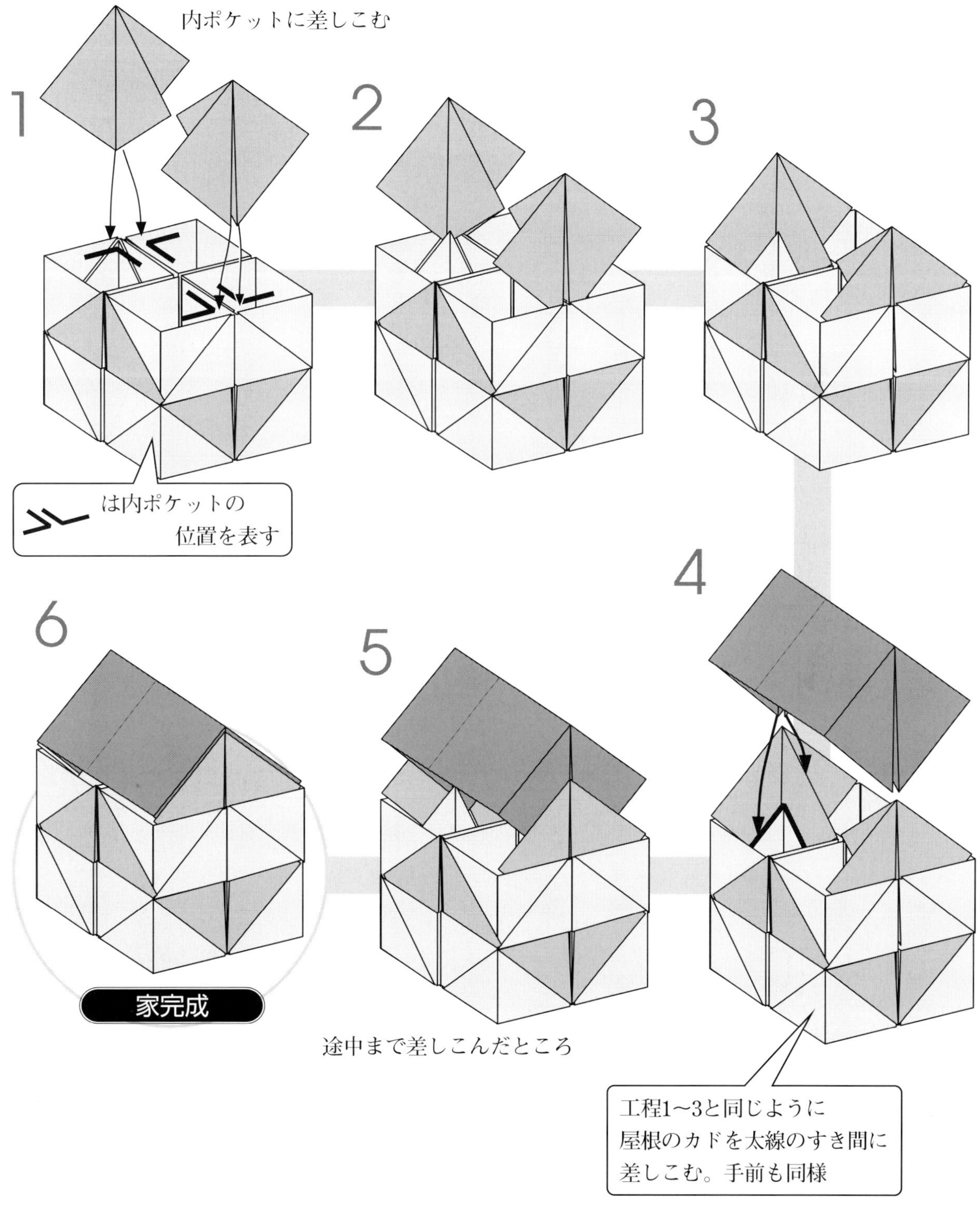
内ポケットに差しこむ
1
2
3
は内ポケットの
位置を表す
4
5
6
家完成
途中まで差しこんだところ
工程1〜3と同じように
屋根のカドを太線のすき間に
差しこむ。手前も同様

応用 煙突つきの家

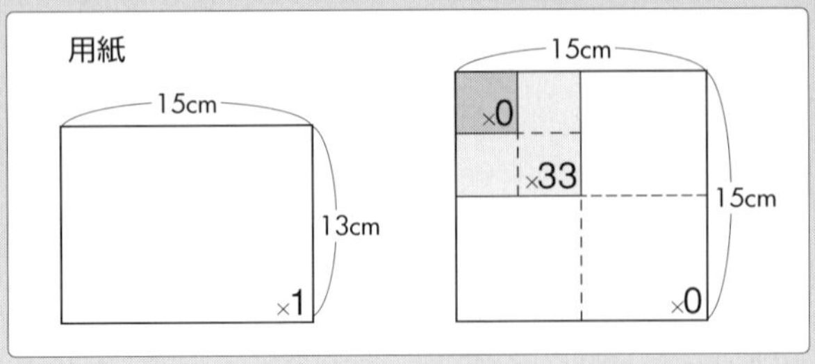
用紙
15cm
13cm
×1
15cm
×0
×33
15cm
×0

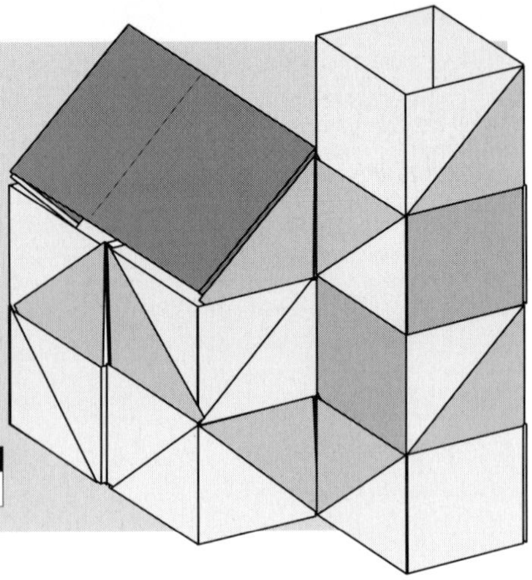

難易度
★☆☆☆☆

Step 1 煙突をつくる

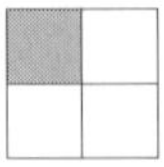

基本ブロック2
縦ジョイント2

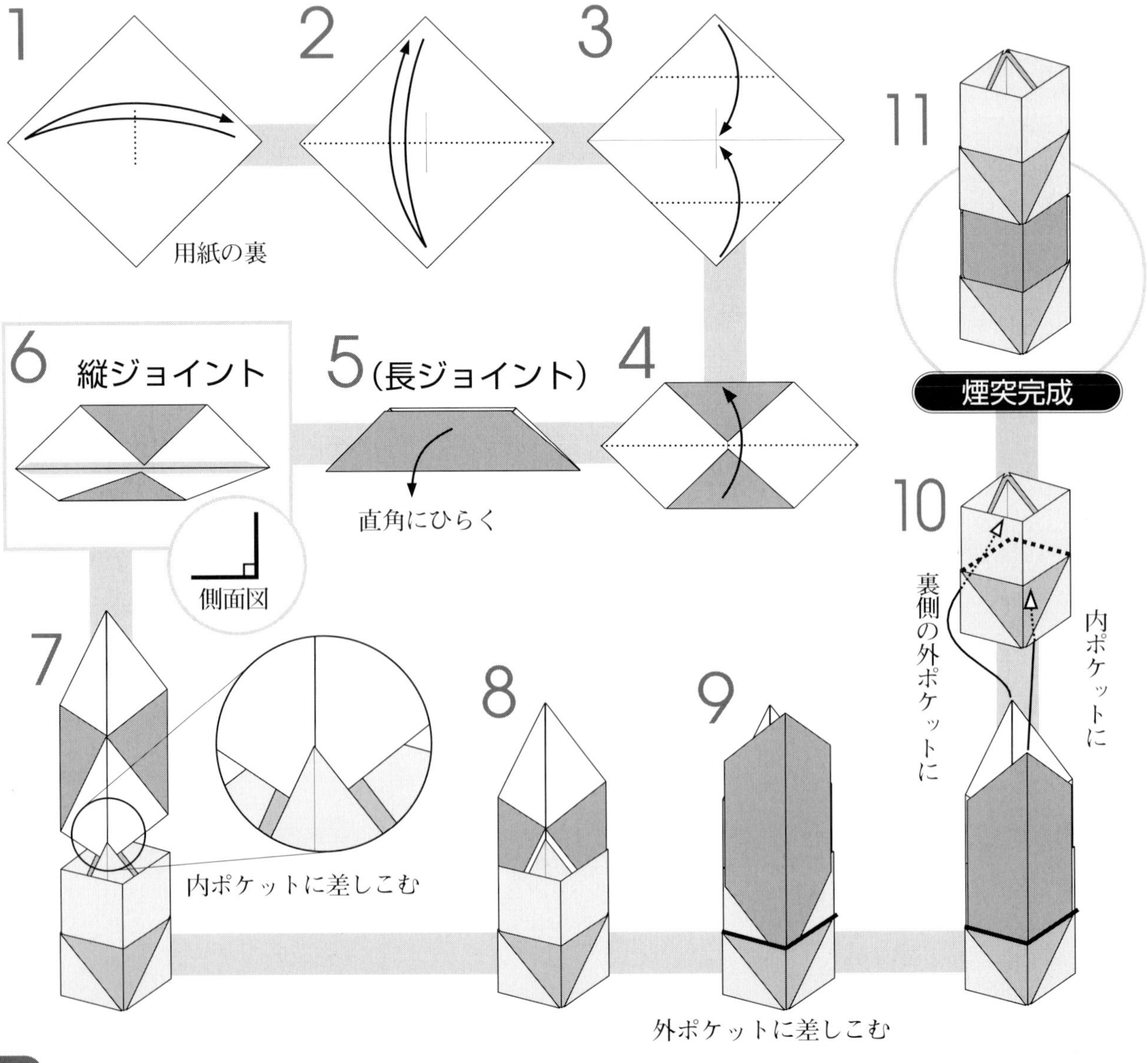
1
用紙の裏
2
3
4
5(長ジョイント)
直角にひらく
6 縦ジョイント
側面図
7
内ポケットに差しこむ
8
9
外ポケットに差しこむ
10
裏側の外ポケットに
内ポケットに
11
煙突完成

Step 2 煙突の取りつけ

●家(33〜35ページ参照)
●煙突1、長ジョイント1

縦ジョイントの工程5を長ジョイントといいます。
これを煙突の継ぎ目(基本ブロックの内ポケット)に差しこんで、家と煙突をつなぎます。

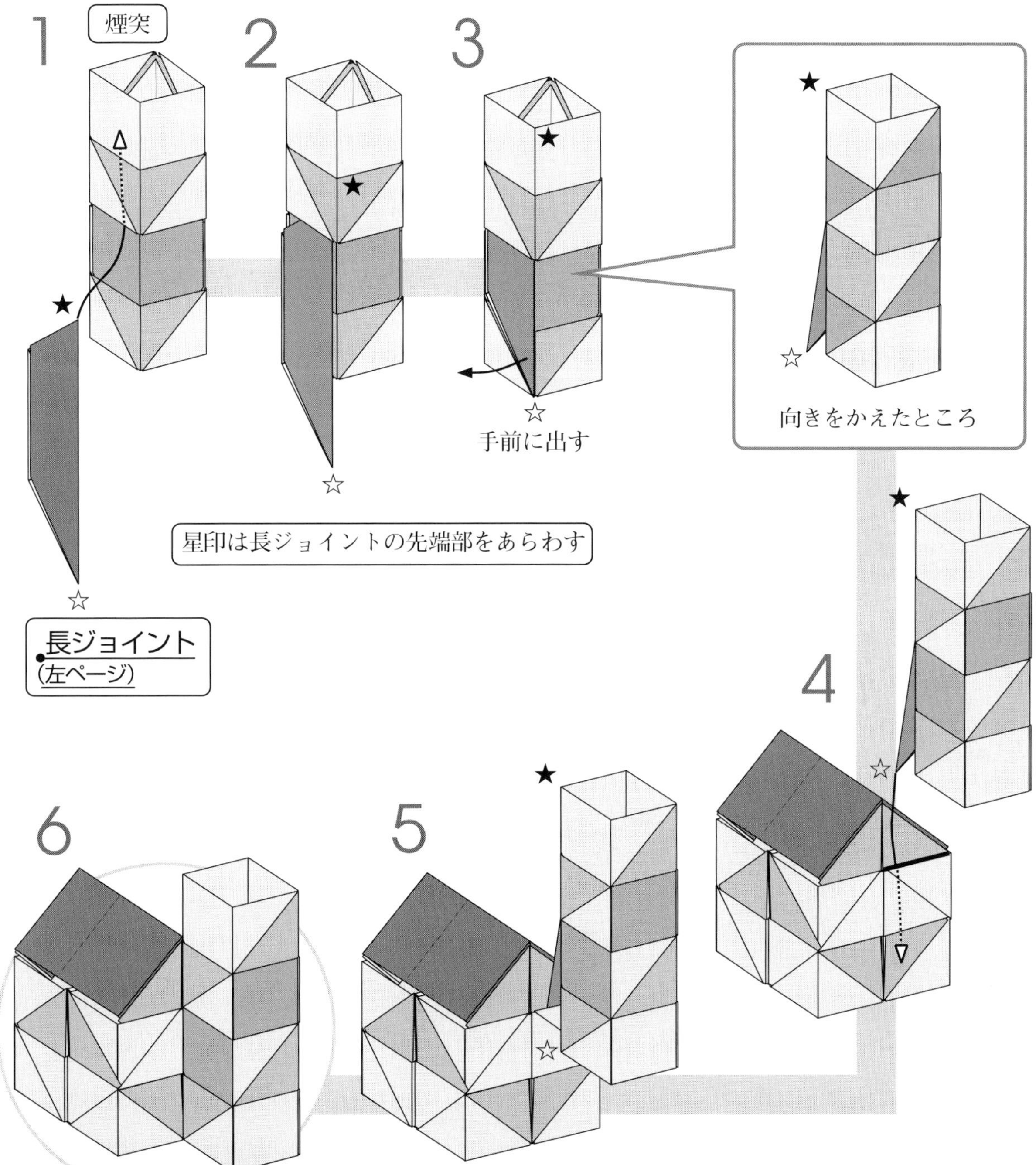
1
煙突
★
☆
長ジョイント
(左ページ)
2
★
☆
3
★
☆
手前に出す
★
☆
向きをかえたところ
星印は長ジョイントの先端部をあらわす
4
★
☆
5
★
☆
途中まで差しこんだところ
6
煙突つきの家完成

木

津田良夫さん考案の幹（次ページ）で樹形をはさむだけの簡単な木です。

樹形	12cm×12cm
幹	9cm×9cm

難易度 ★☆☆☆☆

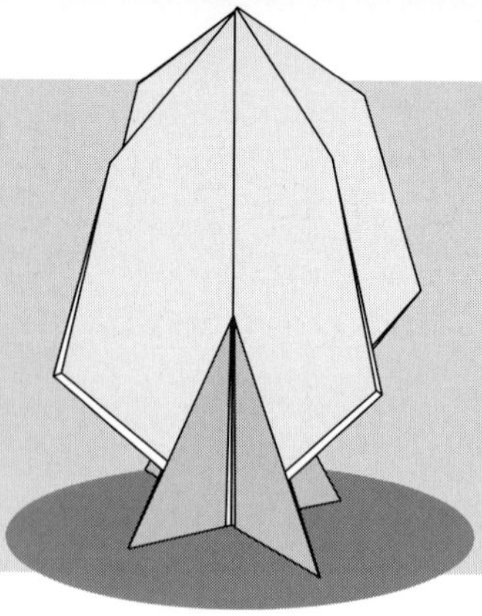

Step 1 樹形を折る

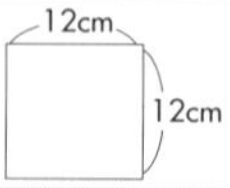
12cm
12cm

（幹用の紙の1.5倍が目安）

工程1〜7は鶴の折り方と同じです。家に合ったサイズにする場合は、12cmぐらい（幹用の紙の1.5倍程度）で折ってください。

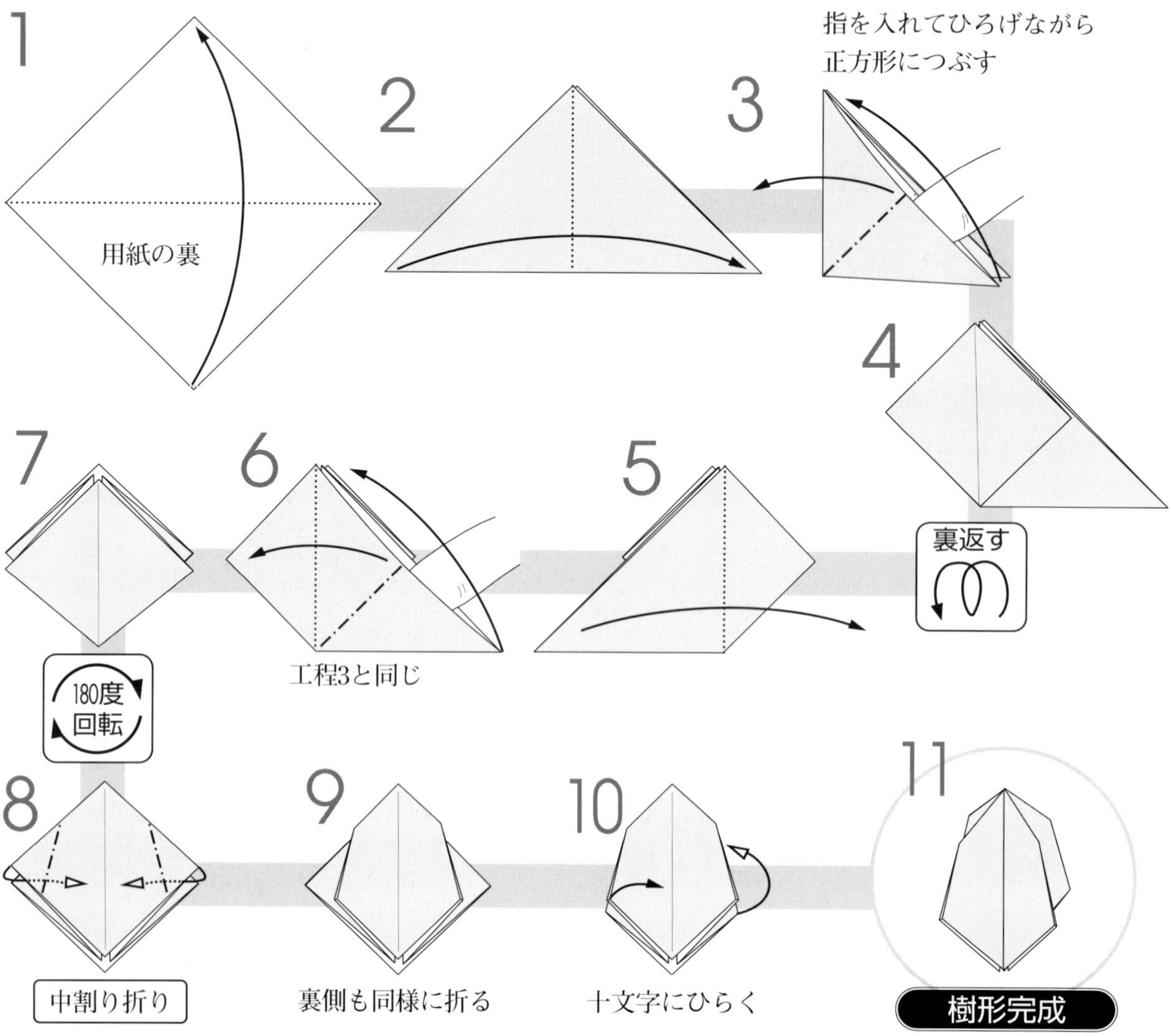
1
用紙の裏
2
3
指を入れてひろげながら
正方形につぶす
4
裏返す
5
6
工程3と同じ
7
180度
回転
8
中割り折り
9
裏側も同様に折る
10
十文字にひらく
11
樹形完成

Step2 幹を折る

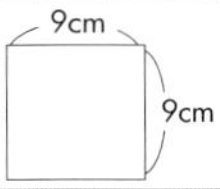
9cm
9cm

津田さんの幹は鶴の基本形に一折り加えただけですが、なかなかの優れものです。津田さんの名著『創作折り紙をつくる』(大月書店)には写実的な木の折り方が紹介されています。

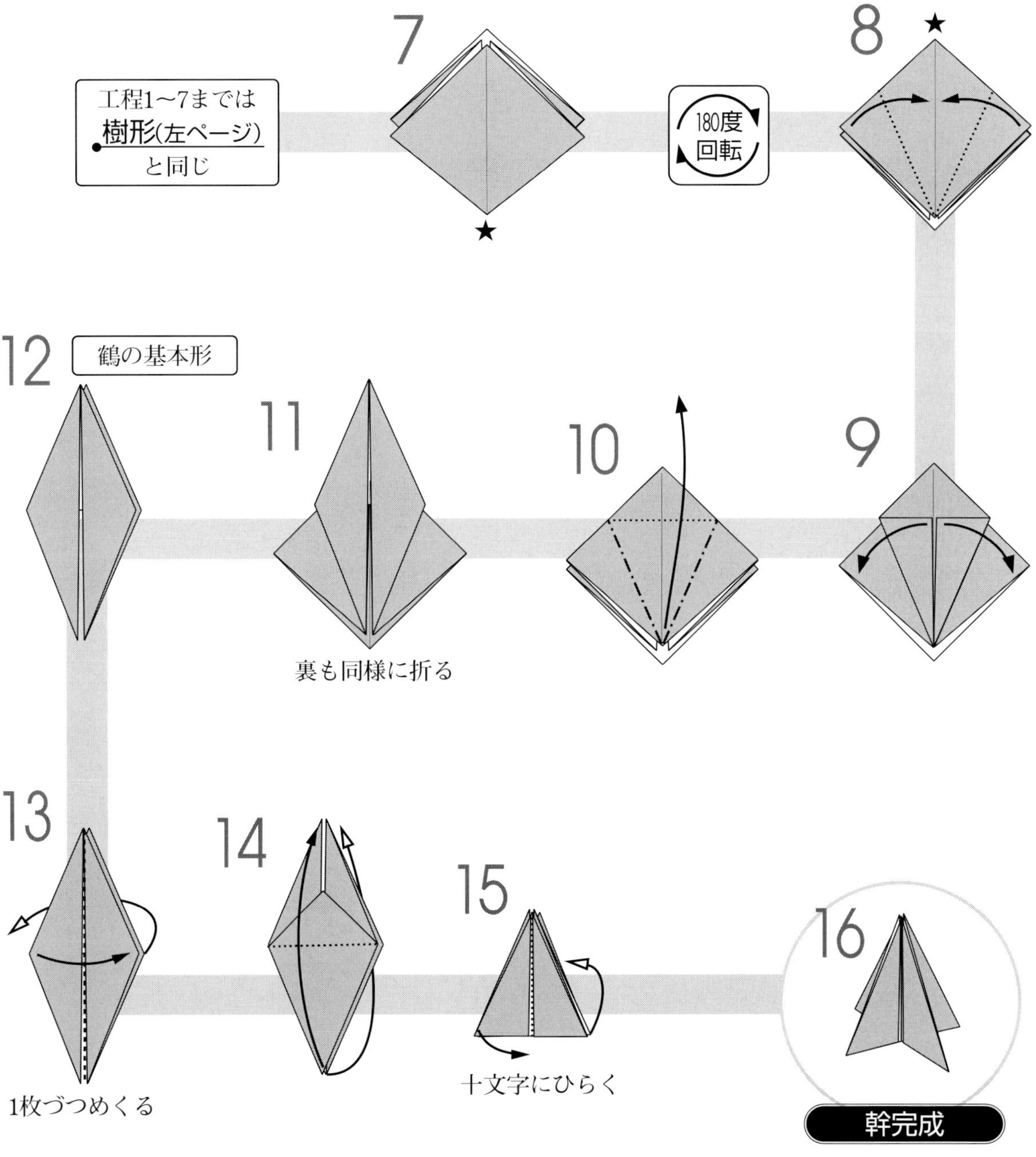
工程1〜7までは
樹形(左ページ)
と同じ
7
180度
回転
8
9
10
11
裏も同様に折る
12
鶴の基本形
13
1枚づつめくる
14
15
十文字にひらく
16
幹完成

Step3 組み立て＝完成

樹形1（12cm×12cm）
幹1（9cm×9cm）

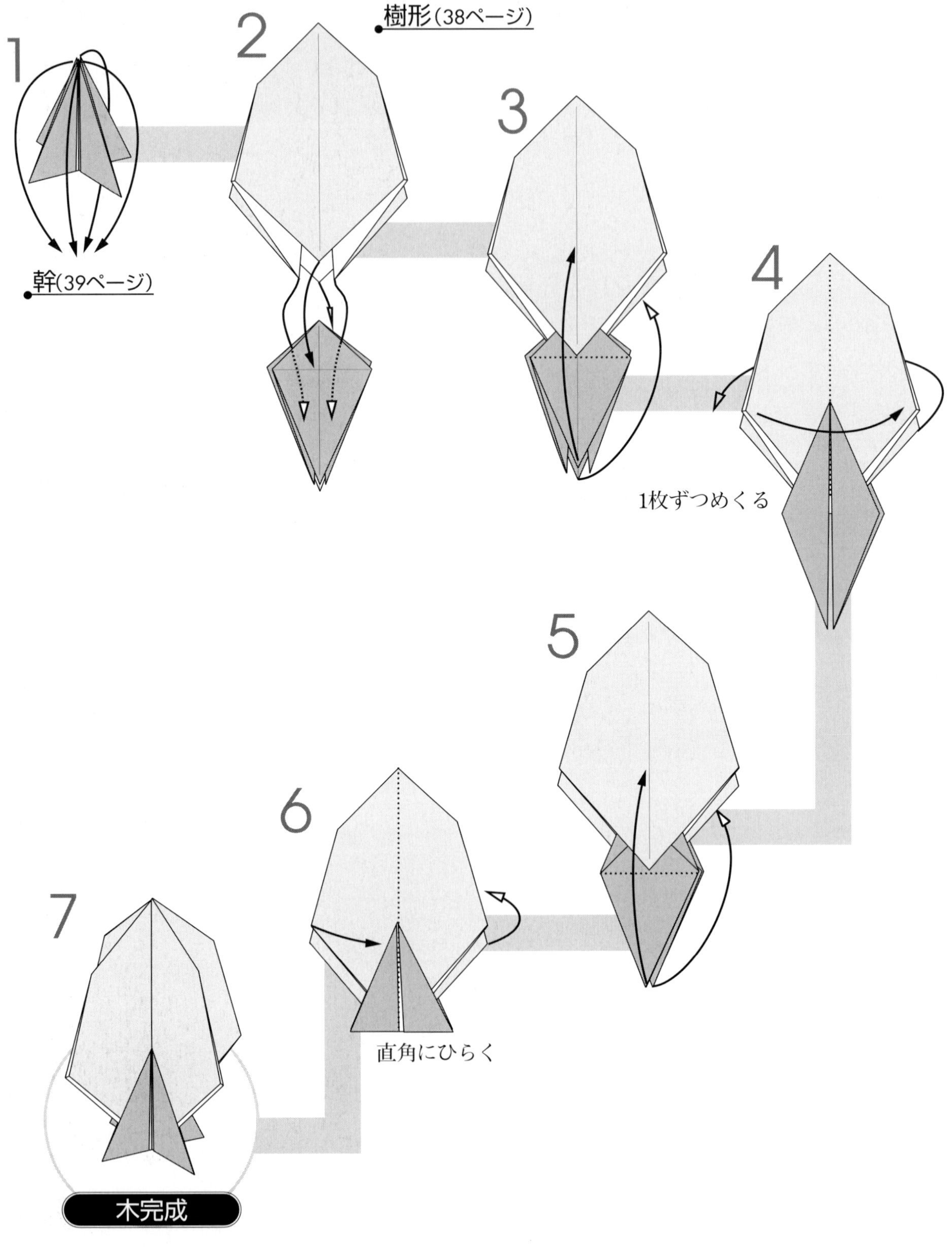
1
幹(39ページ)
2
樹形(38ページ)
3
4
1枚ずつめくる
5
6
直角にひらく
7
木完成

解説　汽車の構造

一見複雑で難しいように見えますが、大中小3種類のサイズの基本ブロックを組みあわせただけなので、根気さえあれば比較的簡単です。折るときは紙のサイズに注意しましょう。

Step1 車輪を折る 〈42～43ページ〉

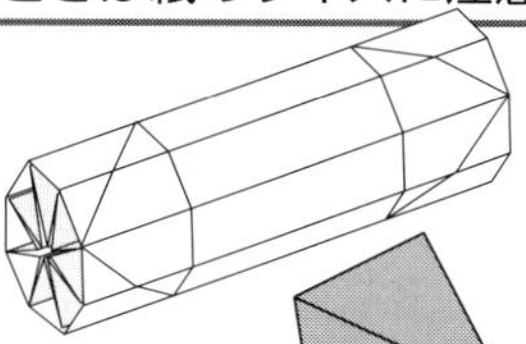

Step2 排障器を折る 〈44ページ〉

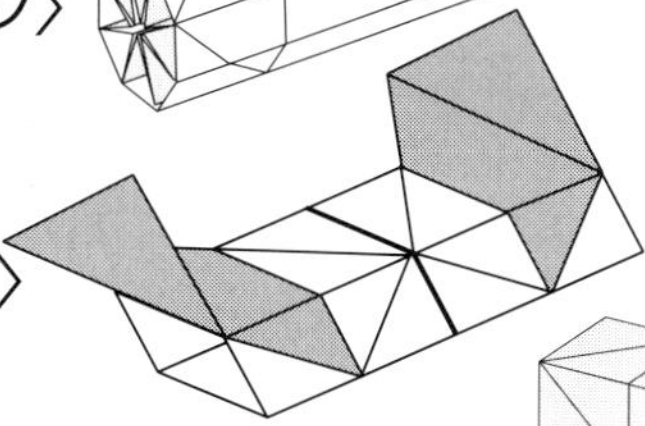

Step3 台車を折る 〈45～47ページ〉

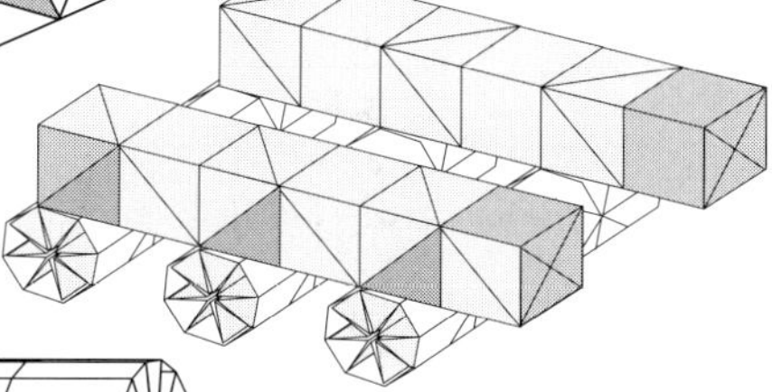

Step4 ボイラーを折る 〈48ページ〉

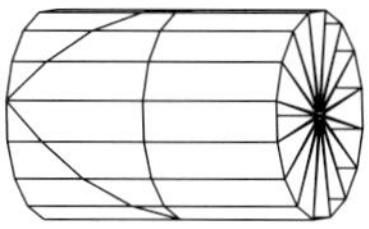

Step5 汽車の煙突を折る 〈49ページ〉

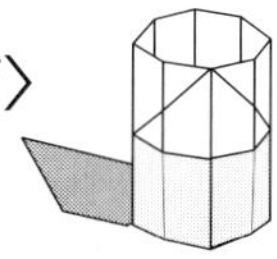

Step6 運転室をつくって組みたてる 〈50ページ〉

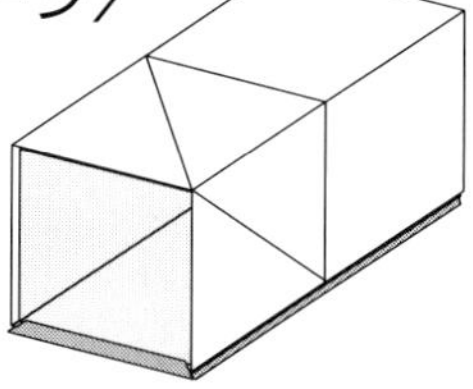

Step7 炭水車
〈51～53ページ〉

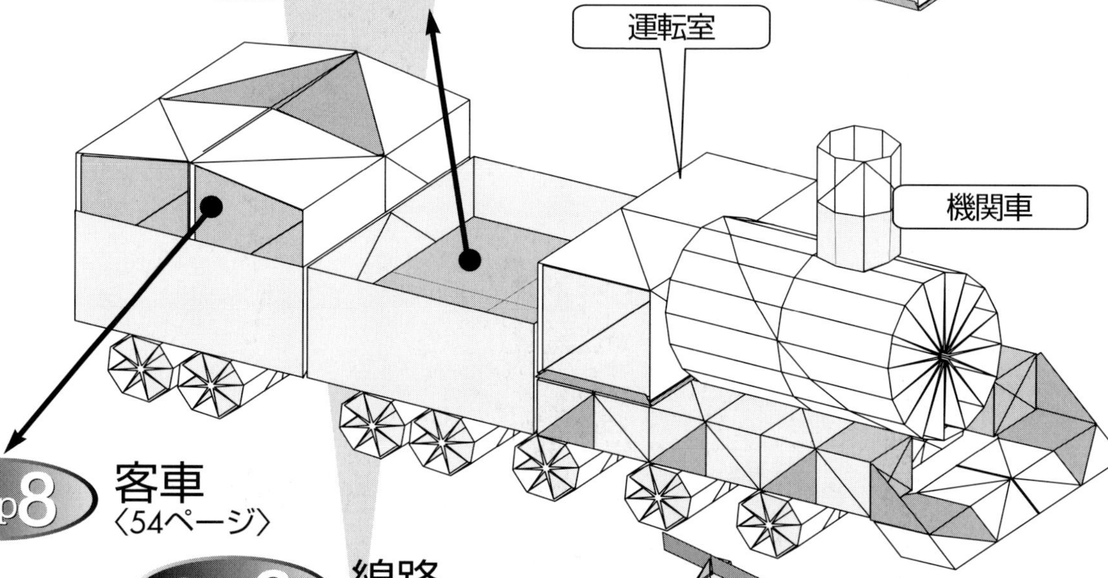

Step8 客車
〈54ページ〉

Step9 線路
〈55～57ページ〉

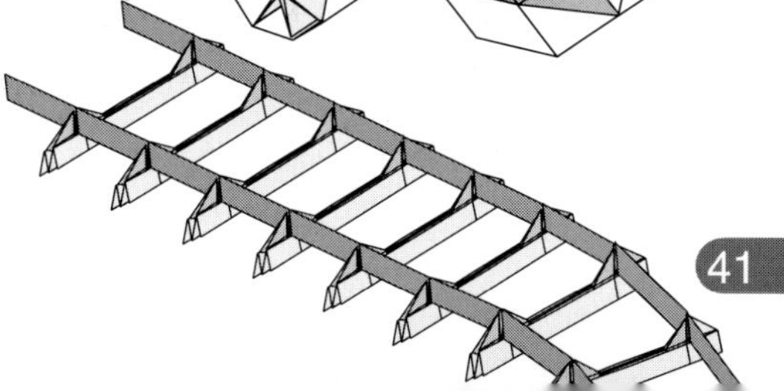

車輪

車輪は車軸と車輪枠からなります。複雑そうに見えますが、これは全部「基本ブロック」を変形して組みあわせたもの。紙サイズ中と小を使用するので、パーツごとにサイズを確認して折ってください。

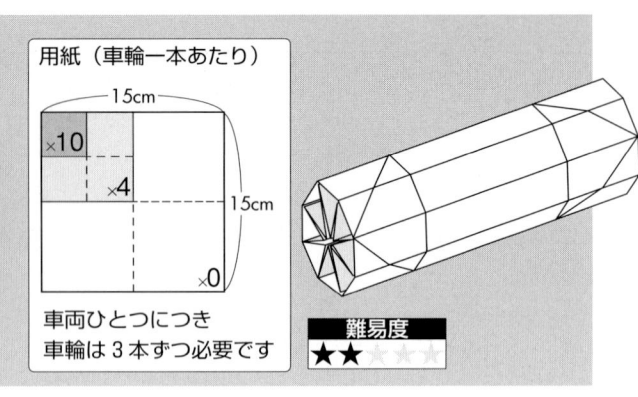

用紙（車輪一本あたり）

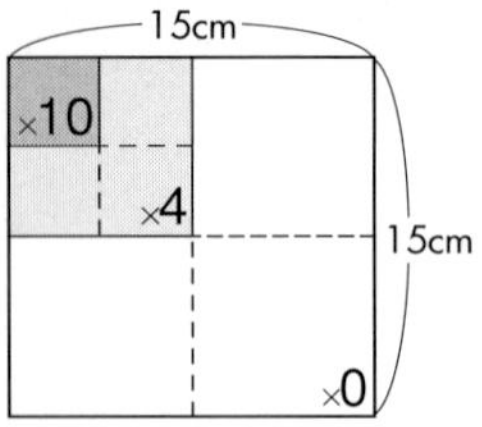

15cm
15cm
×10
×4
×0

車両ひとつにつき
車輪は３本ずつ必要です

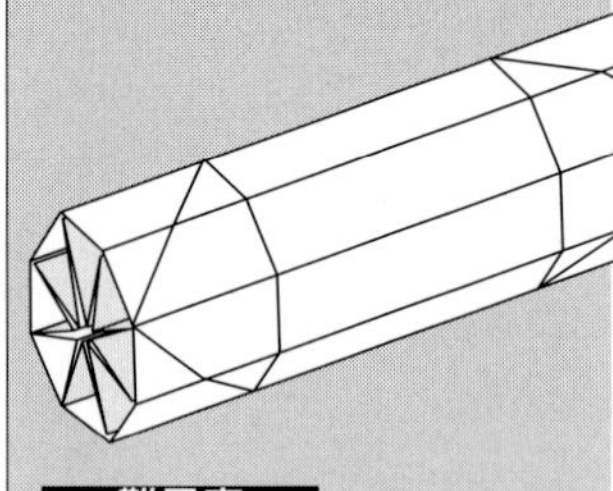

難易度 ★★☆☆☆

Step1 車軸を折る

基本ブロック1

車軸は基本ブロック(中)にひだひだの折り目をつけて星状8角形にしたものです。実際のひだつけでは、工程1～4のように、まず8角柱にし、次に山折り目を合わせて谷折り線をつけます。

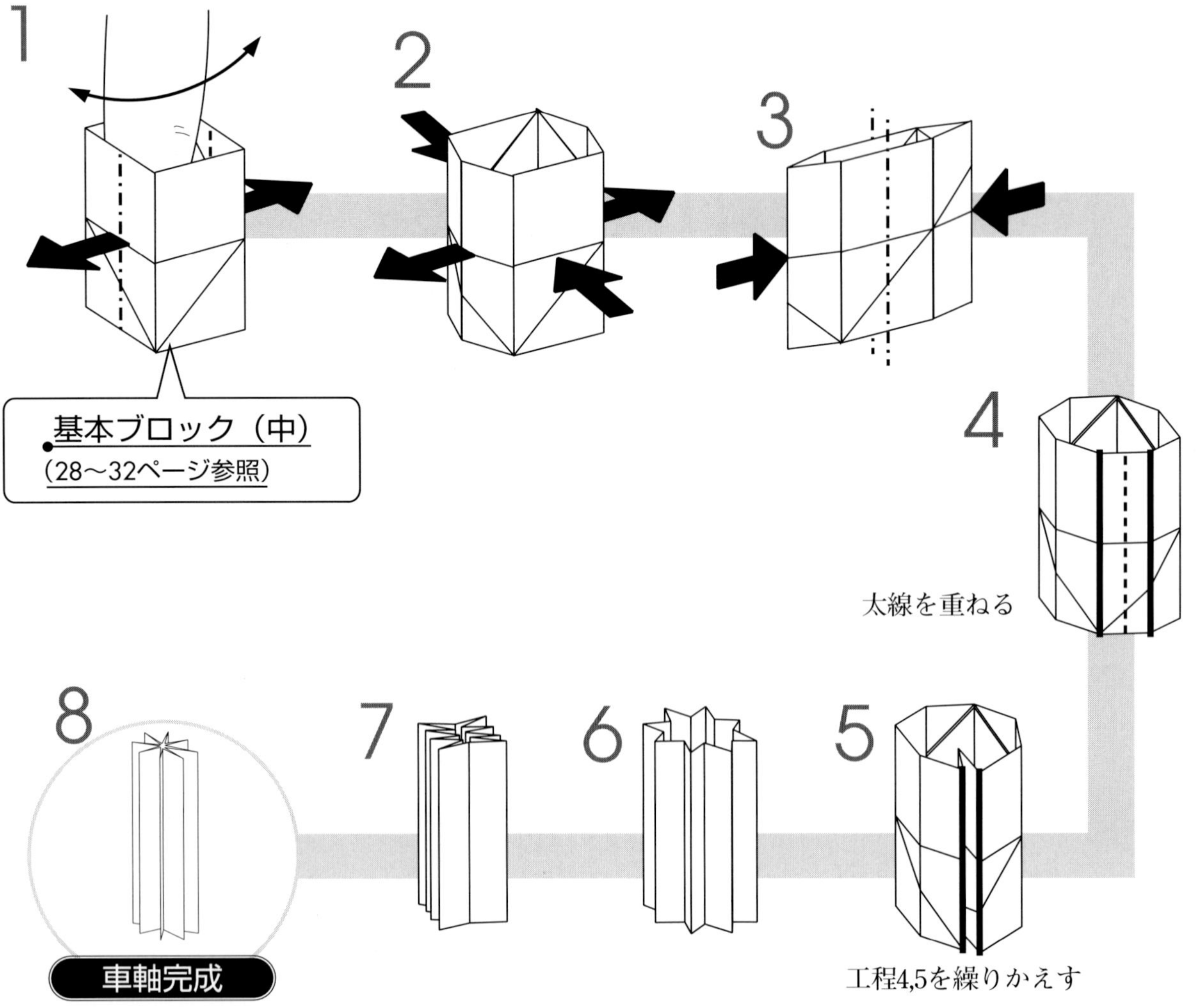

1
2
3
4
5
6
7
8
基本ブロック（中）
(28～32ページ参照)
太線を重ねる
工程4,5を繰りかえす
車軸完成

Step2 車輪枠を折る

基本ブロック2
縦ジョイント2

基本ブロック(小)を2個縦組みします。ただし煙突の縦組み (36ページ参照) と少し違うので注意してください。この細長い4角柱を、前ページ工程1〜4のように、8角柱にします。

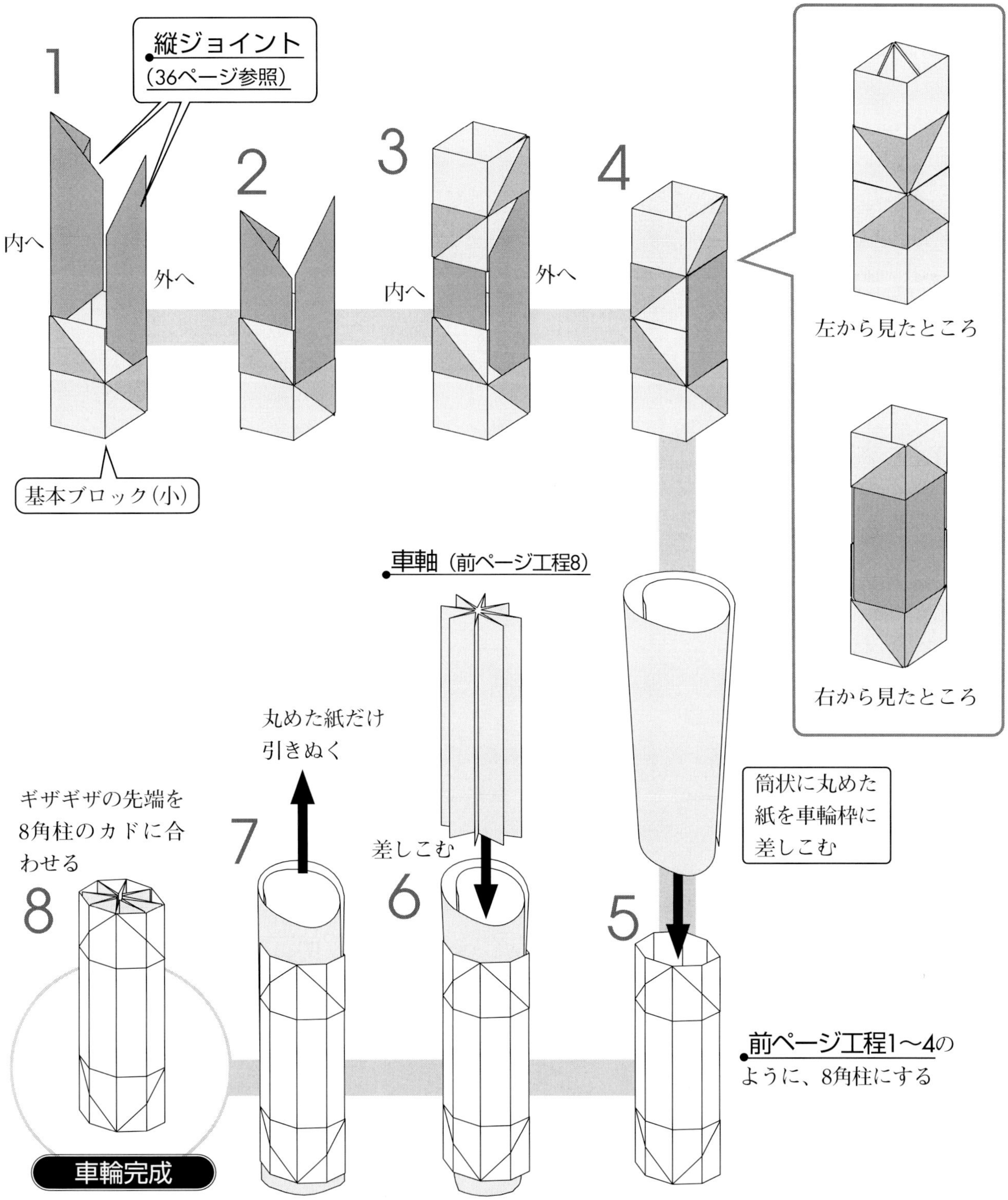
1
縦ジョイント
(36ページ参照)
内へ
外へ
基本ブロック(小)
2
3
内へ
外へ
4
左から見たところ
右から見たところ
車軸 (前ページ工程8)
筒状に丸めた紙を車輪枠に差しこむ
5
前ページ工程1〜4のように、8角柱にする
6
差しこむ
7
丸めた紙だけ引きぬく
8
ギザギザの先端を8角柱のカドに合わせる
車輪完成

排障器

汽車の先端についていて線路上の異物を跳ねとばすためのものです。車輪枠と同じように、基本ブロックを縦ジョイントで組んでつくります。

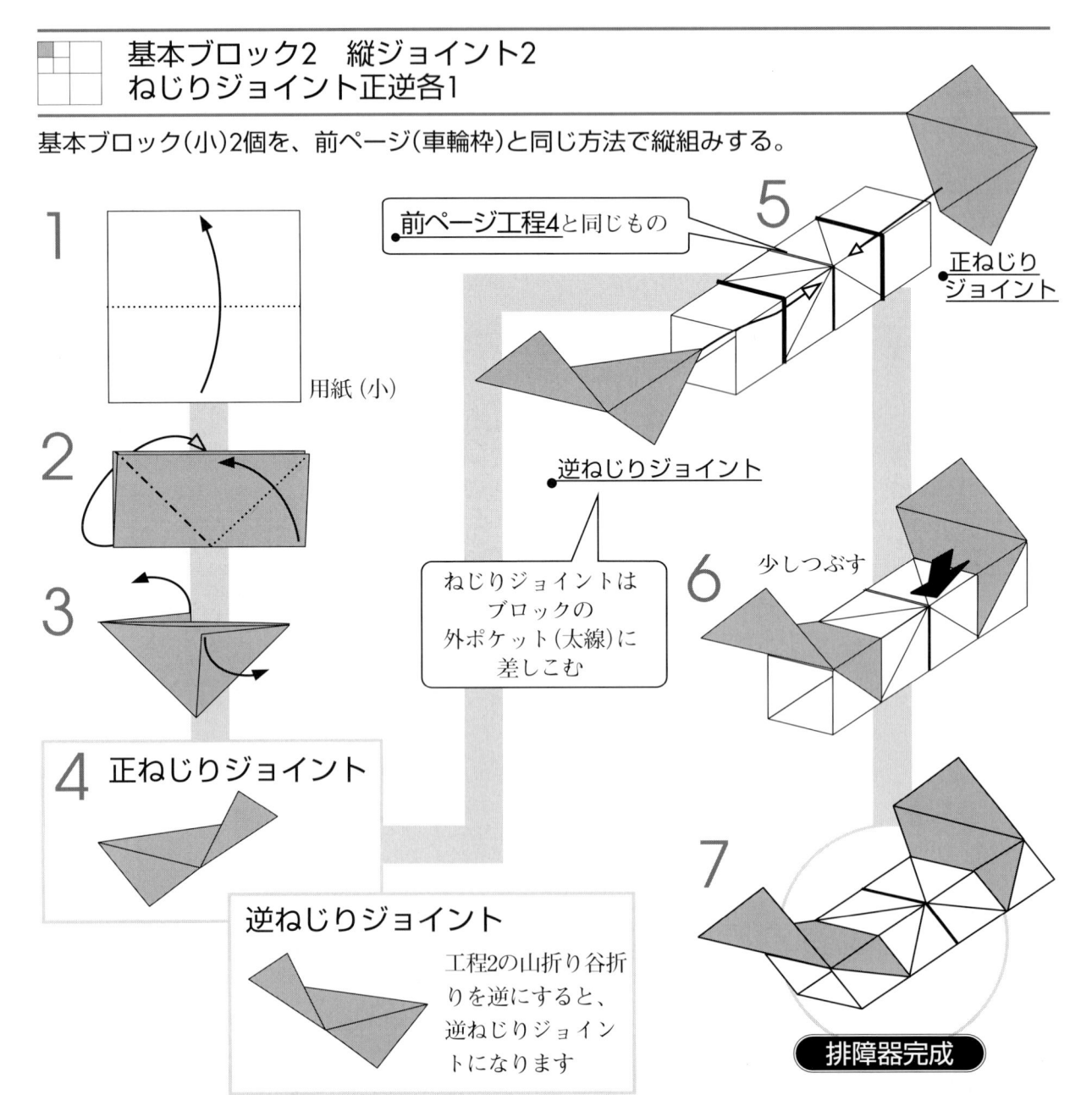

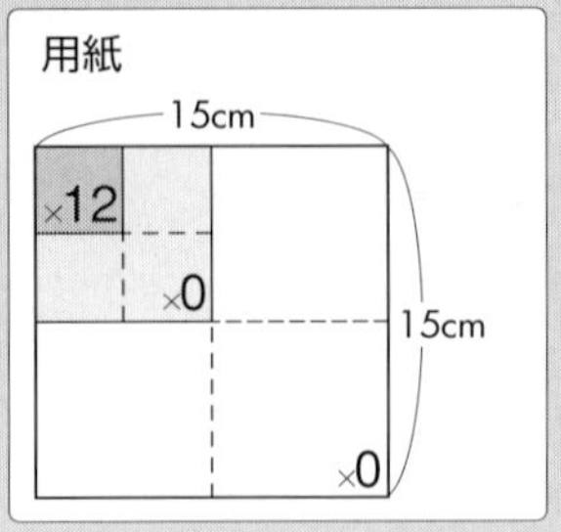

用紙
15cm
×12
×0
15cm
×0

難易度 ★★

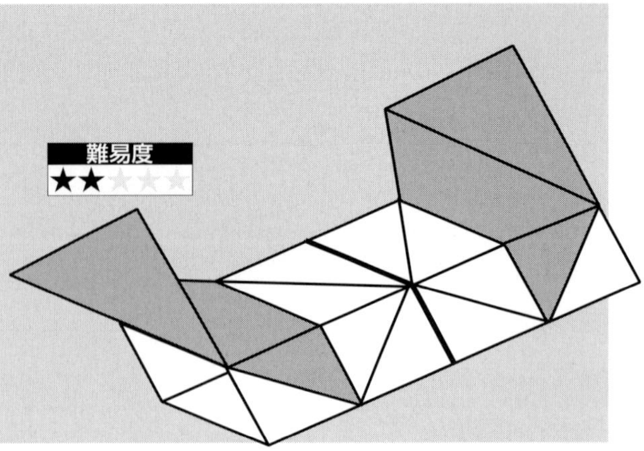

基本ブロック2　縦ジョイント2
ねじりジョイント正逆各1

基本ブロック(小)2個を、前ページ(車輪枠)と同じ方法で縦組みする。

1

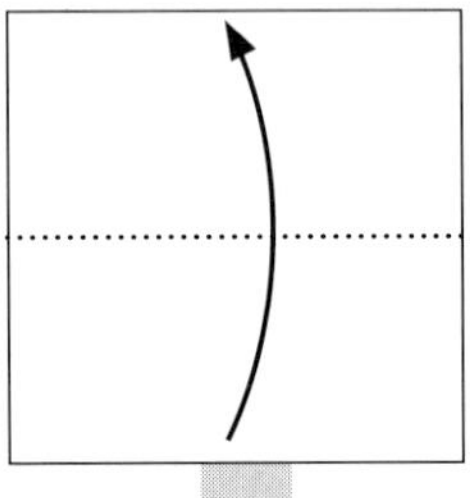

用紙（小）

2

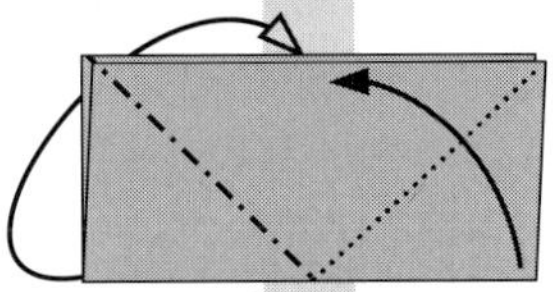

3

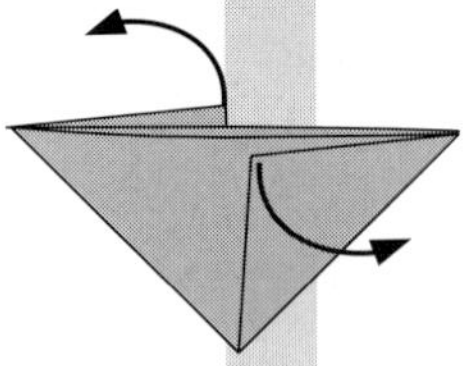

4 正ねじりジョイント

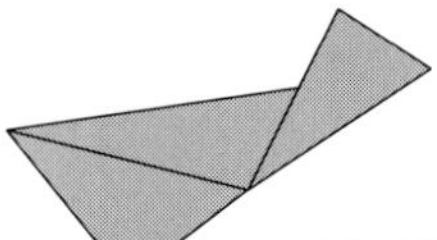

逆ねじりジョイント

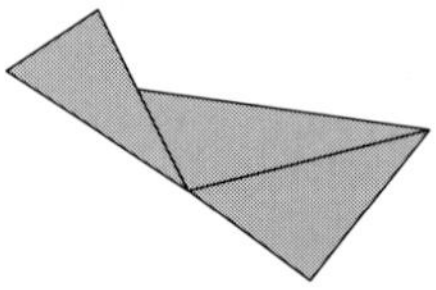

工程2の山折り谷折りを逆にすると、逆ねじりジョイントになります

5

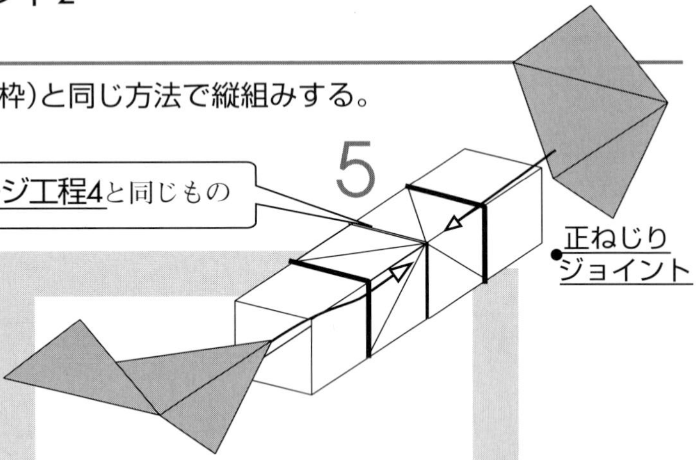

前ページ工程4と同じもの
正ねじりジョイント
逆ねじりジョイント

ねじりジョイントはブロックの外ポケット(太線)に差しこむ

6

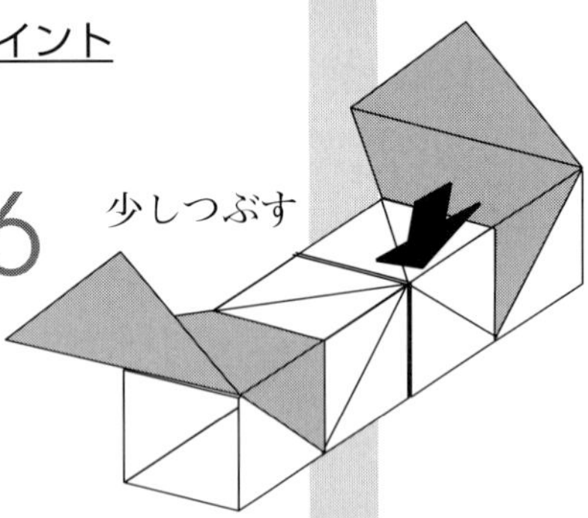

少しつぶす

7

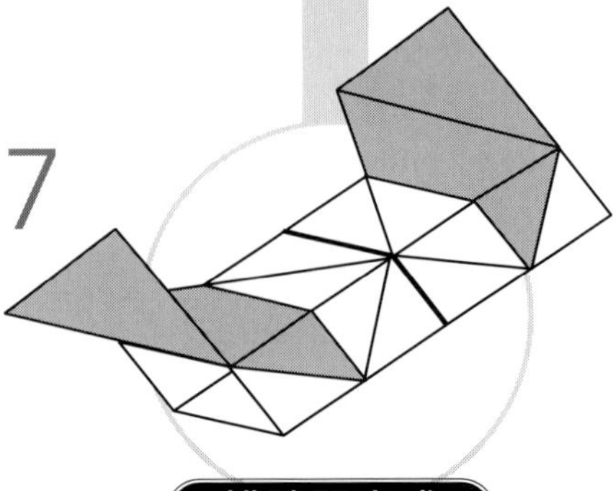

排障器完成

台車

機関車の土台部分です。基本ブロック(小)3個をつないだもの2本の間に車輪3本を取りつけます。

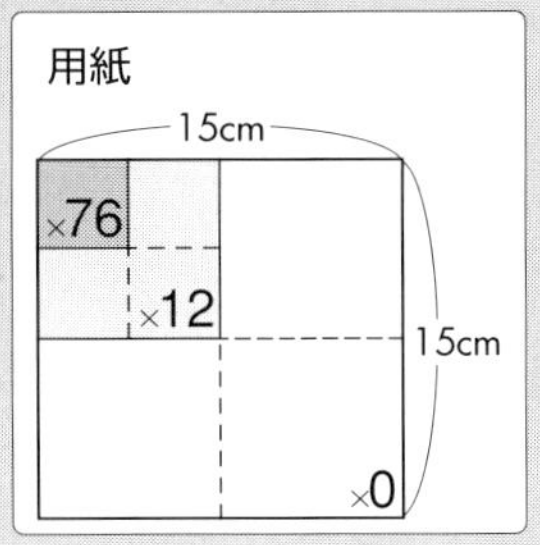

用紙
15cm
×76
×12
15cm
×0

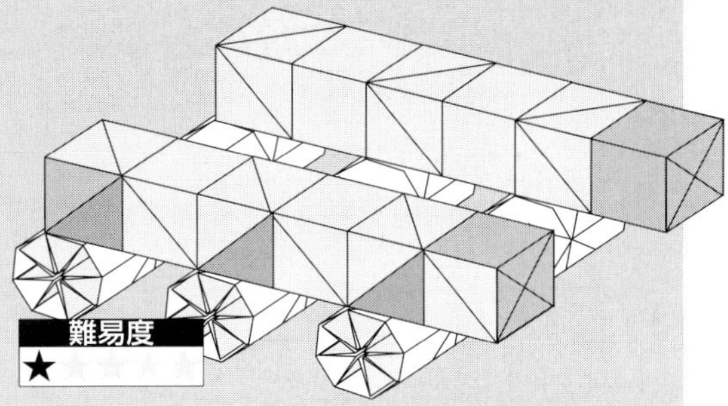

難易度
★

Step 1 ふたの取りつけ

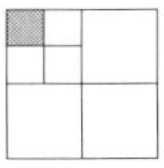

基本ブロック6　縦ジョイント8
ふた用紙8

基本ブロック(小)3個を煙突の縦組み(36ページ参照)でつないだものにふたをつけます。ここでは、紙面の関係で基本ブロック1個でふたのつけ方を説明します。

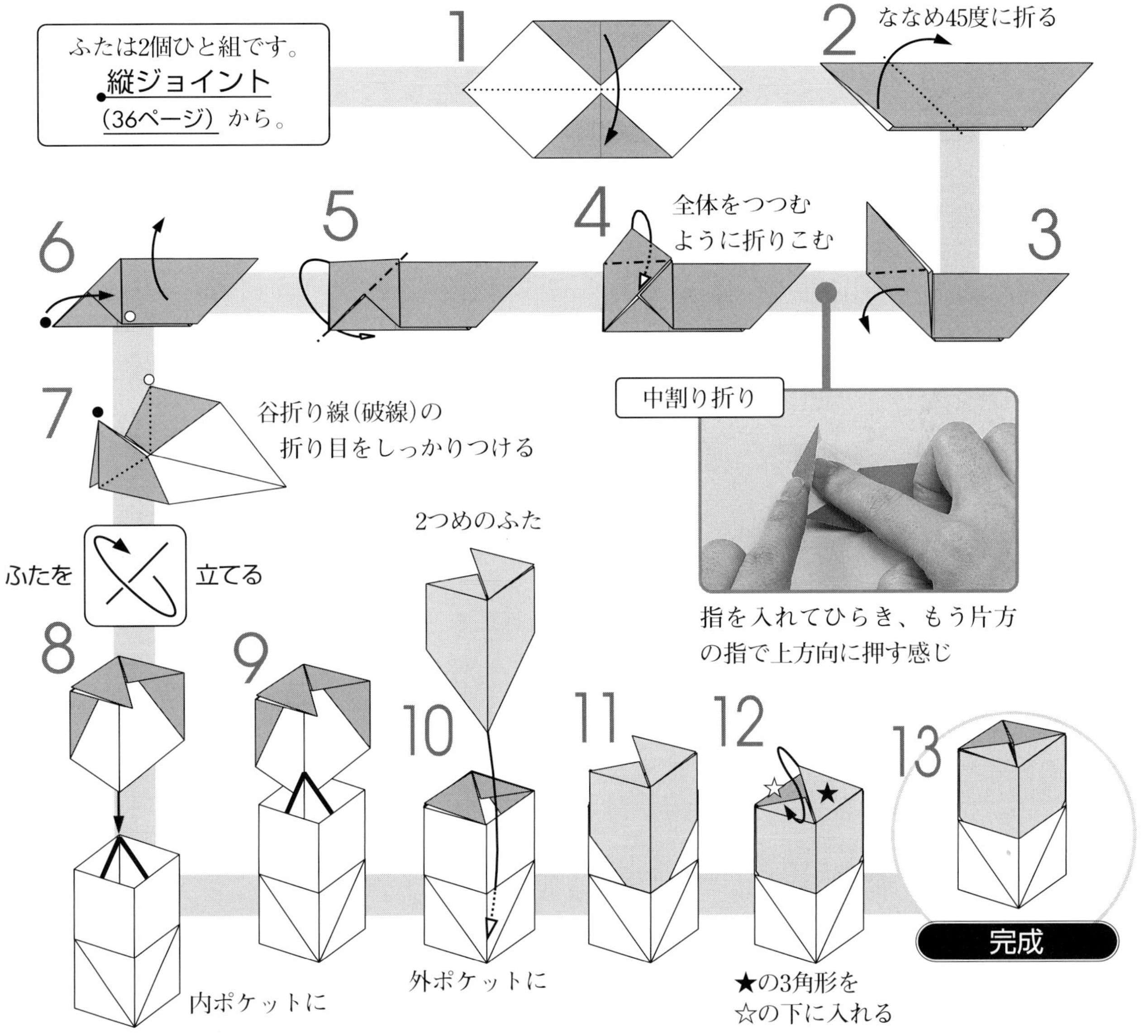

ふたは2個ひと組です。
縦ジョイント
(36ページ) から。
1
2
ななめ45度に折る
3
4
全体をつつむ
ように折りこむ
5
6
中割り折り
指を入れてひらき、もう片方
の指で上方向に押す感じ
7
谷折り線(破線)の
折り目をしっかりつける
ふたを
立てる
2つめのふた
8
9
10
11
12
13
内ポケットに
外ポケットに
★の3角形を
☆の下に入れる
完成

Step 2 車輪の取りつけ

車輪(42〜43ページ参照) 3

基本ブロック3個縦組み×2（ふた付）
ねじりジョイント正逆各3

前ページでつくった基本ブロック3個縦組み（ふた付）にねじりジョイントで車輪をつけます。
取りつけ方は下の囲み（ねじり組み）を参考にしてください。

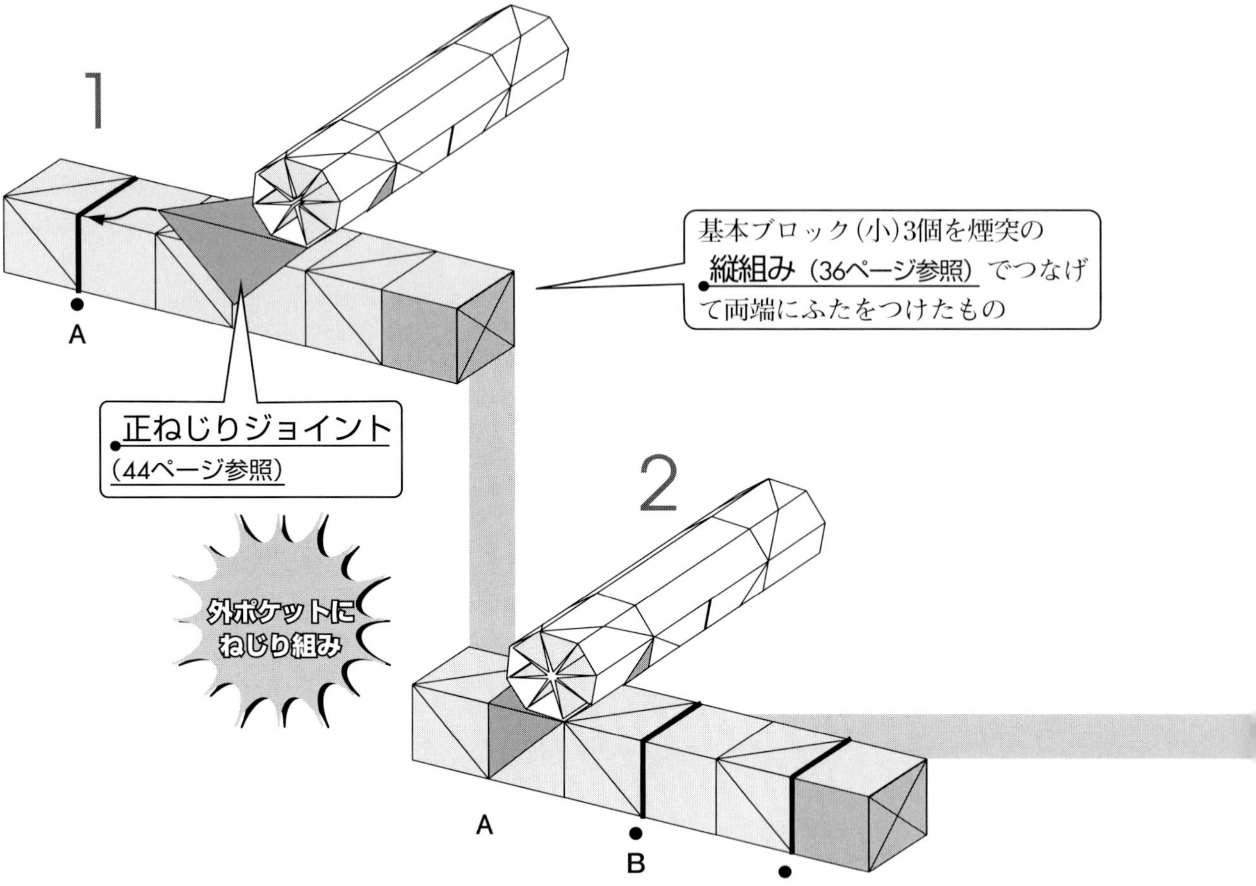
1
A
基本ブロック（小）3個を煙突の縦組み（36ページ参照）でつなげて両端にふたをつけたもの
正ねじりジョイント
（44ページ参照）
外ポケットにねじり組み
2
A
B
C

B、Cのポケットでも同様

ねじり組み

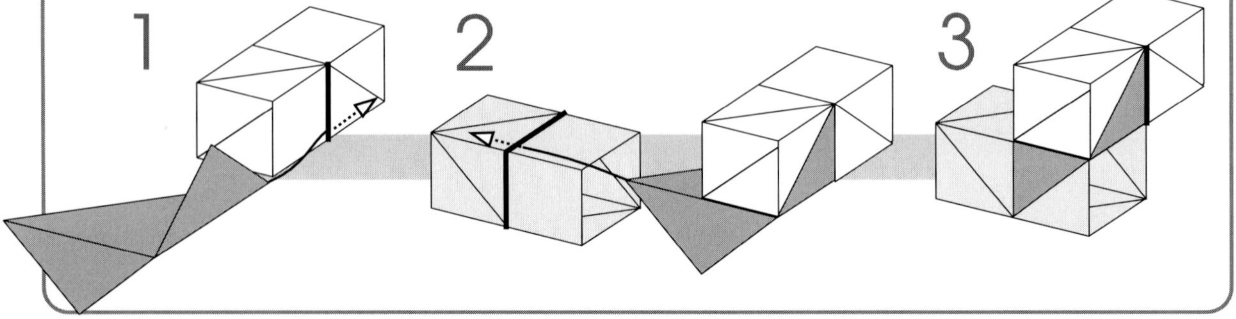
1
2
3

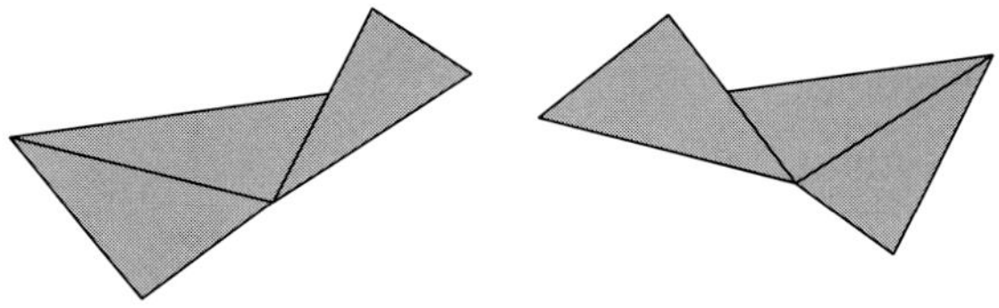

正ねじりジョイント　　逆ねじりジョイント

44ページ参照

3

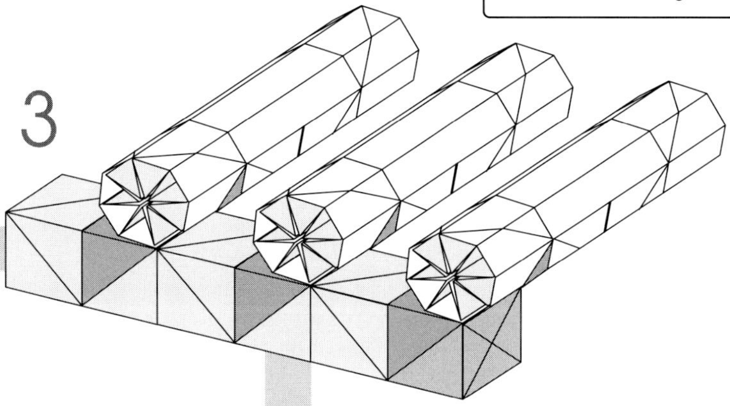

4

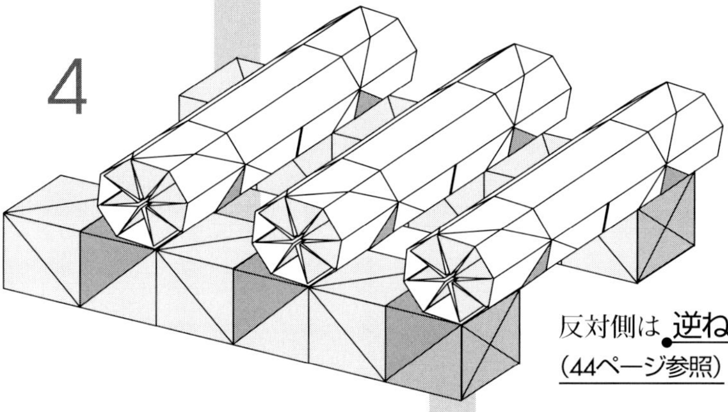

反対側は逆ねじりジョイント（44ページ参照）で組む。

5

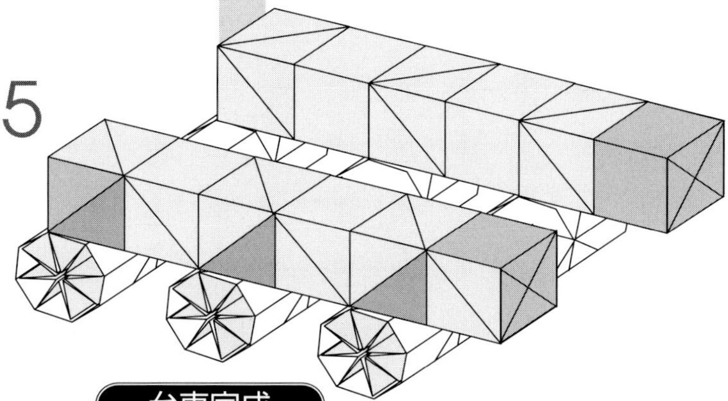

台車完成

ボイラー

汽車のセールスポイントは車輪とボイラーです。基本ブロック(中)を16角柱にし、その中にギザギザにした星状16柱を差しこみます。
ギザギザは技術的には基本ブロック(中)より簡単です。でもギザギザは汽車の顔です。丁寧に折ってくださいね。

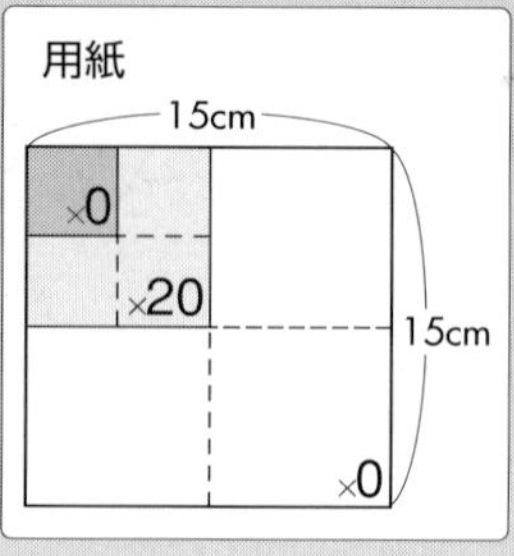

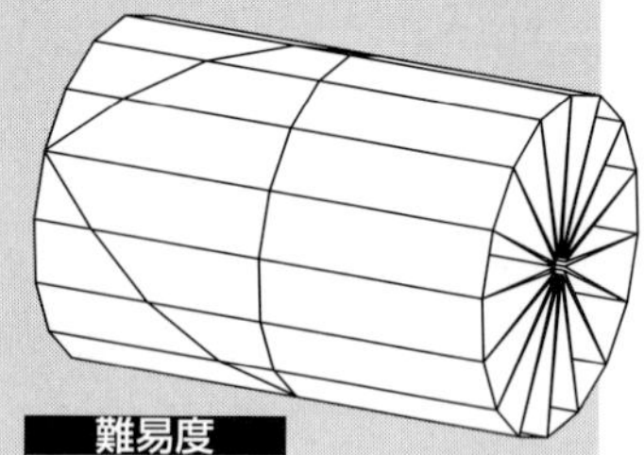

難易度
★☆☆☆☆

ギザギザ

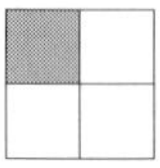

手 8

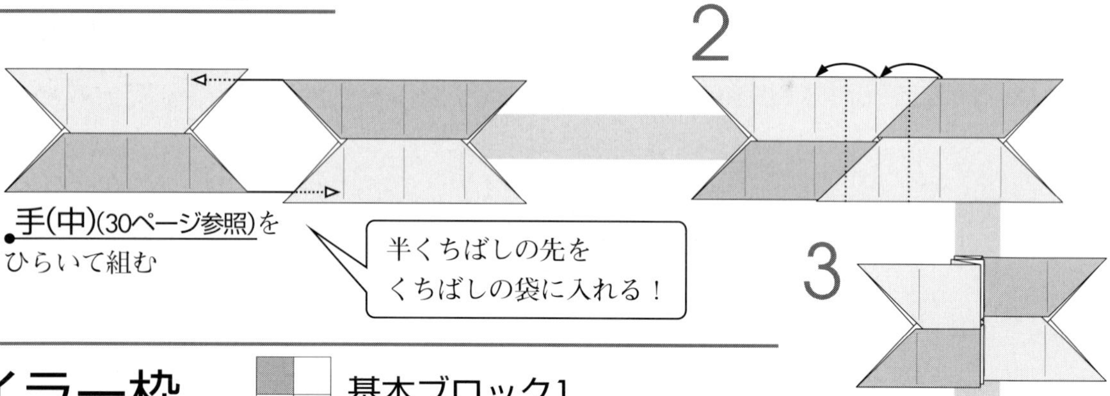

1

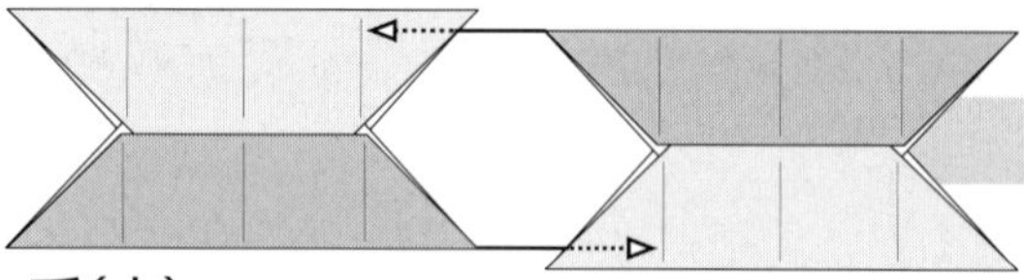

手(中)(30ページ参照)をひらいて組む

半くちばしの先をくちばしの袋に入れる！

2

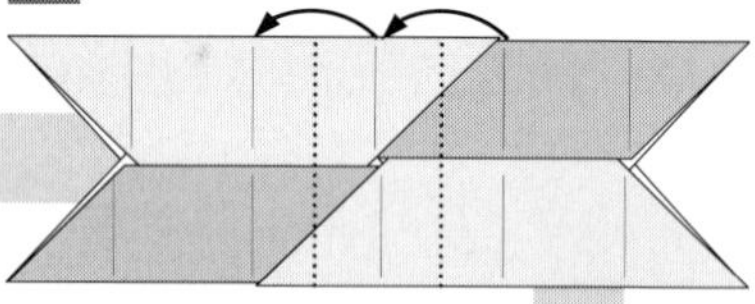

3

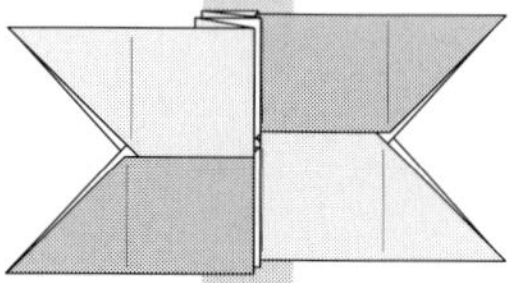

同様に8個組み、両端を合わせて輪にする

4

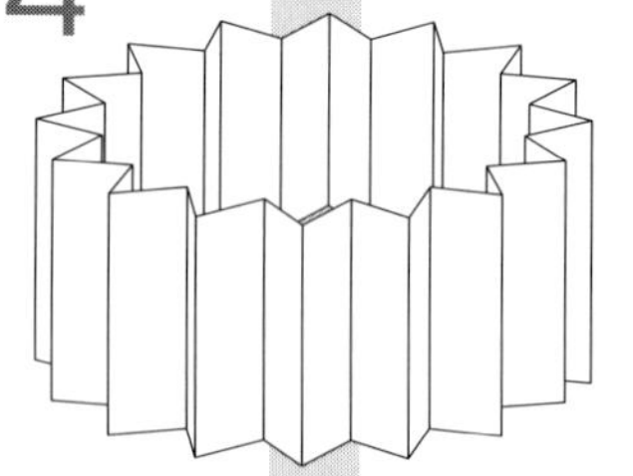

5

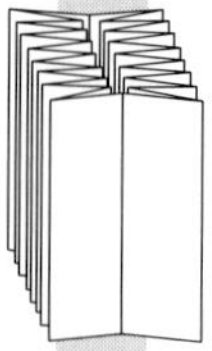

6

ギザギザ完成

ボイラー枠

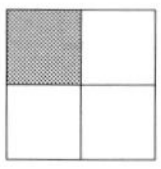

基本ブロック1

基本ブロック(中)の側面を4等分するように折り目をつけて16角形にします。

1

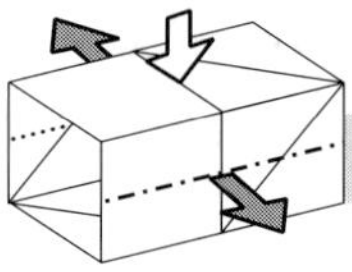

2

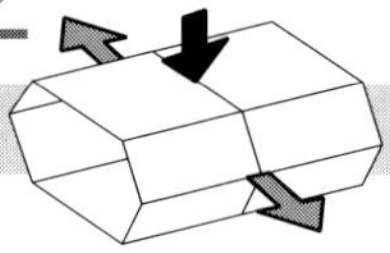

3

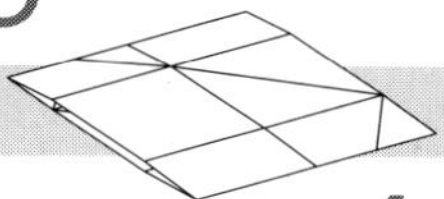

工程1~3の要領で各側面を4分割するよう折り目をつける

4

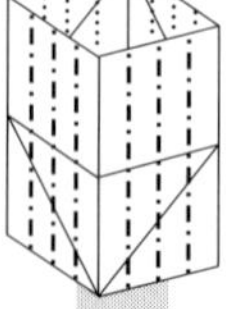

5

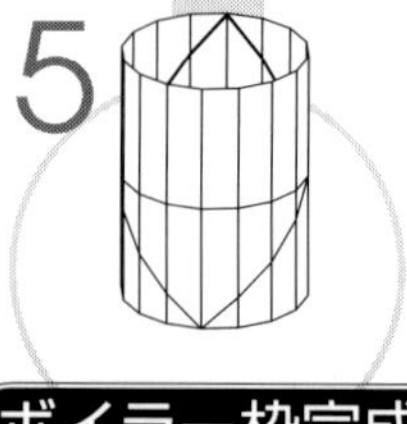

ボイラー枠完成

組み立て

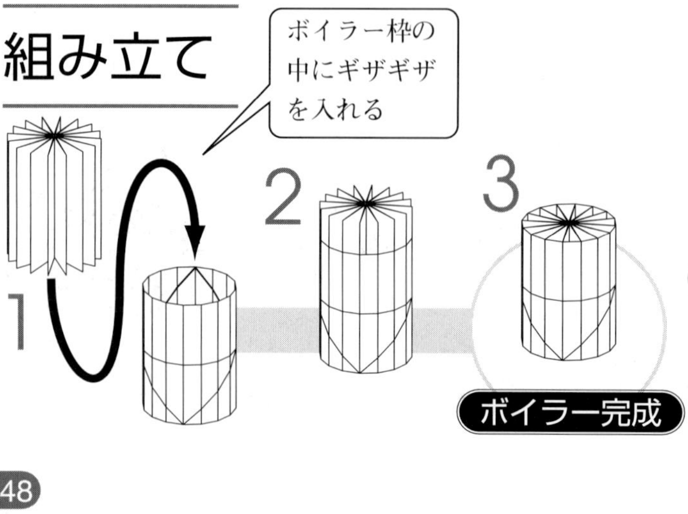

ボイラー枠の中にギザギザを入れる

1

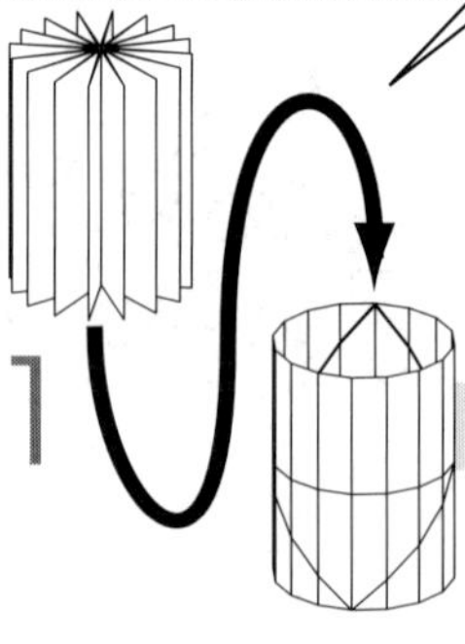

2

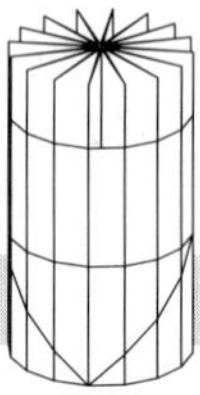

3

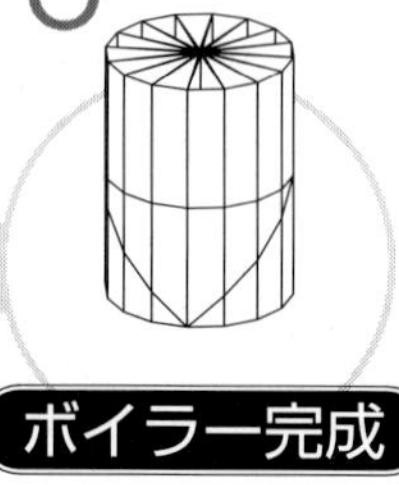

ボイラー完成

汽車の煙突

汽車の煙突は、車軸工程4（42ページ参照）の8角柱の底に、ふた（45ページ参照）をつけたものです。ふたには、工程1、2のように、折り目をつけくわえておきます。他はふたと同じように折ります。また取りつけ方も同じです。

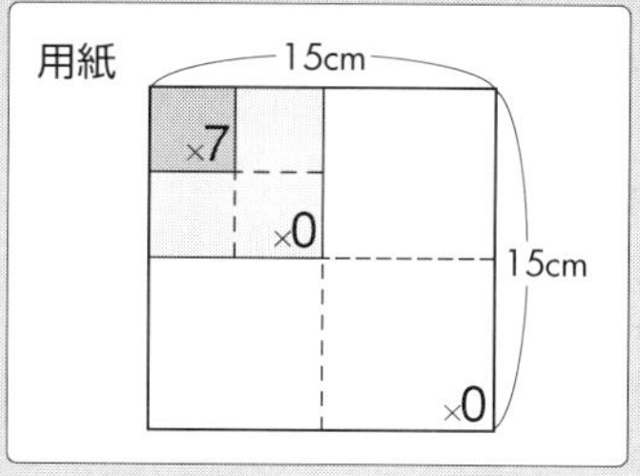

用紙
15cm
×7
×0
15cm
×0

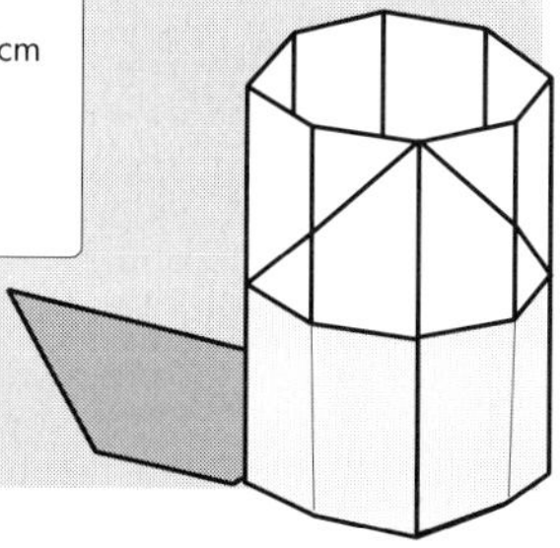

難易度 ★★

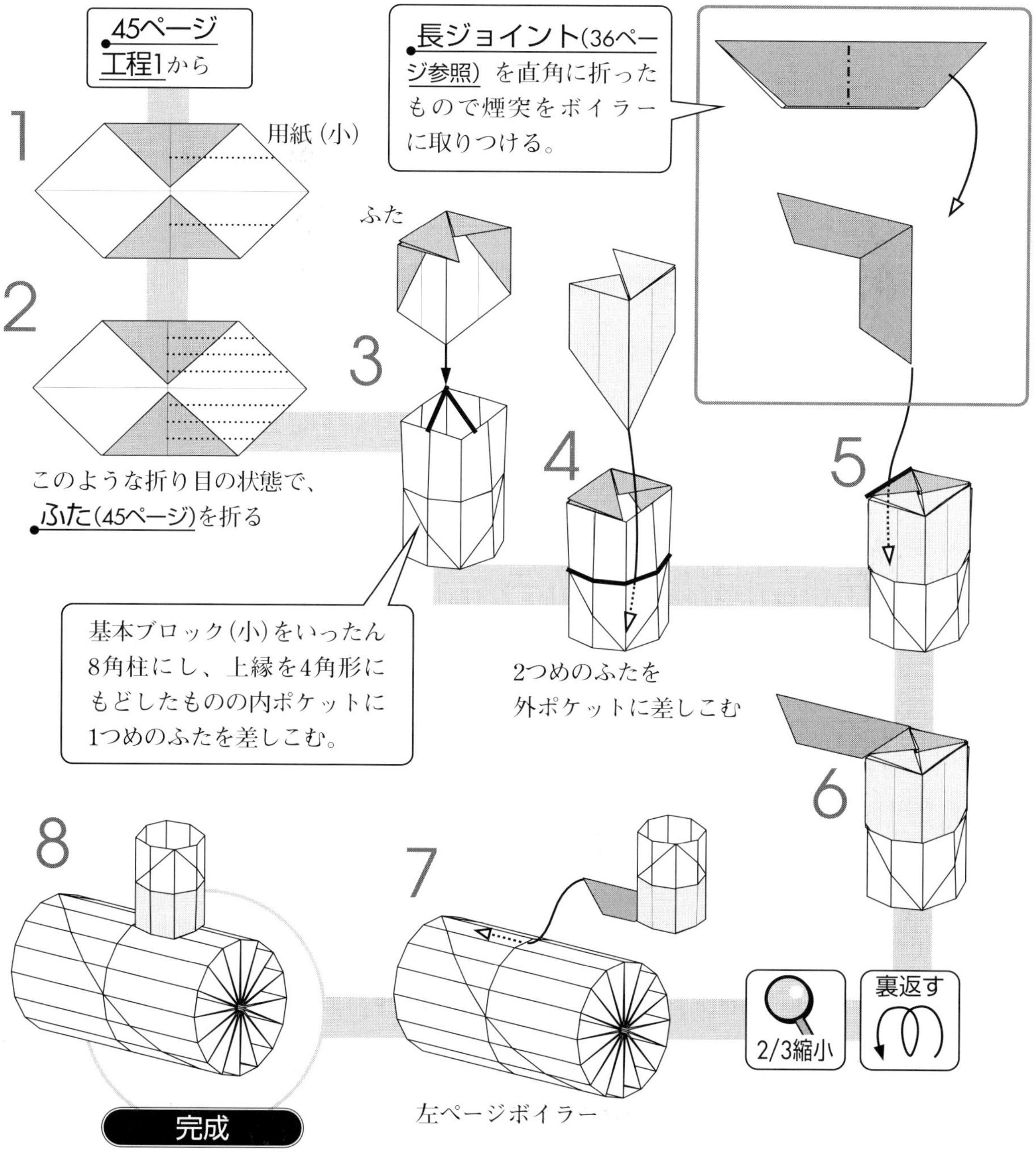

45ページ工程1から
1
用紙（小）
2
このような折り目の状態で、ふた（45ページ）を折る
長ジョイント（36ページ参照）を直角に折ったもので煙突をボイラーに取りつける。
ふた
3
基本ブロック（小）をいったん8角柱にし、上縁を4角形にもどしたものの内ポケットに1つめのふたを差しこむ。
4
2つめのふたを外ポケットに差しこむ
5
6
裏返す
2/3縮小
7
左ページボイラー
8
完成

運転室＆機関車組み立て

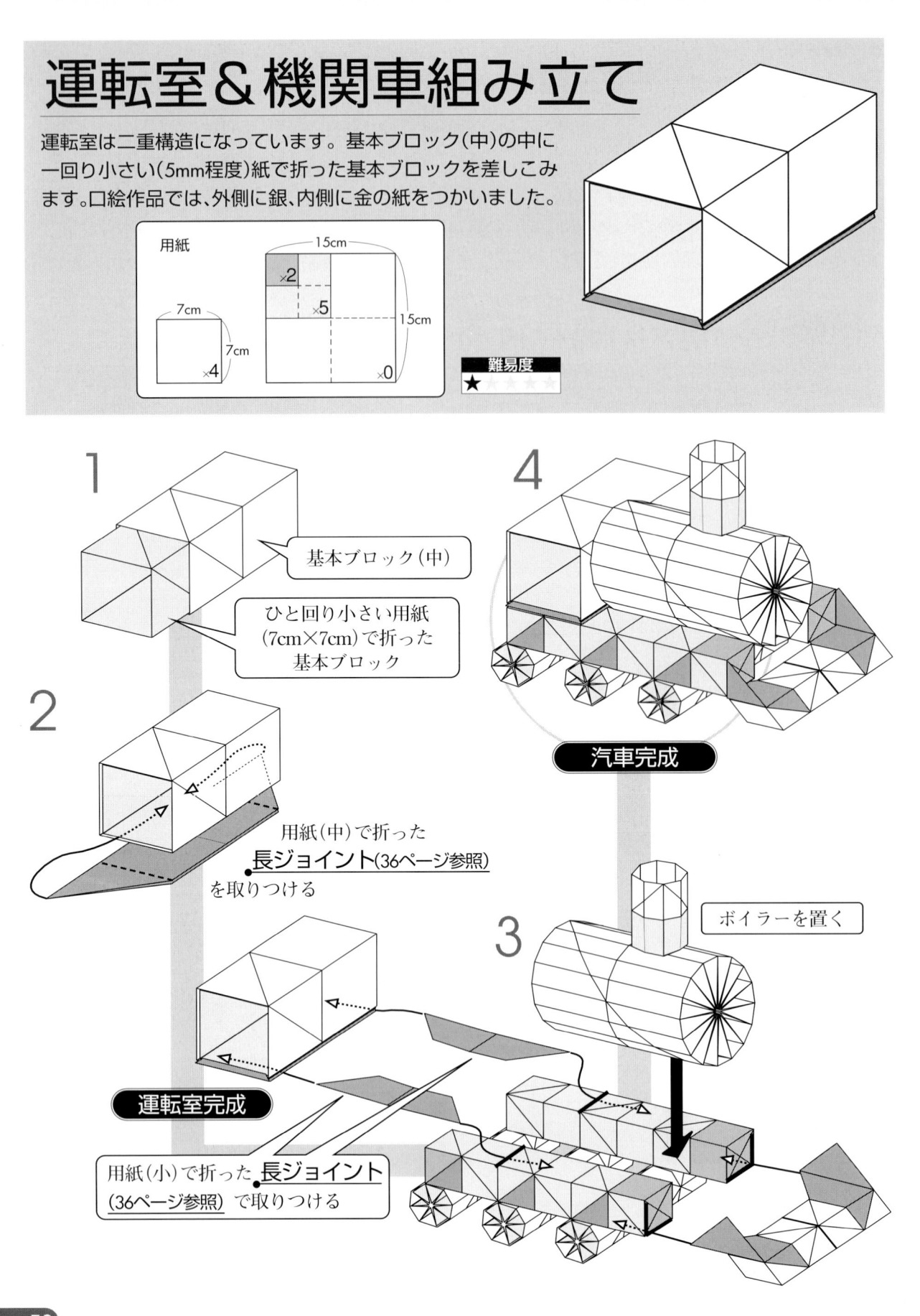

運転室は二重構造になっています。基本ブロック(中)の中に一回り小さい(5mm程度)紙で折った基本ブロックを差しこみます。口絵作品では、外側に銀、内側に金の紙をつかいました。

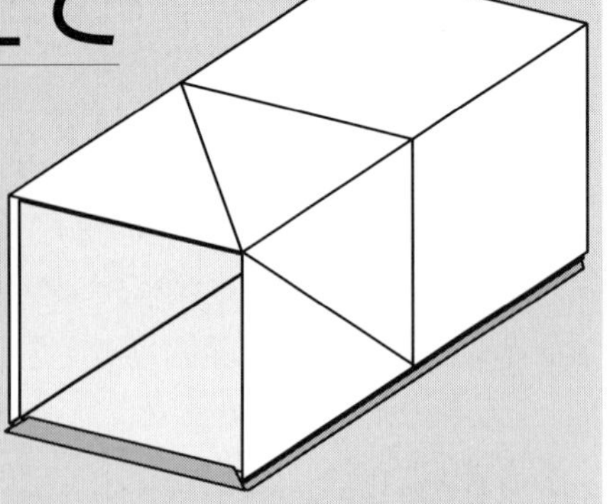

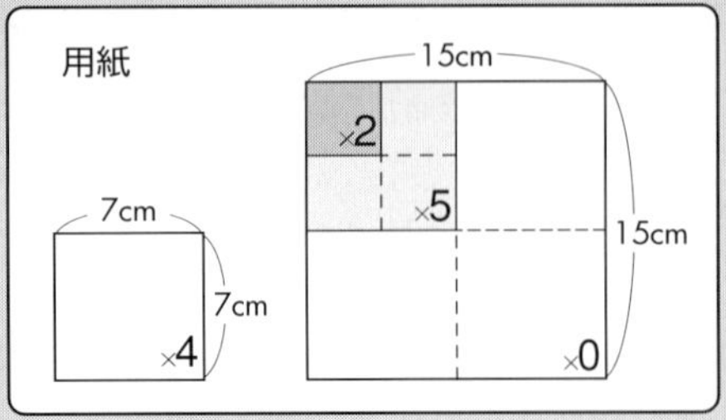

用紙
15cm
×2
×5
15cm
7cm
7cm
×4
×0

難易度
★

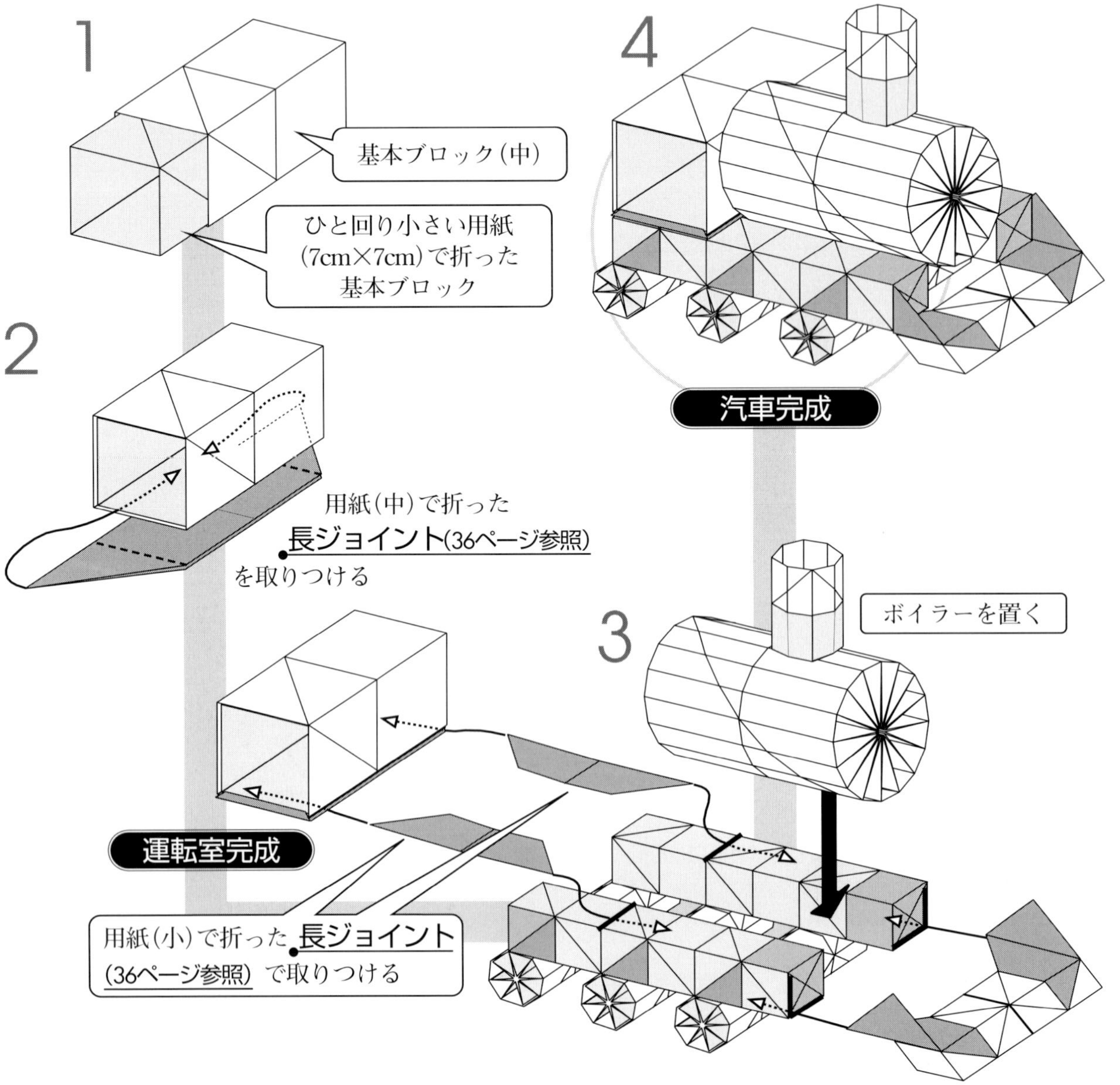

1
基本ブロック(中)
ひと回り小さい用紙
(7cm×7cm)で折った
基本ブロック
2
用紙(中)で折った
長ジョイント(36ページ参照)
を取りつける
運転室完成
用紙(小)で折った長ジョイント
(36ページ参照) で取りつける
3
ボイラーを置く
4
汽車完成

炭水車

鶴ややっこさんのように、昔から伝承されている箱の折り方があります。この箱に車輪を2本取りつけて炭水車をつくりましょう。
伝承の箱はいろいろつかえるので、おぼえておくと便利です。

用紙（車輪含む）

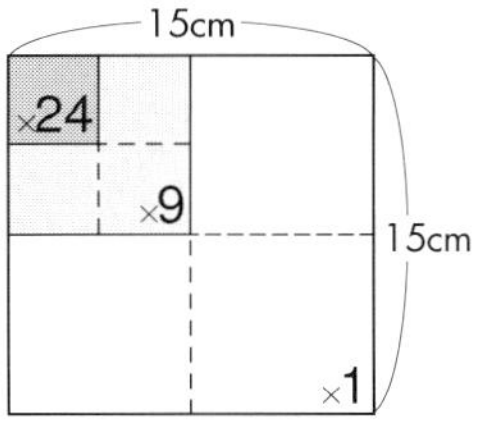

15cm
×24
×9
15cm
×1

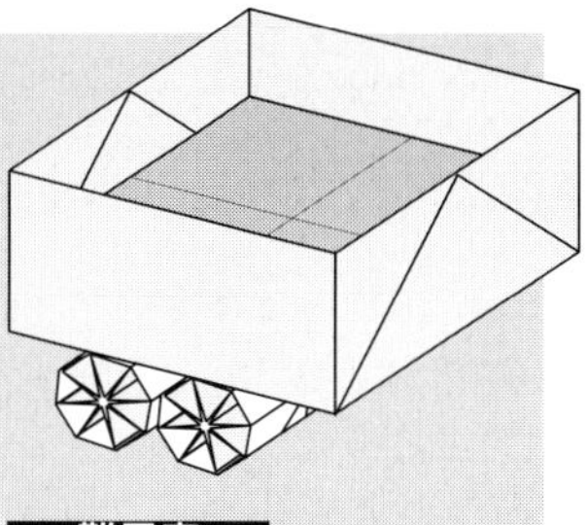

難易度
★★

Step 1 伝承の箱を折る

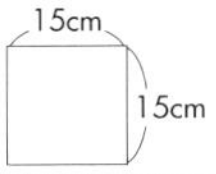

15cm
15cm

1枚

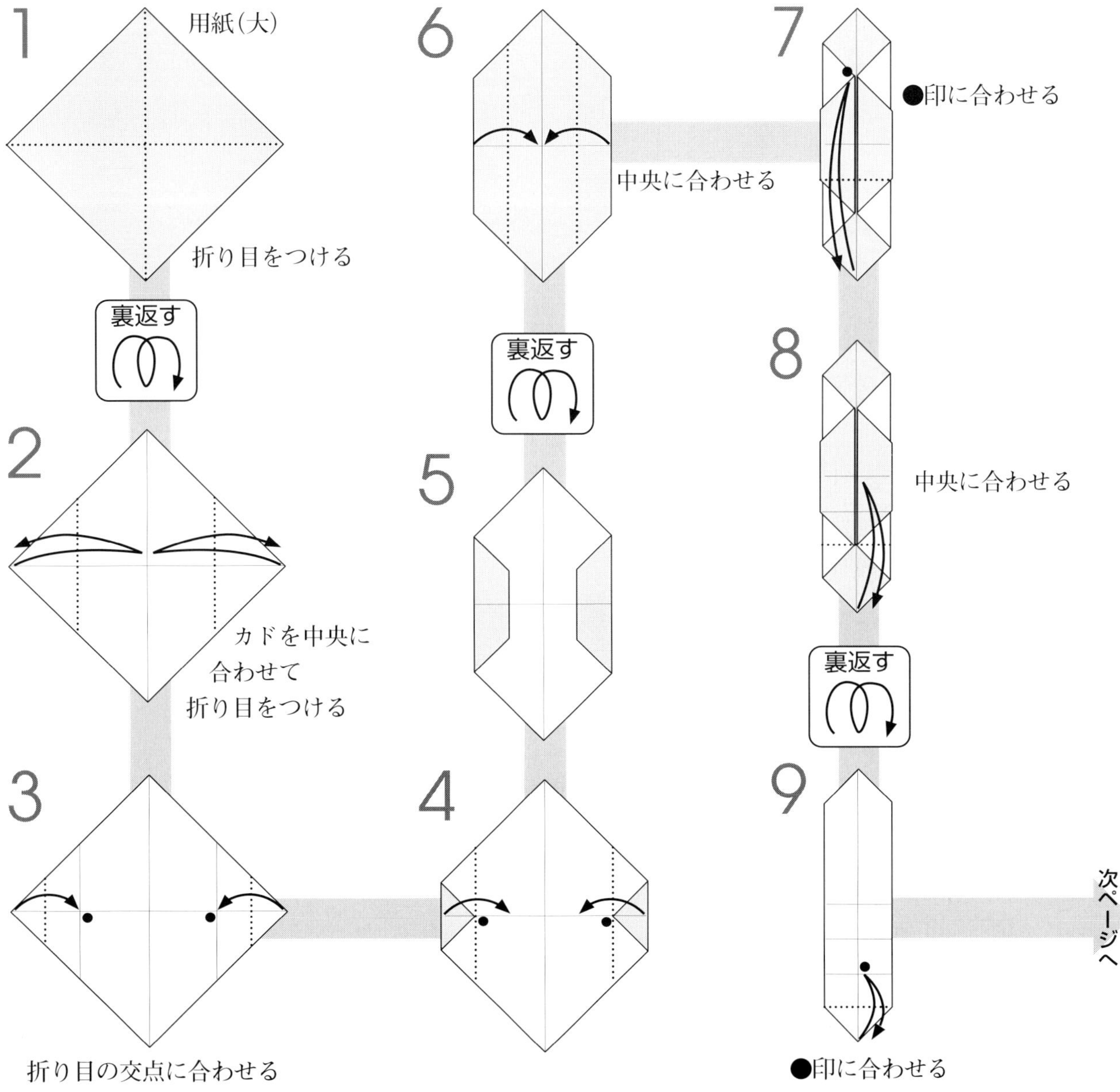

1
用紙(大)
折り目をつける
裏返す
2
カドを中央に
合わせて
折り目をつける
3
折り目の交点に合わせる
4
5
裏返す
6
中央に合わせる
7
●印に合わせる
8
中央に合わせる
裏返す
9
●印に合わせる

次ページへ

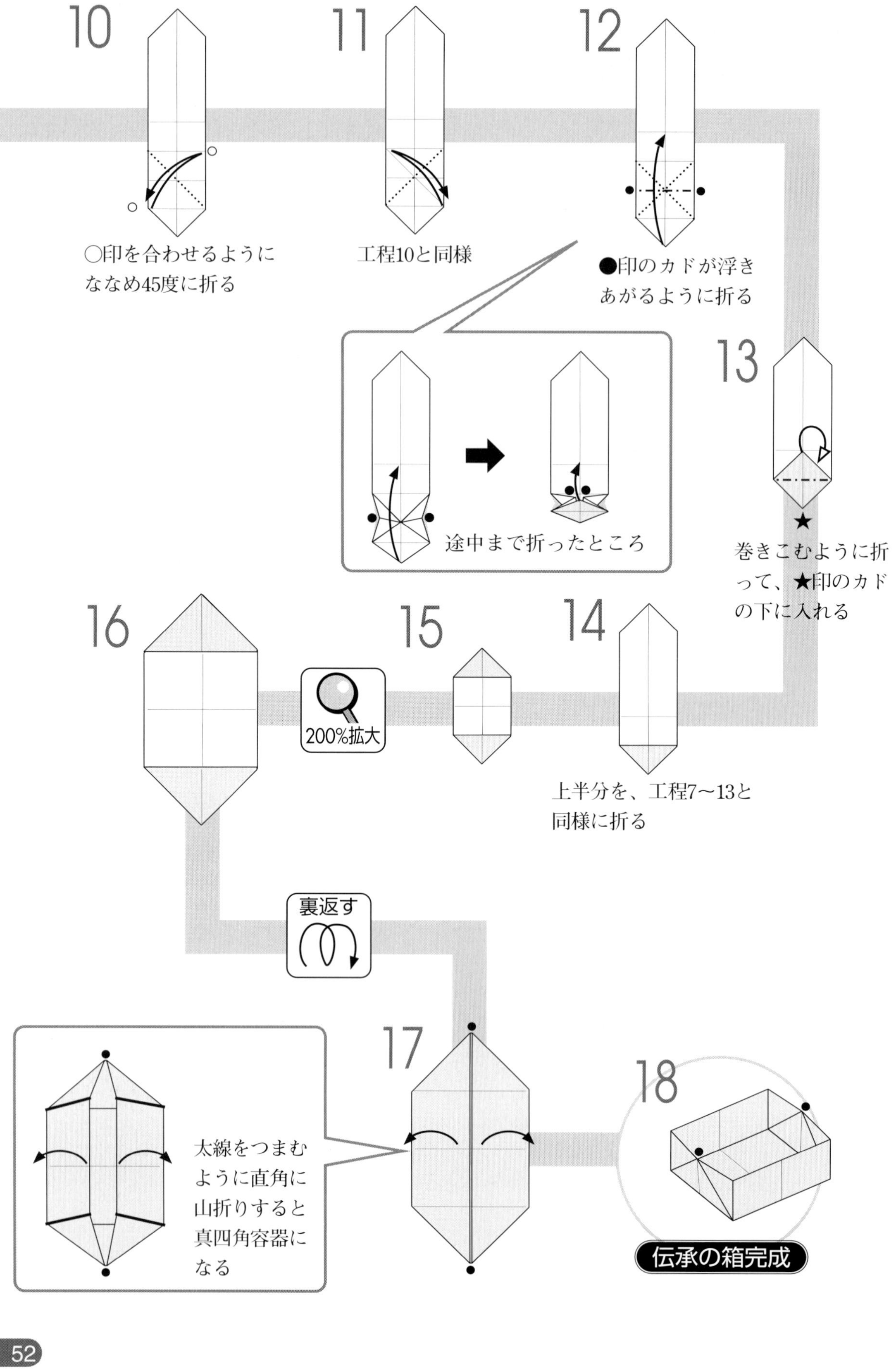
10
○印を合わせるように
ななめ45度に折る
11
工程10と同様
12
●印のカドが浮き
あがるように折る
途中まで折ったところ
13
★
巻きこむように折
って、★印のカド
の下に入れる
14
上半分を、工程7〜13と
同様に折る
15
200%拡大
16
裏返す
17
太線をつまむ
ように直角に
山折りすると
真四角容器に
なる
18
伝承の箱完成

Step2 車輪を取りつける

伝承の箱1
車輪（42〜43ページ参照）2
1枚
ねじりジョイント
正逆各2

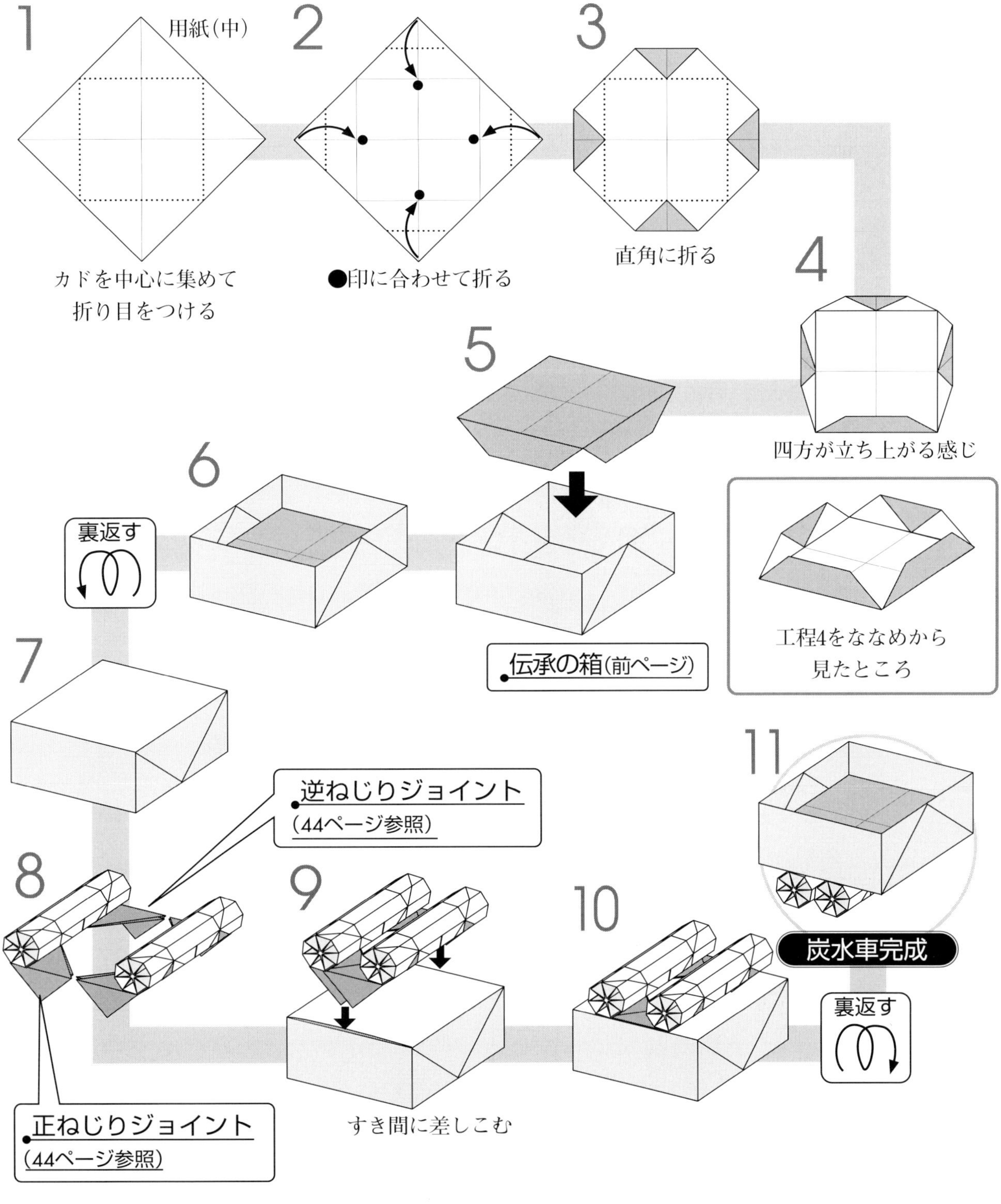
1
用紙(中)
カドを中心に集めて
折り目をつける
2
●印に合わせて折る
3
直角に折る
4
四方が立ち上がる感じ
工程4をななめから
見たところ
5
伝承の箱(前ページ)
6
裏返す
7
逆ねじりジョイント
(44ページ参照)
8
正ねじりジョイント
(44ページ参照)
9
すき間に差しこむ
10
裏返す
11
炭水車完成

客車

汽車づくりの作業もいよいよ大詰め。客車をつくって配置しましょう。好みで客車の数を増やして、車両全体の長さを調節してください。

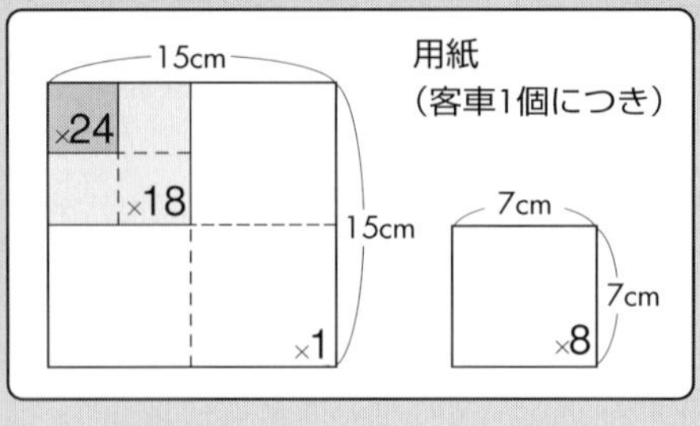
15cm
用紙
（客車1個につき）
×24
×18
15cm
×1
7cm
7cm
×8

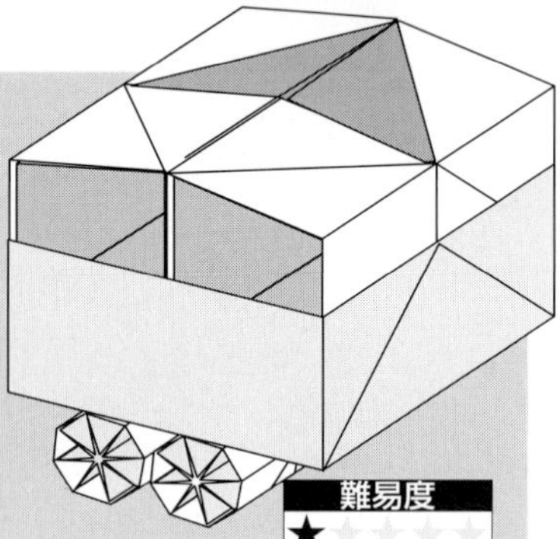

難易度 ★☆☆☆☆

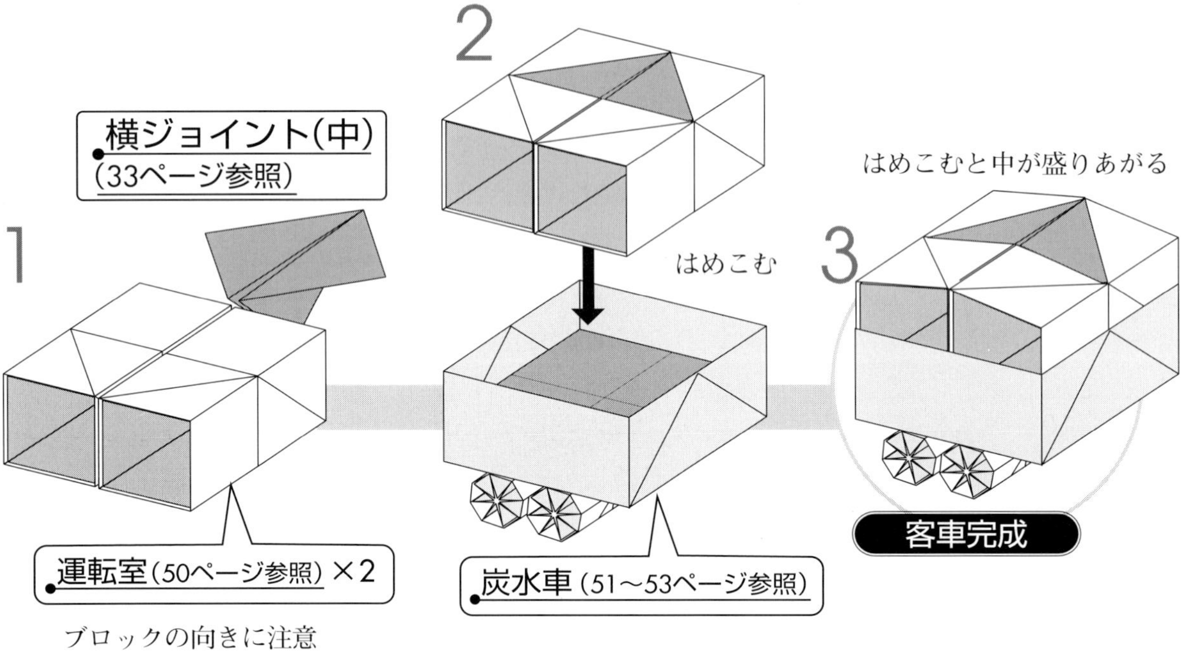
1
横ジョイント（中）
（33ページ参照）
運転室（50ページ参照）×2
ブロックの向きに注意
2
はめこむ
炭水車（51～53ページ参照）
3
はめこむと中が盛りあがる
客車完成

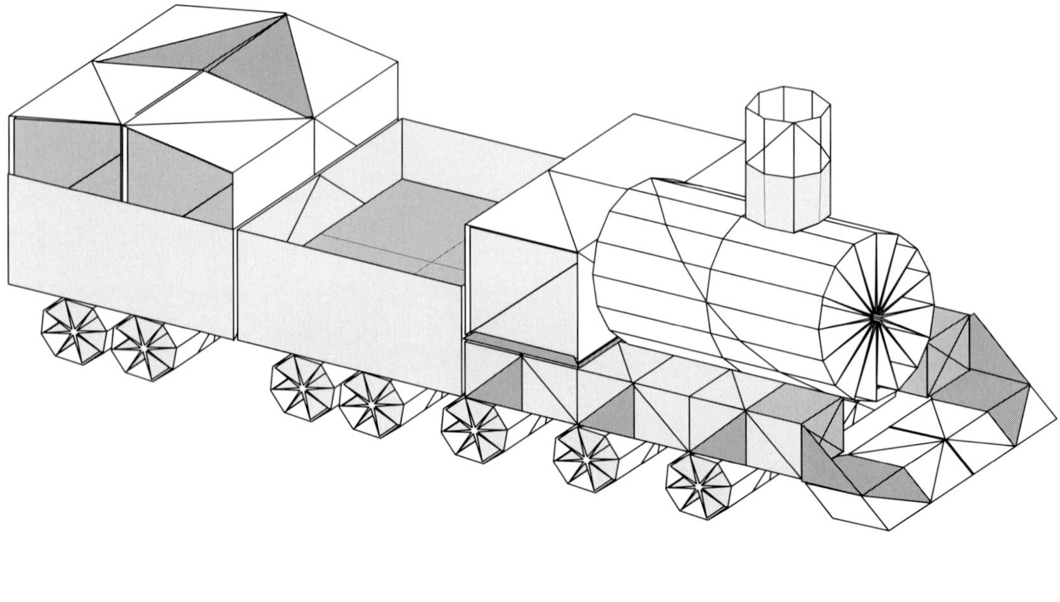

線路

線路は枕木、レール留め、レールからなります。まず枕木にレール留めを2つ差しこみます。次にレール留めのスリットにレールを差しこみます。はさむ位置を調節するとレールを自在に曲げることができます。

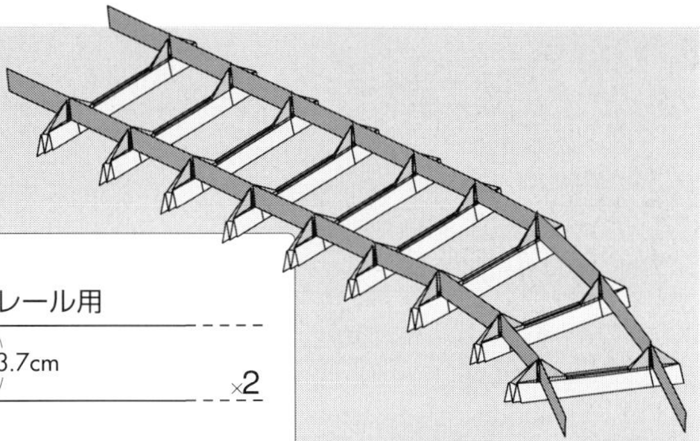

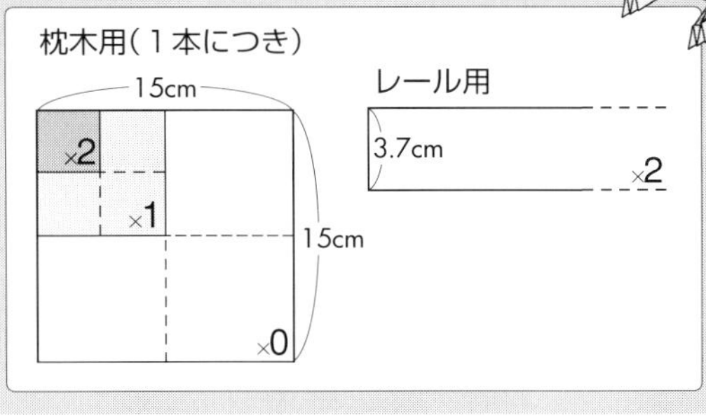
枕木用（1本につき）
15cm
×2
×1
15cm
×0
レール用
3.7cm
×2

難易度 ★

Step 1 枕木をつくる

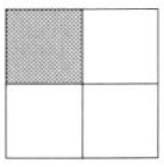

1枚

1

用紙（中）

8等分、じゃばらに折る

2

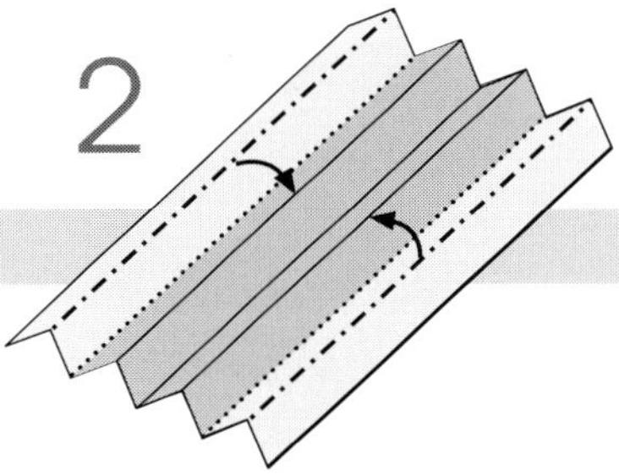

濃い部分は平たくする

3

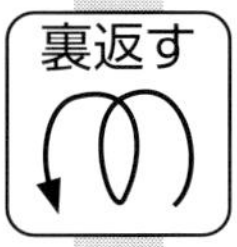
裏返す

4

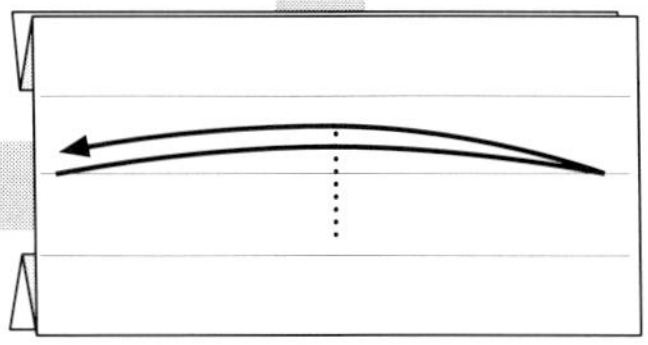

中心に印をつける

5

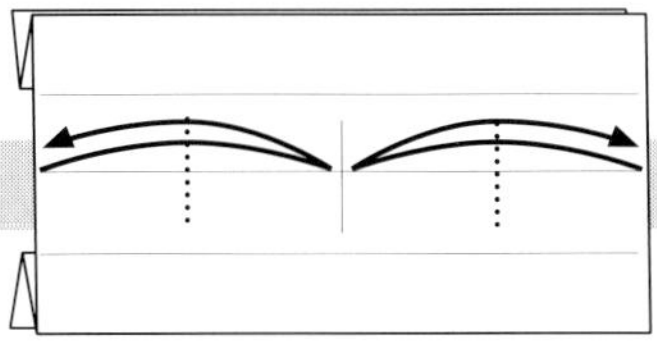

6

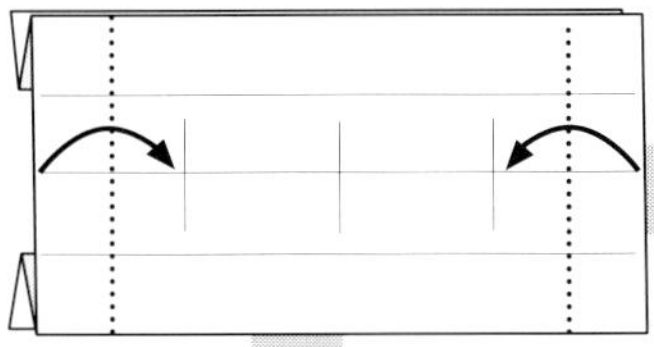

7

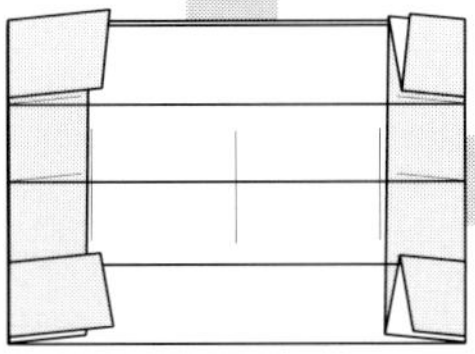

裏返す

8

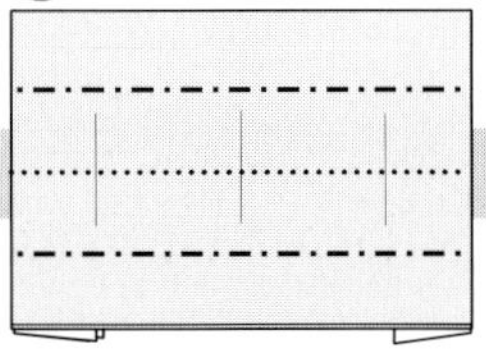

じゃばらに折る

9

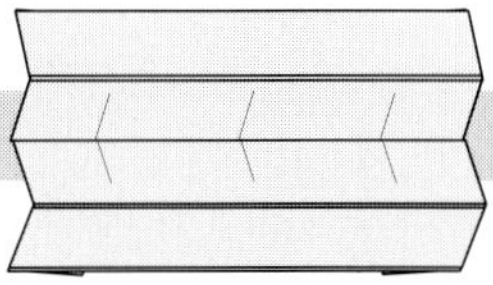

次ページへ

10

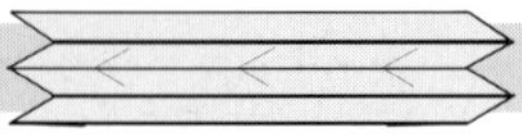

すき間を広げる

11

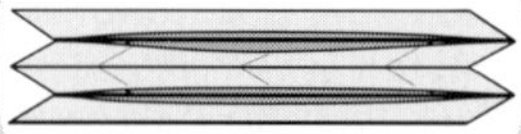

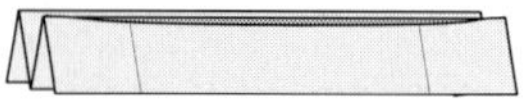

横から見たところ

枕木完成

線路

Step 2 レール留めをつける

枕木1 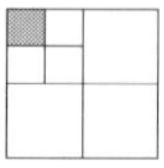 2枚

1

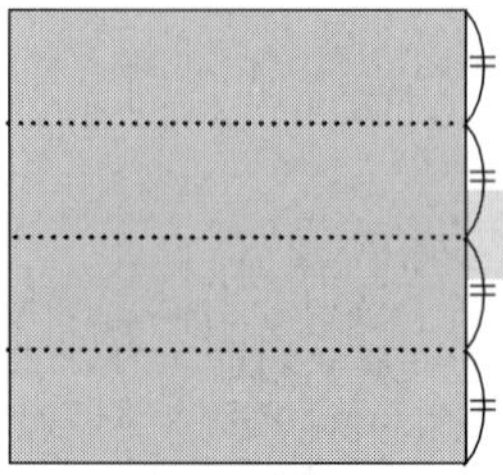

4等分に谷折り目をつける

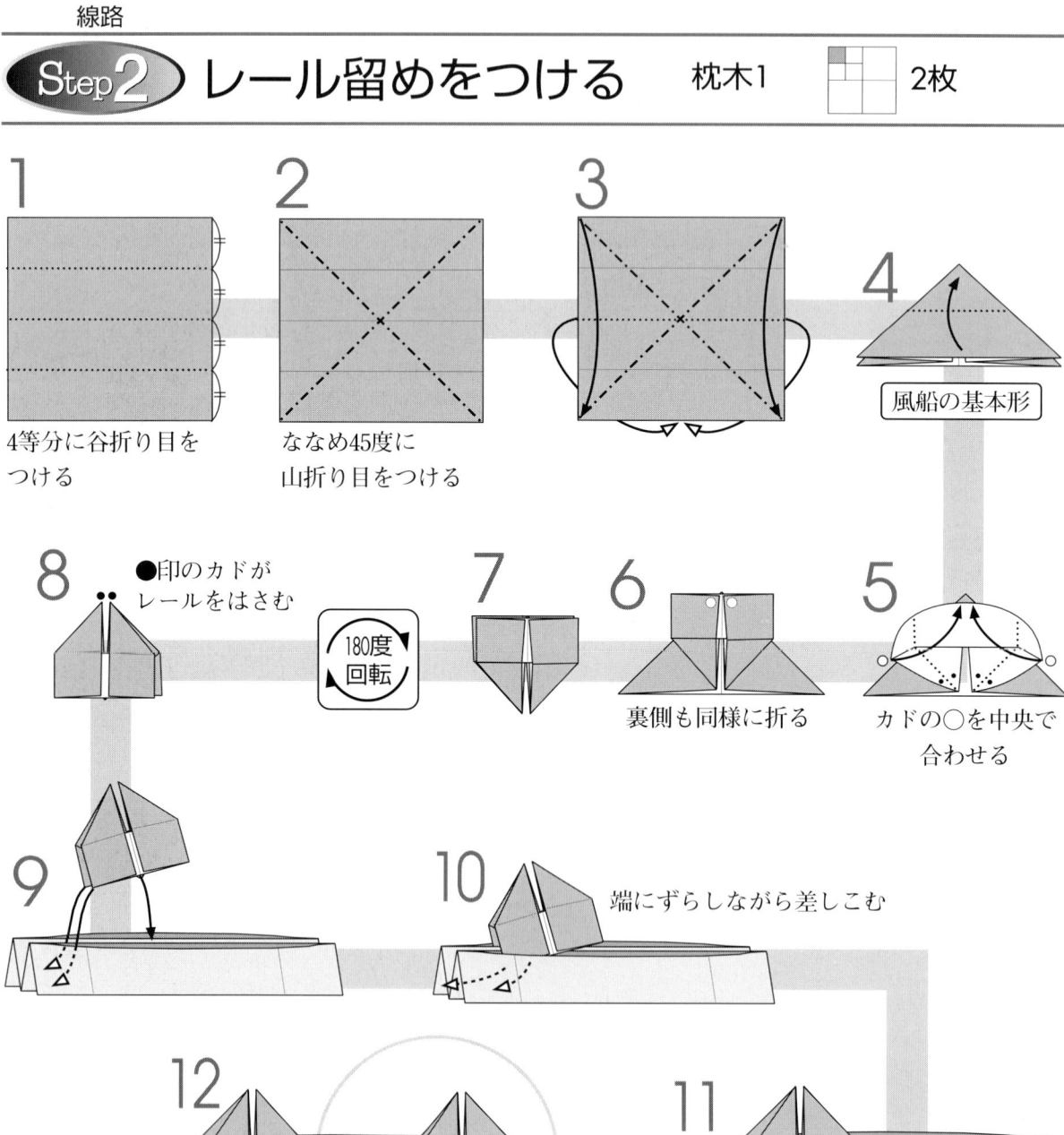

2

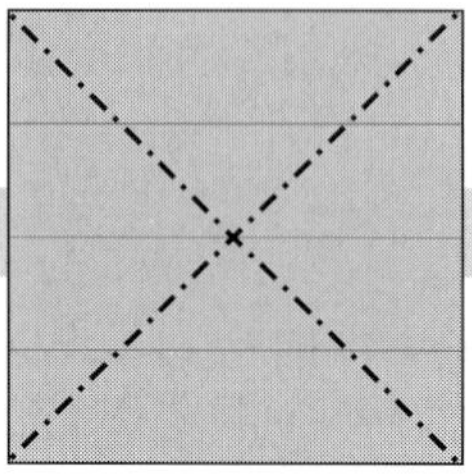

ななめ45度に山折り目をつける

3

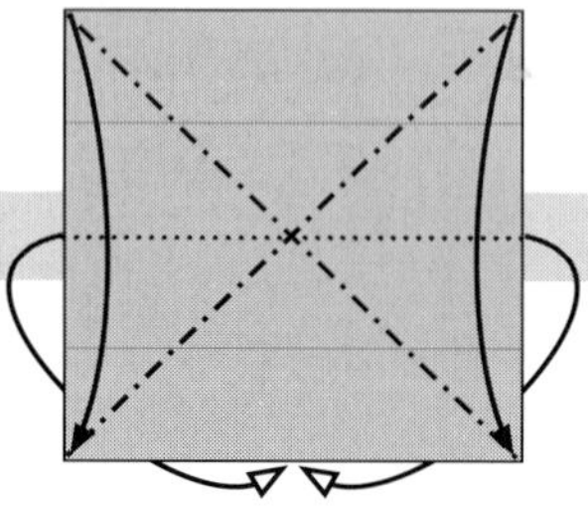

4

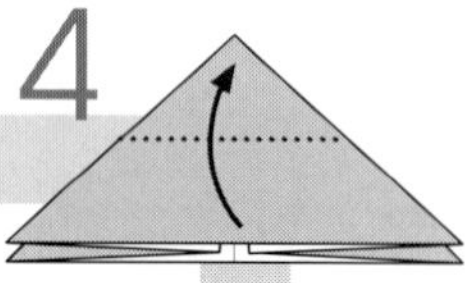

風船の基本形

5

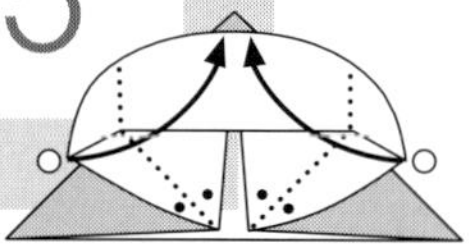

カドの○を中央で合わせる

6

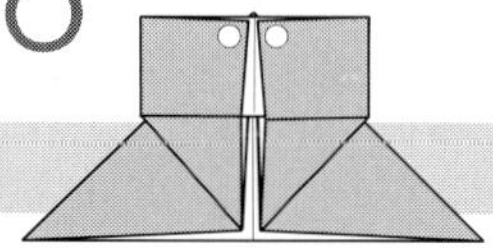

裏側も同様に折る

7

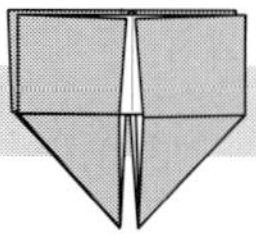

8

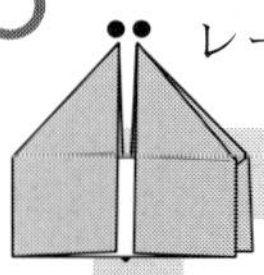

●印のカドがレールをはさむ

9

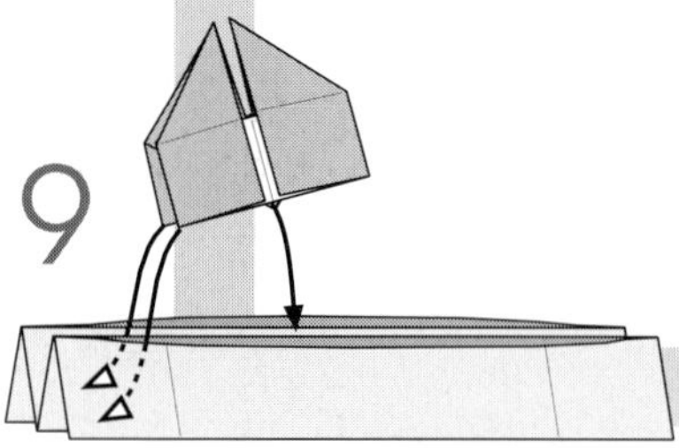

10

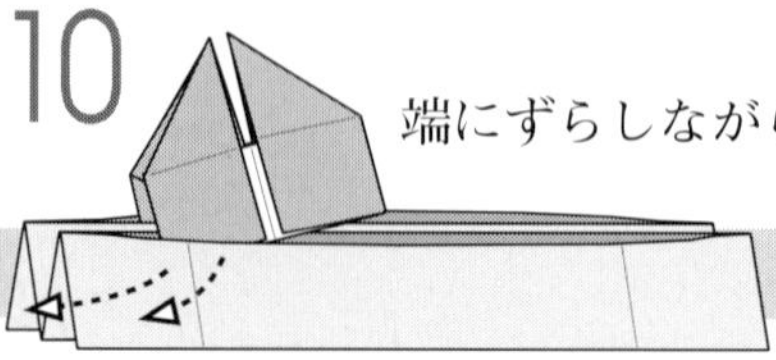

端にずらしながら差しこむ

11

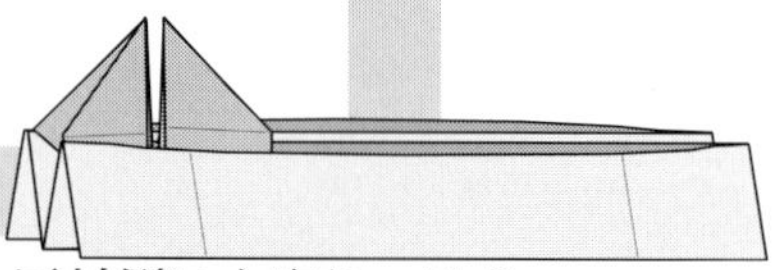

反対側にも取りつける

12

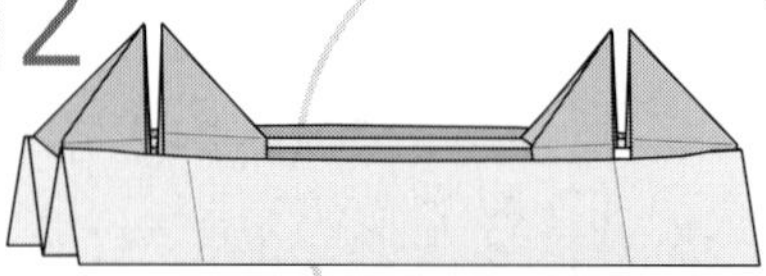

レール留めつき枕木完成

線路

Step3 レールをつくる

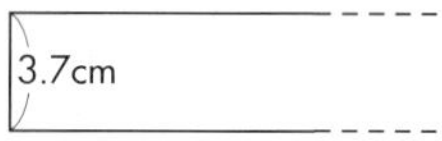

2枚

15cm用紙の4分の1の幅の用紙をつかいます。長さは自由で、のりづけしてつないでも大丈夫です。汽車の重さに耐えられるように4等分折りして厚くしますが、丈夫な紙で折る場合は用紙の幅を半分にして、半分に折るだけでもかまいません。

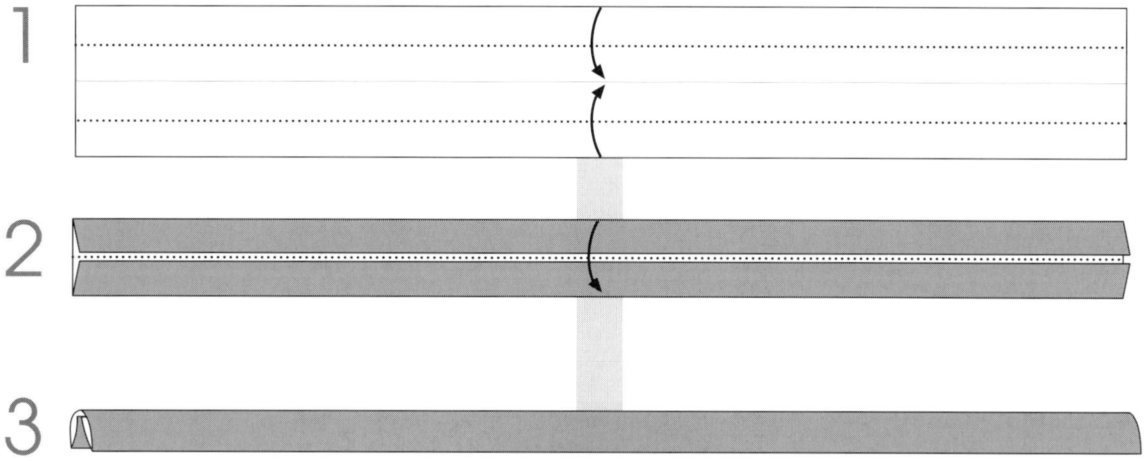

レール完成

線路

Step4 枕木にレールを取りつける

はさむだけですが、しっかり固定されます。宙に浮かせても、振っても壊れません。枕木の間隔を調節すればレールを曲げることもできます。
レールに針金を差しこんでから取りつけると、さらに自由に曲げることができます。

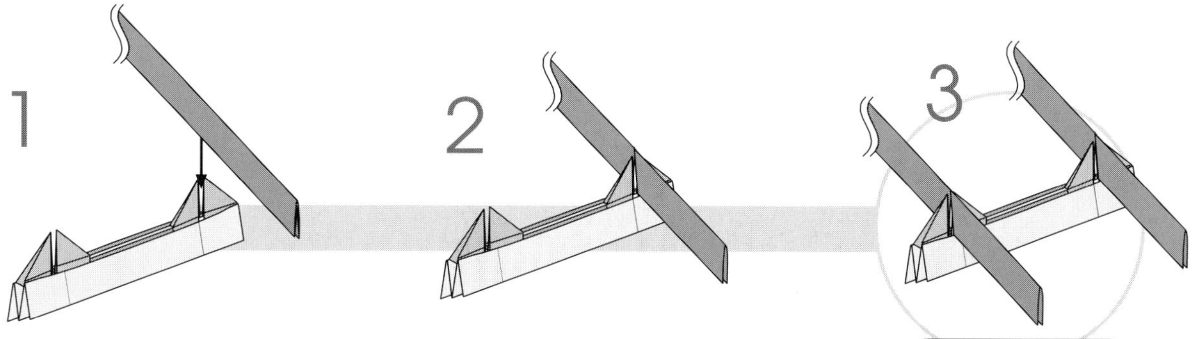

線路完成

スペースシャトル

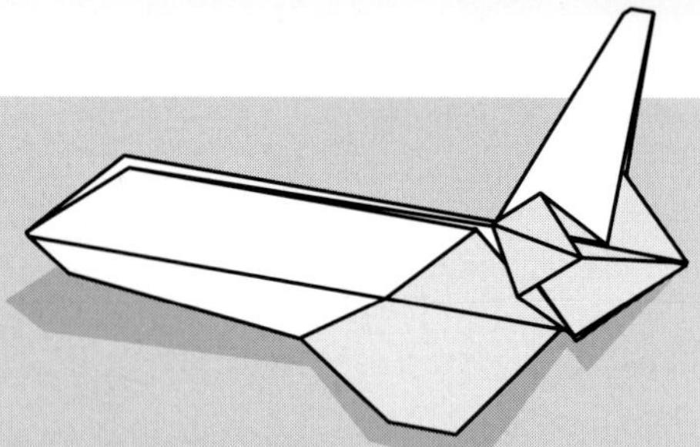

宇宙を舞台にした映画007シリーズのムーンレイカーに登場するスペースシャトルをイメージしました。工程57の白い部分が本体から僅かに浮くので、完成図のように置くと宇宙から帰還し、滑走路に今まさに着陸しようとする姿勢になります。

難易度 ★★★★★

練習用紙　20cm以上
標準用紙　15cm

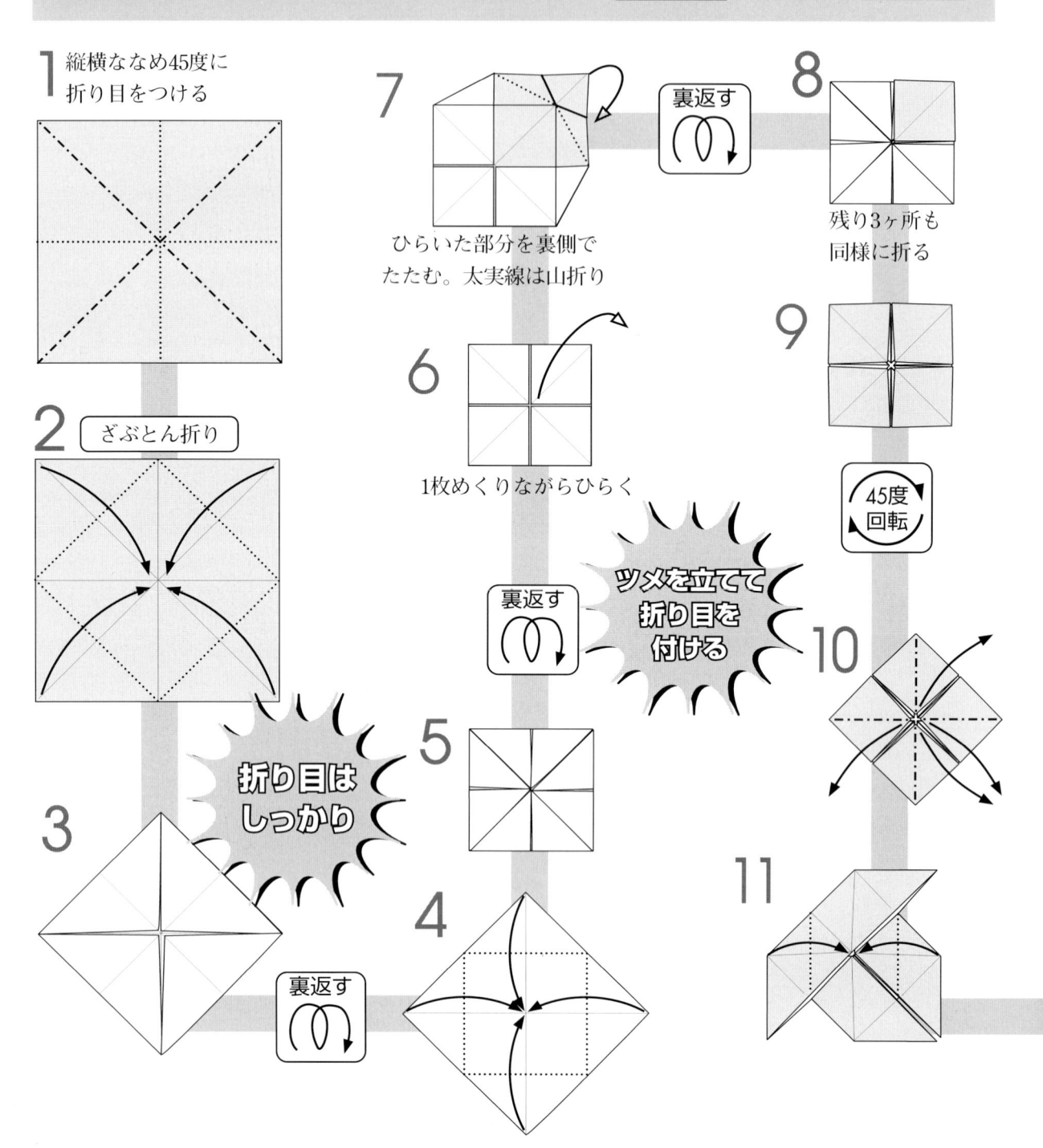

1 縦横ななめ45度に折り目をつける

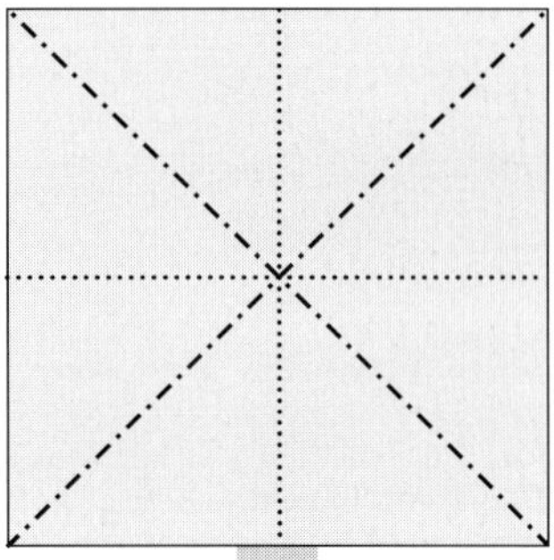

2 ざぶとん折り

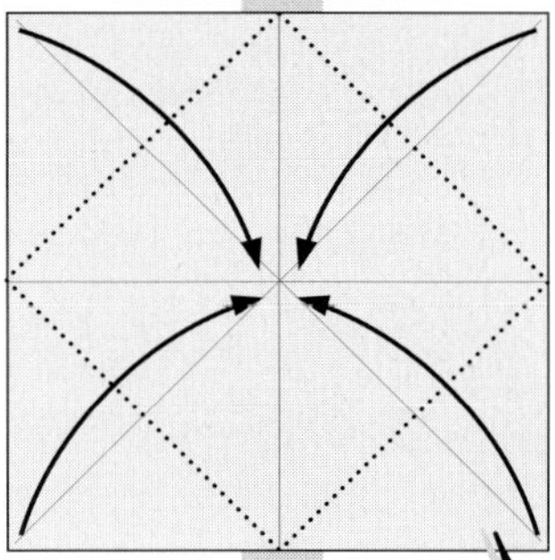

折り目はしっかり

3

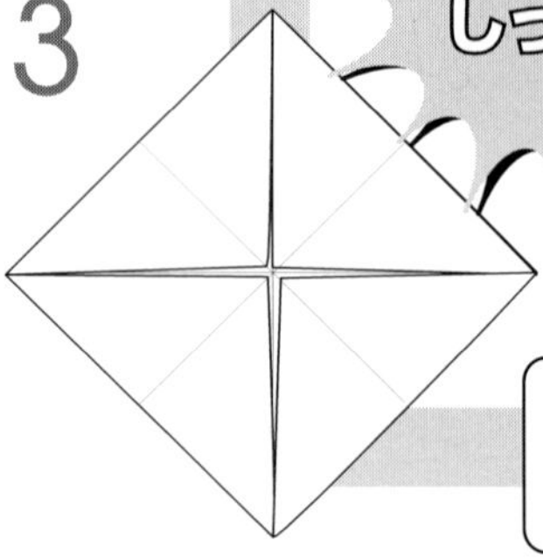

裏返す

4

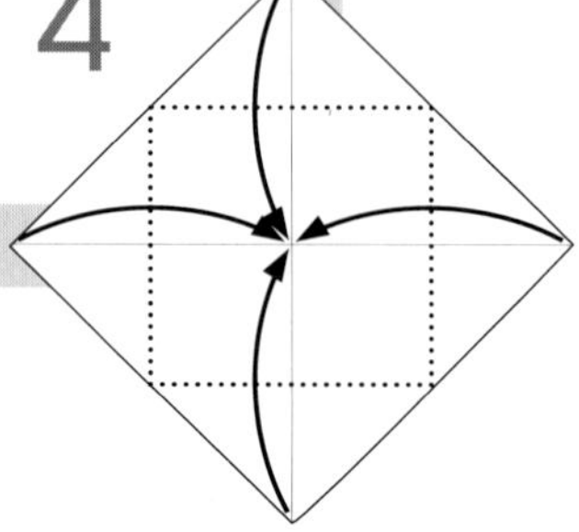

5

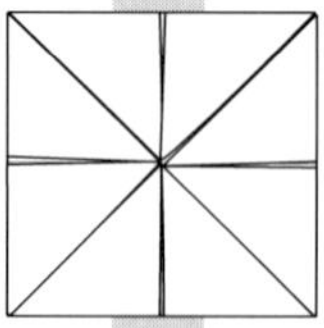

裏返す

ツメを立てて折り目を付ける

6

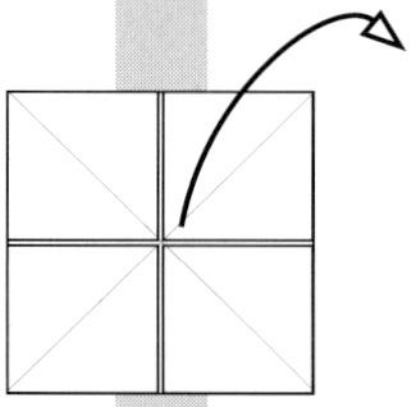

1枚めくりながらひらく

7

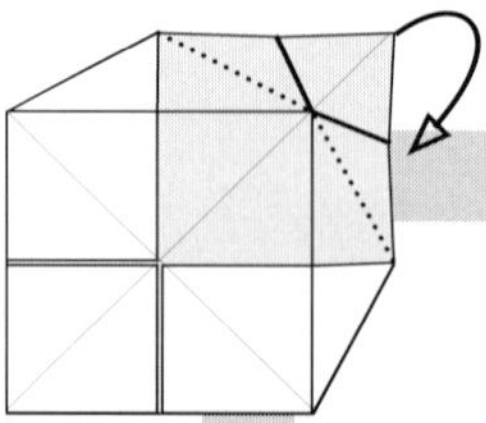

ひらいた部分を裏側でたたむ。太実線は山折り

裏返す

8

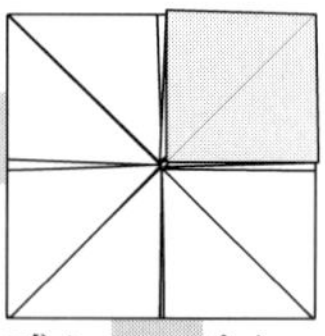

残り3ヶ所も同様に折る

9

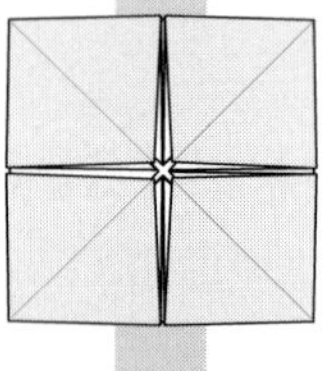

45度回転

10

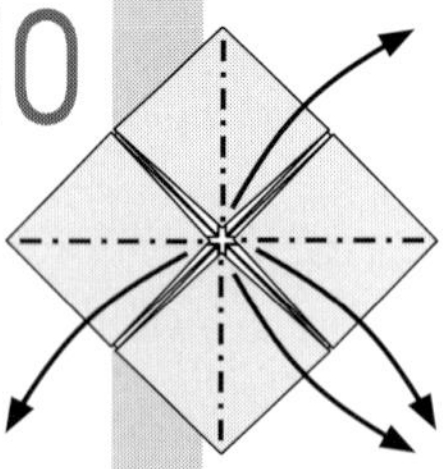

11

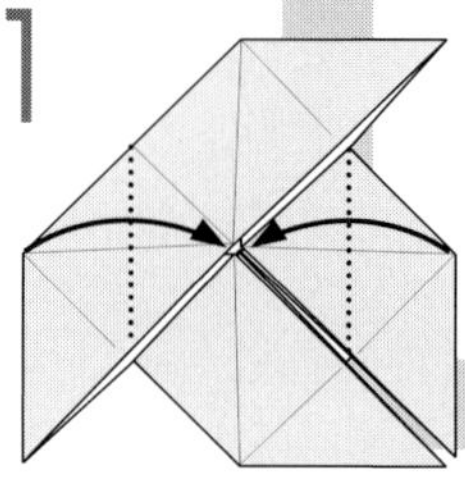

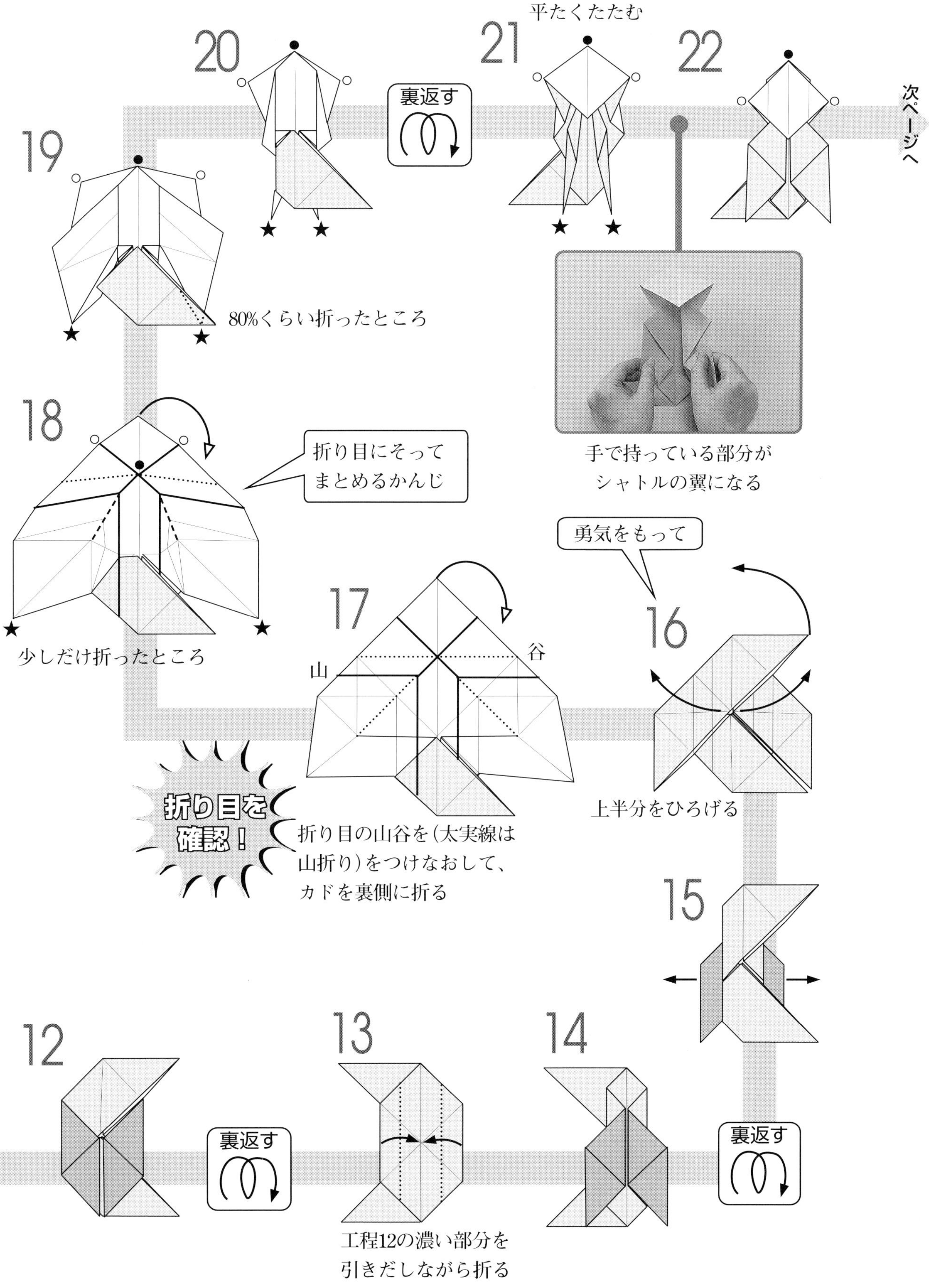
12
裏返す
13
工程12の濃い部分を
引きだしながら折る
14
裏返す
15
16
勇気をもって
上半分をひろげる
17
山
谷
折り目を
確認！
折り目の山谷を（太実線は
山折り）をつけなおして、
カドを裏側に折る
18
折り目にそって
まとめるかんじ
少しだけ折ったところ
19
80%くらい折ったところ
20
裏返す
21
平たくたたむ
22
手で持っている部分が
シャトルの翼になる
次ページへ

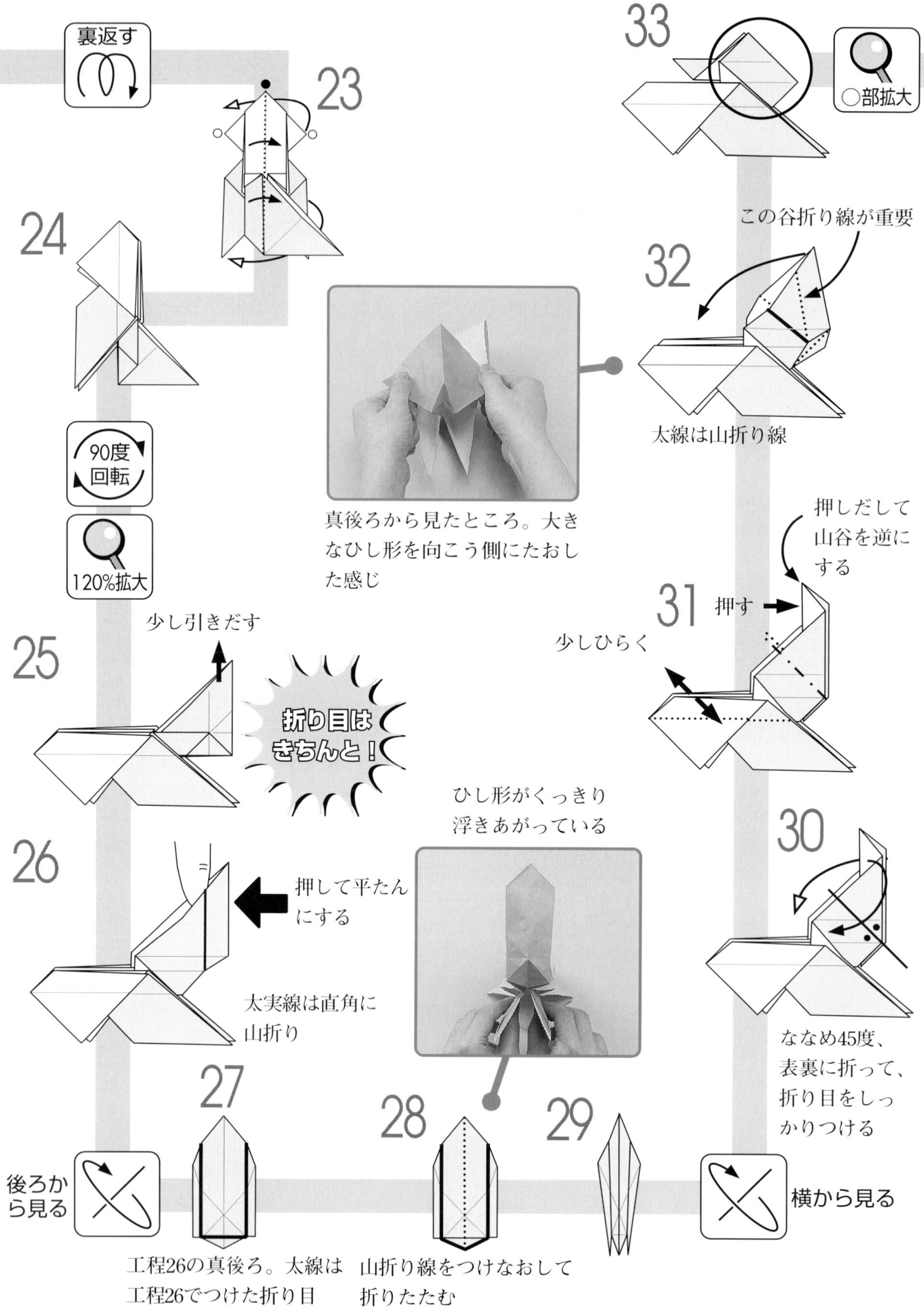
裏返す
23
24
90度
回転
120%拡大
25
少し引きだす
折り目は
きちんと！
26
押して平たん
にする
太実線は直角に
山折り
後ろか
ら見る
27
工程26の真後ろ。太線は
工程26でつけた折り目
28
山折り線をつけなおして
折りたたむ
ひし形がくっきり
浮きあがっている
29
横から見る
30
ななめ45度、
表裏に折って、
折り目をしっ
かりつける
31
少しひらく
押す
押しだして
山谷を逆に
する
真後ろから見たところ。大き
なひし形を向こう側にたおし
た感じ
32
この谷折り線が重要
太線は山折り線
33
○部拡大

次ページへ

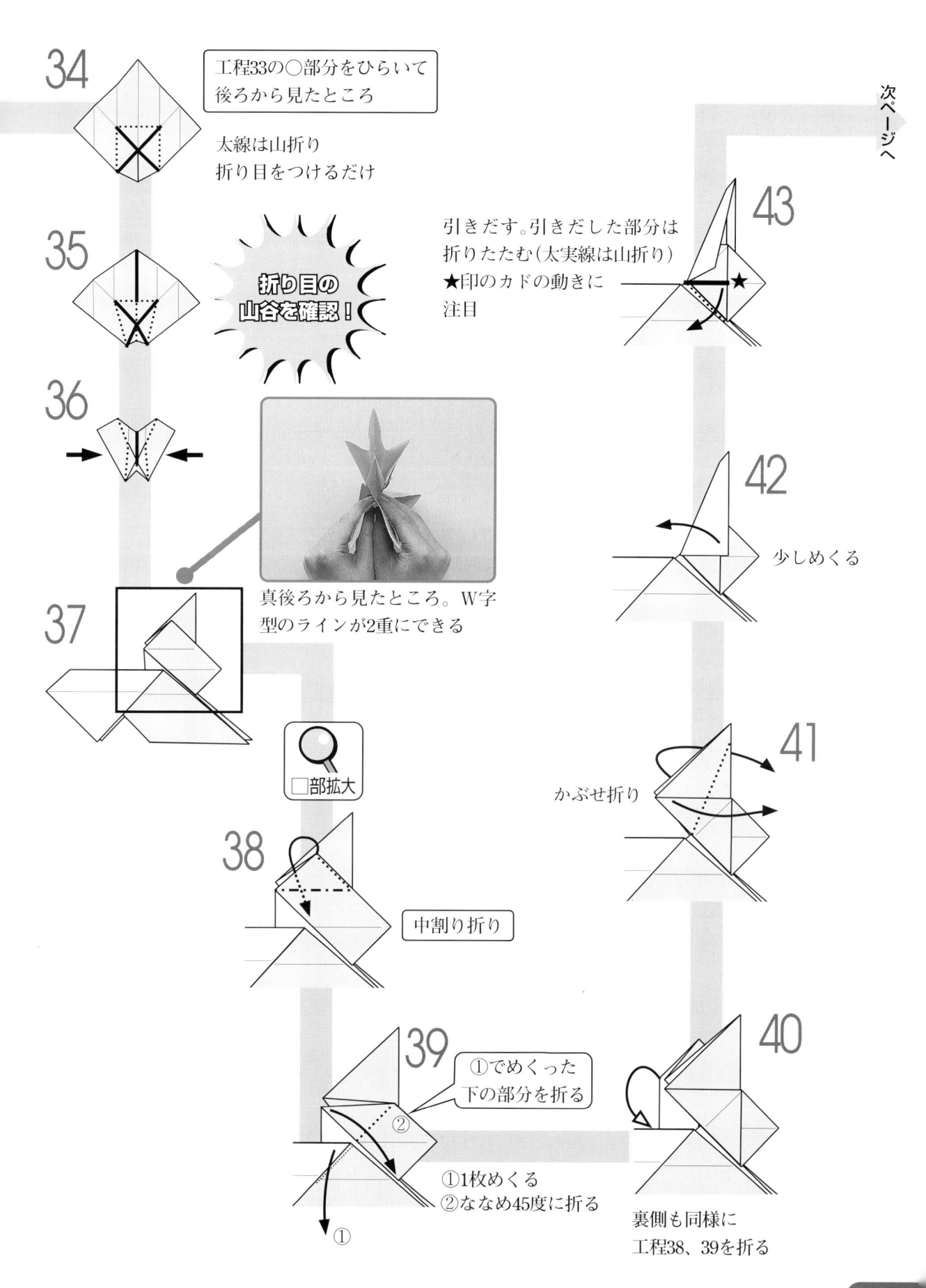

34

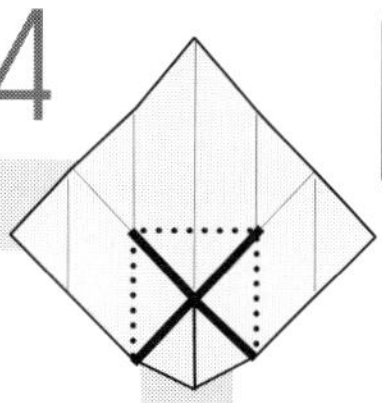

工程33の○部分をひらいて
後ろから見たところ

太線は山折り
折り目をつけるだけ

35

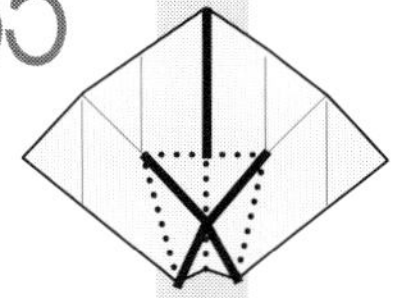

折り目の
山谷を確認！

36

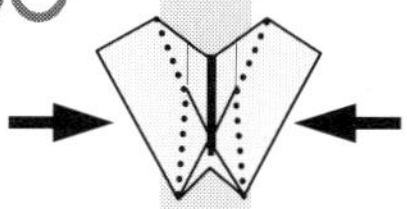

真後ろから見たところ。W字型のラインが2重にできる

37

□部拡大

38

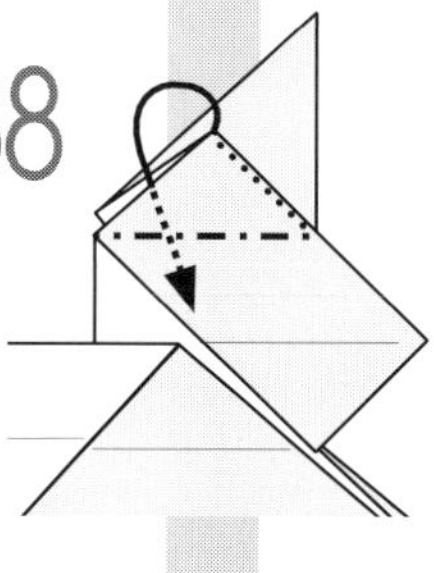

中割り折り

39

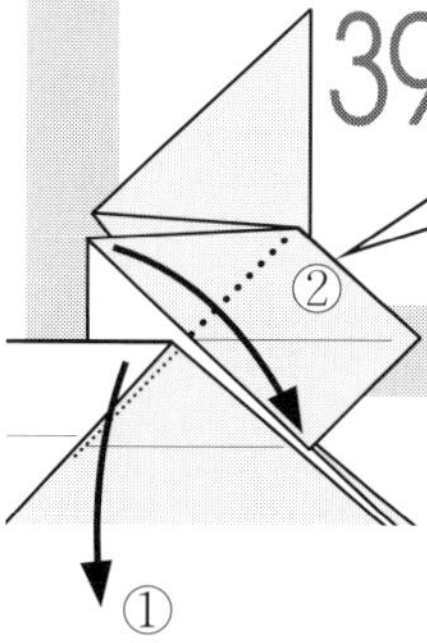
②
①

①でめくった
下の部分を折る

①1枚めくる
②ななめ45度に折る

40

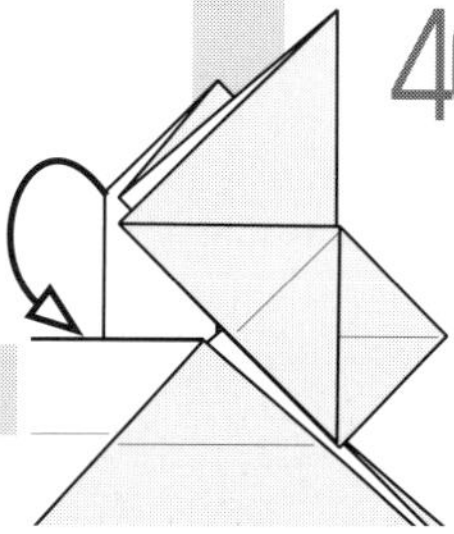

裏側も同様に
工程38、39を折る

41

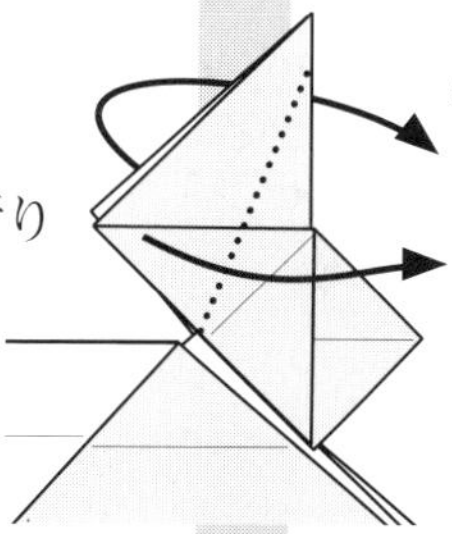

かぶせ折り

42

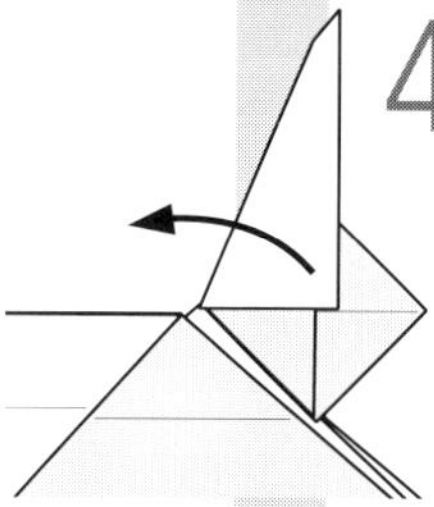

少しめくる

43

★

引きだす。引きだした部分は
折りたたむ（太実線は山折り）
★印のカドの動きに
注目

44

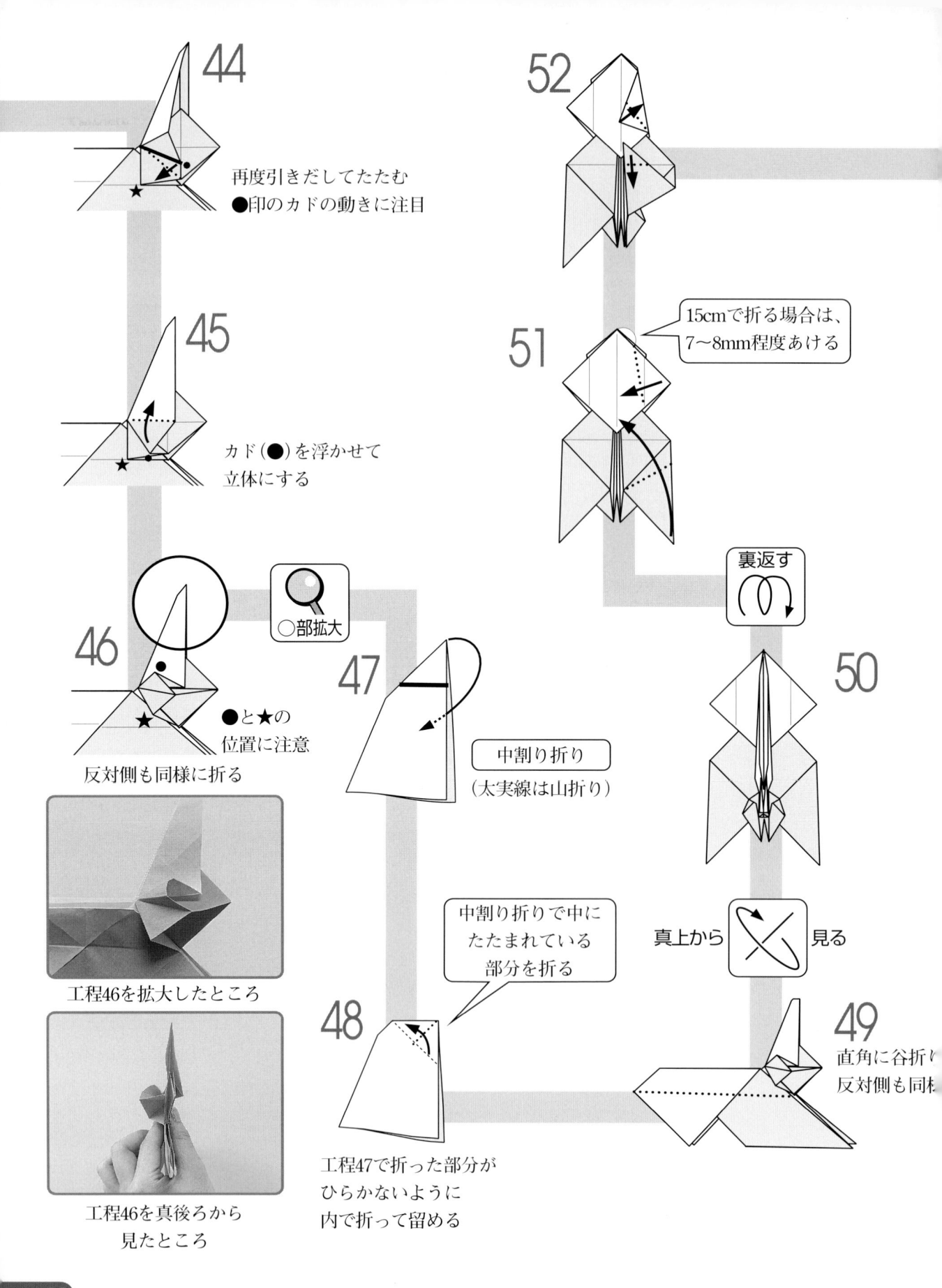

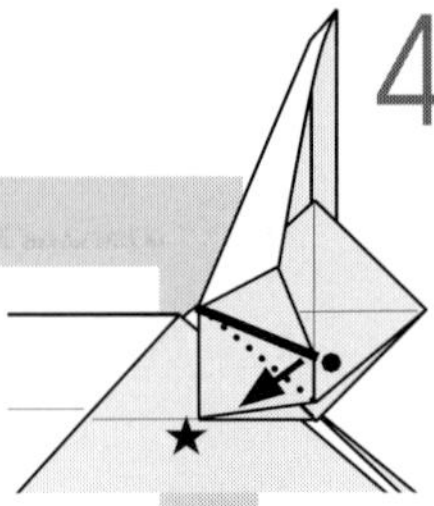

再度引きだしてたたむ
●印のカドの動きに注目

45

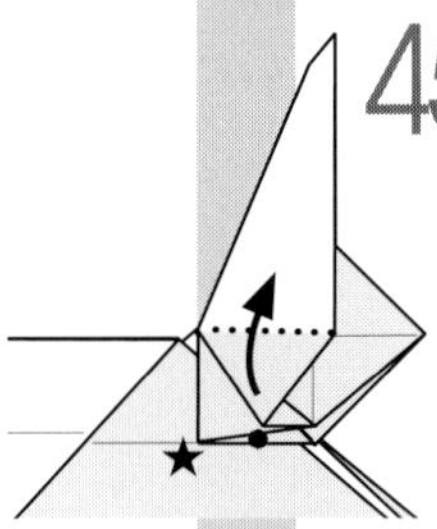

カド（●）を浮かせて
立体にする

46

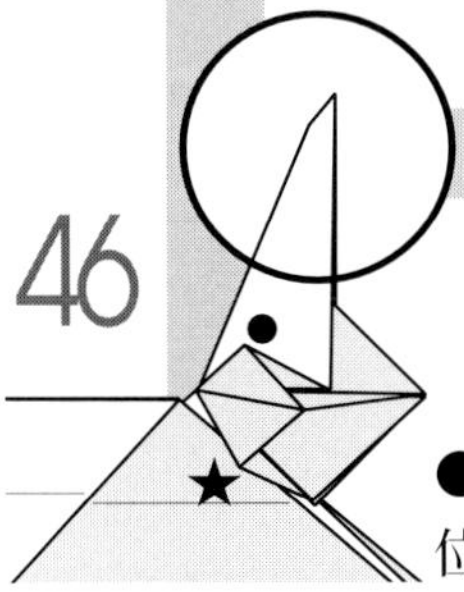

●と★の
位置に注意

反対側も同様に折る

○部拡大

工程46を拡大したところ

工程46を真後ろから
見たところ

47

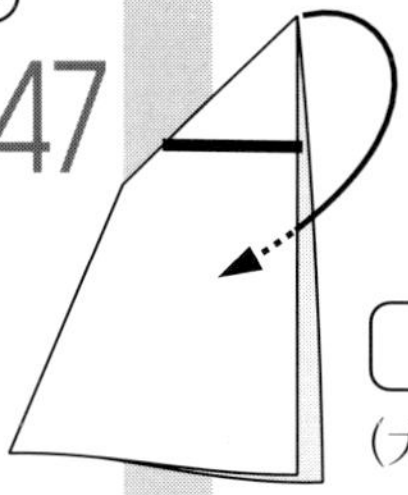

中割り折り
（太実線は山折り）

48

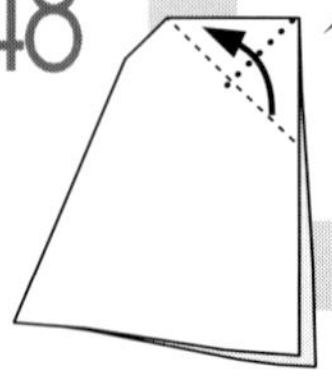
中割り折りで中に
たたまれている
部分を折る

工程47で折った部分が
ひらかないように
内で折って留める

49

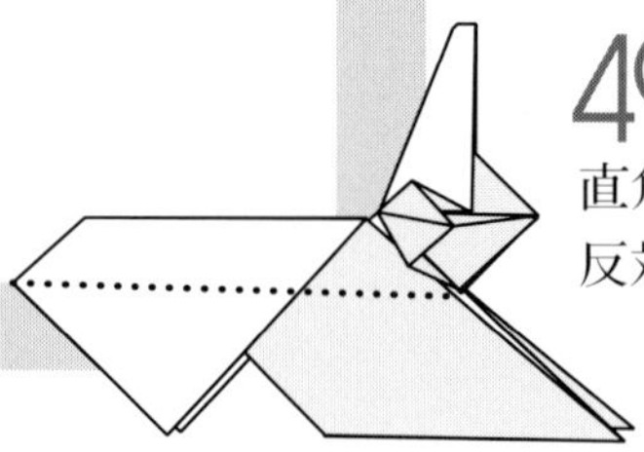

直角に谷折
反対側も同

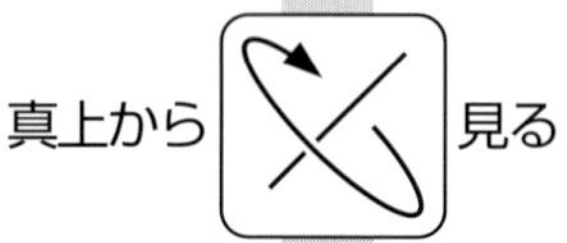
真上から
見る

50

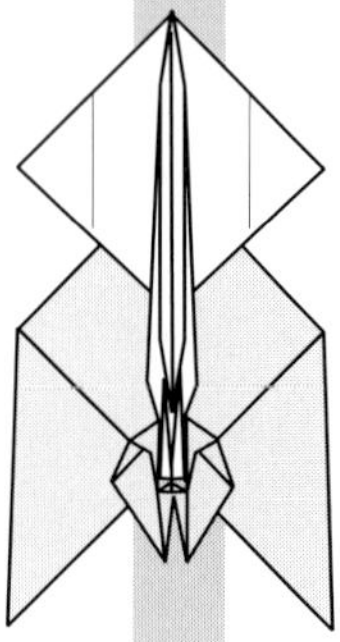

裏返す

51

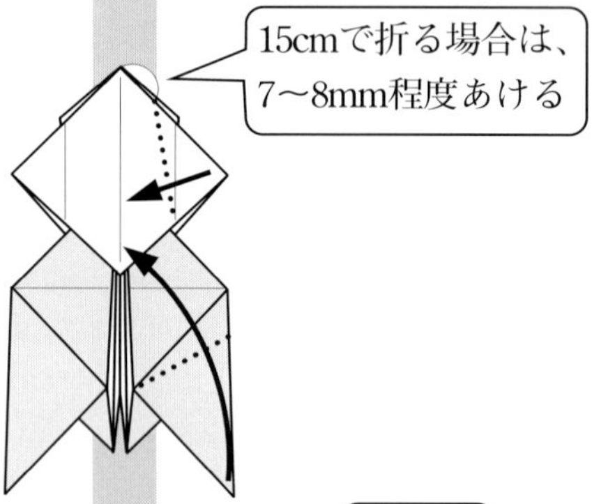
15cmで折る場合は、
7〜8mm程度あける

52

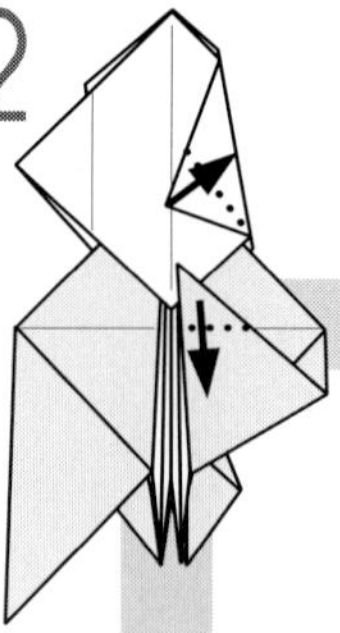

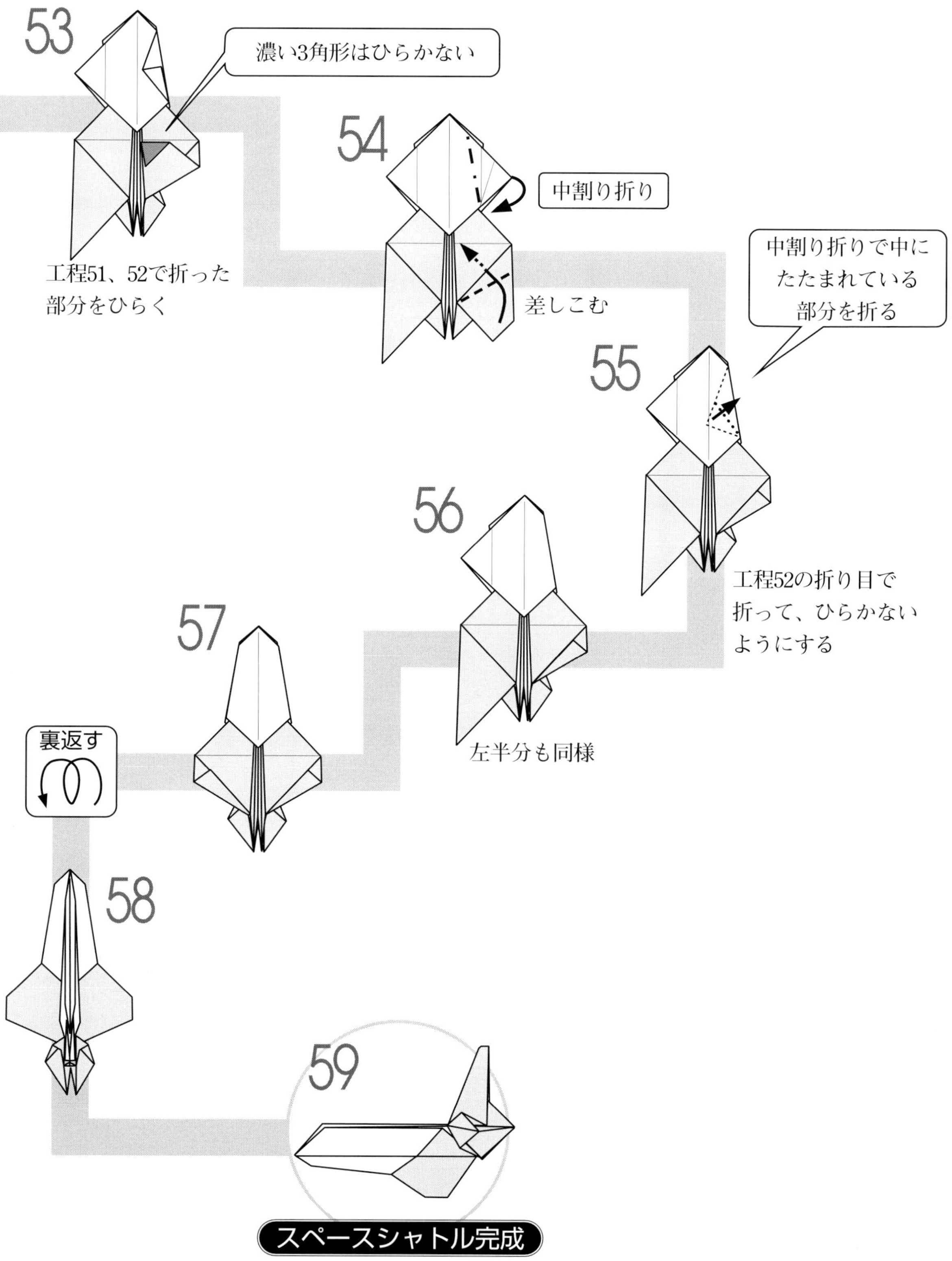
53
濃い3角形はひらかない
工程51、52で折った部分をひらく
54
中割り折り
差しこむ
55
中割り折りで中にたたまれている部分を折る
工程52の折り目で折って、ひらかないようにする
56
左半分も同様
57
裏返す
58
59
スペースシャトル完成

雪の結晶

8等分に蛇腹に折った正6角形を、枝が出るようにまとめただけです。分割を12、16と増やせば複雑なものができます。まずは大きな紙で練習してください。

難易度
★★☆☆☆

練習用紙　一辺数cm以上
本番用紙　一辺2cm以下

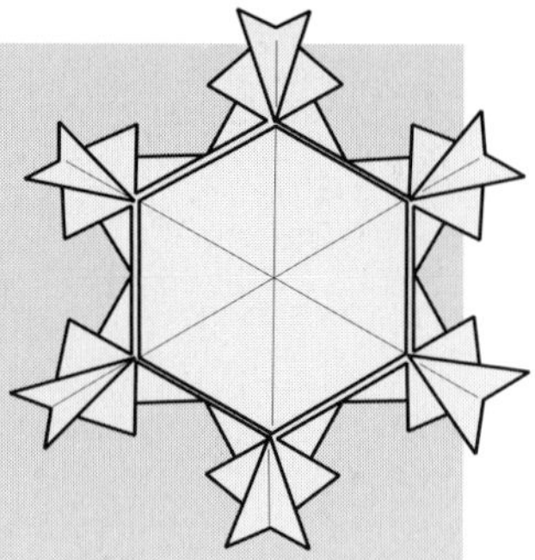

Step 1 正6角形を作図する

1.コンパスで作図する方法

紙を折ることでも正6角形を作図することはできます。しかし極めて正確に折らないと雪の結晶に使えるほどの精度が得られません。実用的な作図方法は、小学校で習ったのと同じで、コンパスをつかいます。こうしてできた正6角形を型紙としてつかうのがもっとも効率的です。

1

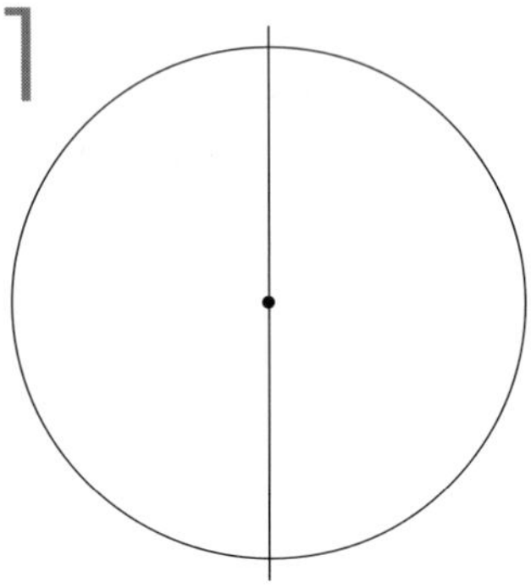

作図したい正6角形の辺の長さを半径として円と円の中心を通る直線を描く

2

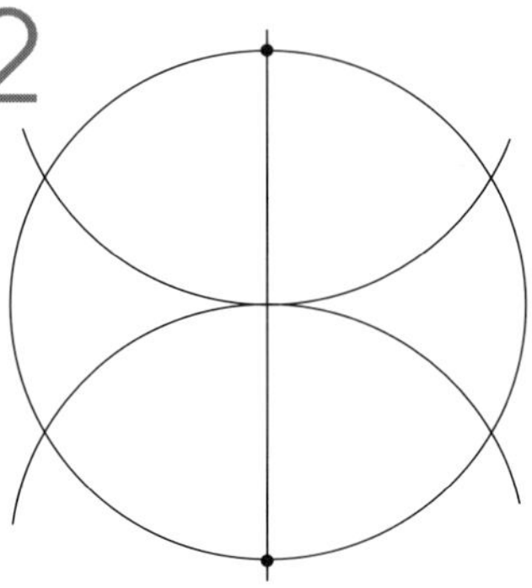

直線と円の交点を中心として同じ半径で円を描く

3

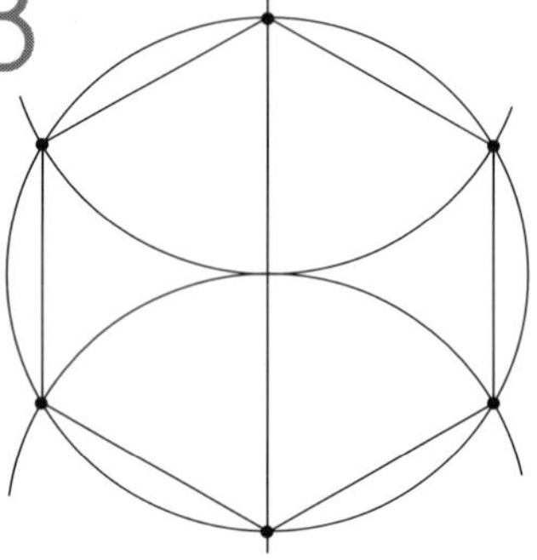

円周上の6点を結ぶと正6角形ができる

2.斜目紙を利用する方法

製図用具に斜目紙というのがあります。大きな文具店などで取りあつかっています。方眼紙は正方形の格子ですが、斜目紙の格子は正3角形です。これを型紙にすれば好みのサイズの正6角形が描けます。

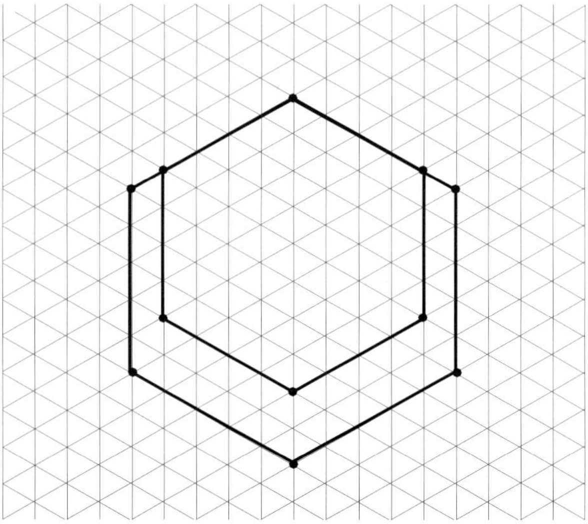

Step2 雪の結晶を折る

1

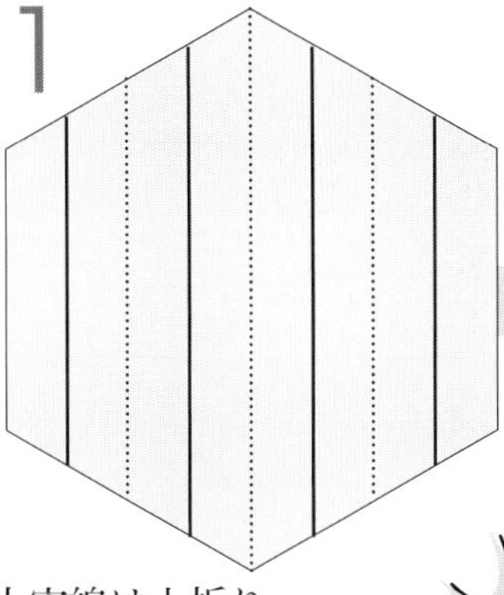

太実線は山折り

2

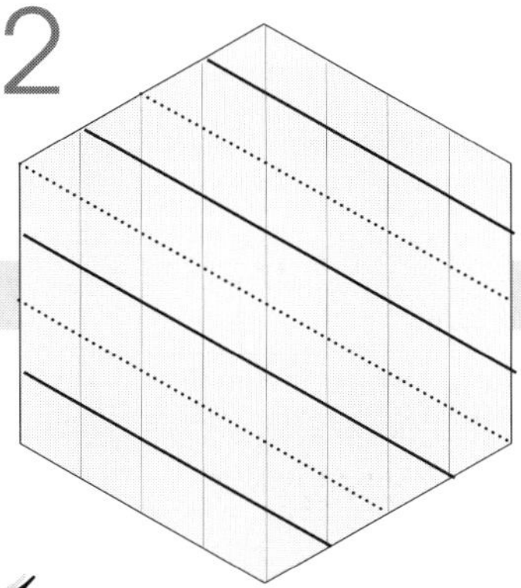

3

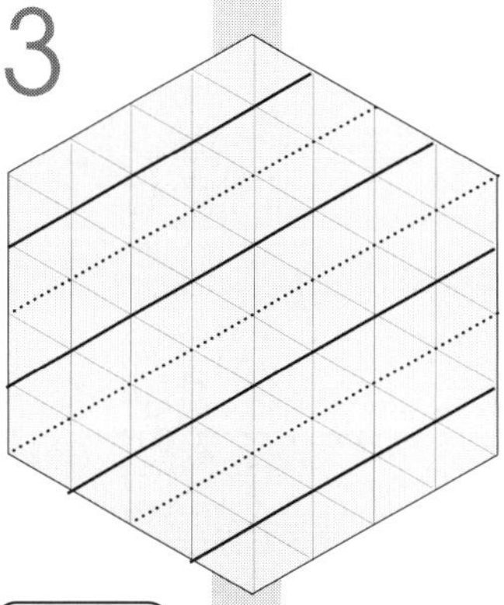

ツメを立てて
折り目を
付ける

裏返す

4

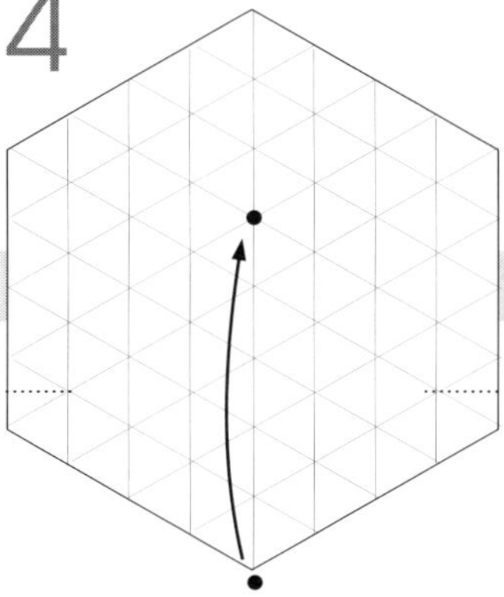

5

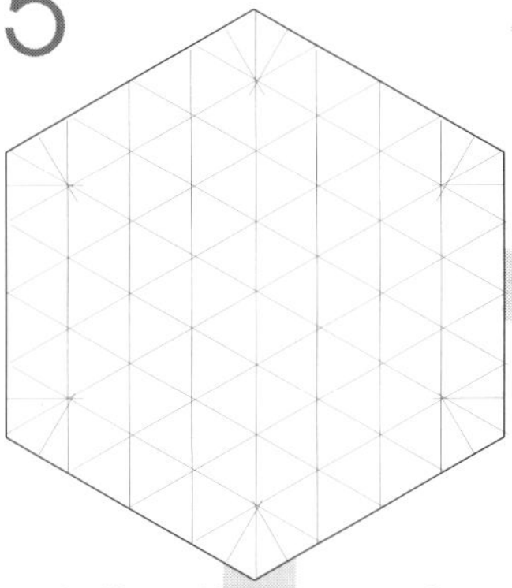

60度ずつ回転させて工程4の
折りを繰りかえす

6

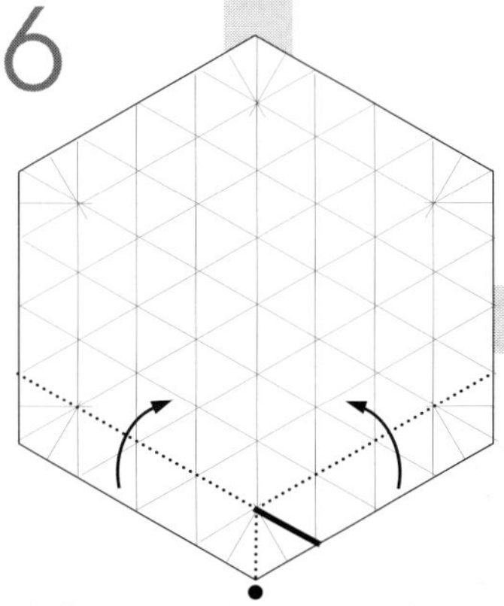

●印のカドをつまんで起こしなが
ら右にたおす（太実線は山折り）

7

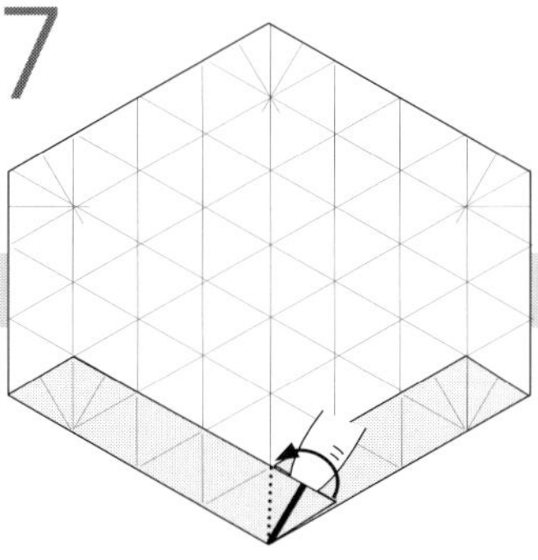

ふくらませてつぶす

8

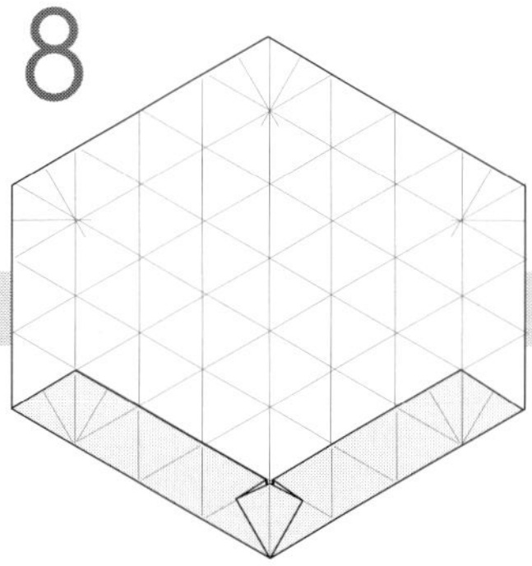

残り5つのカドも同様に折る

次ページへ

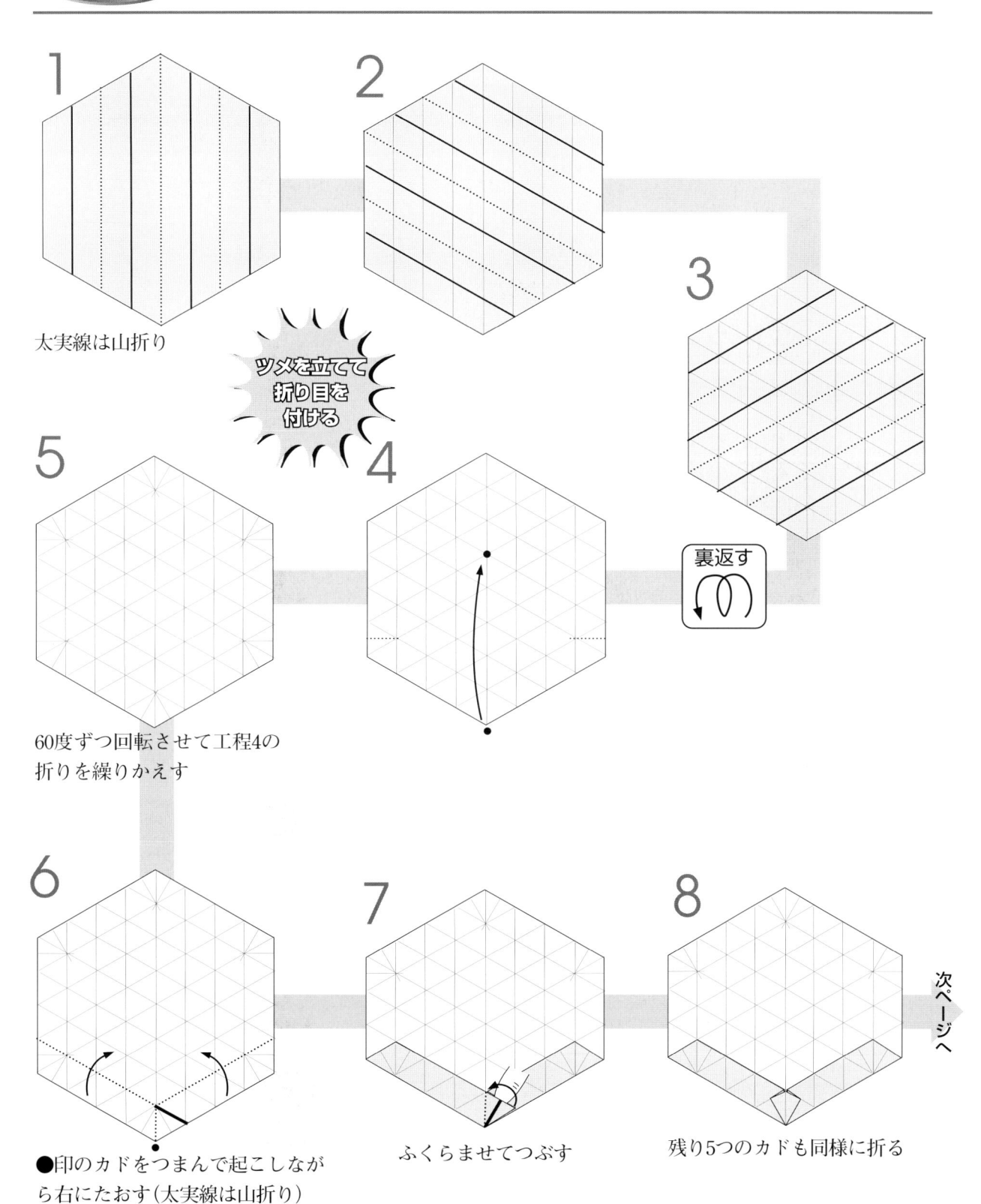

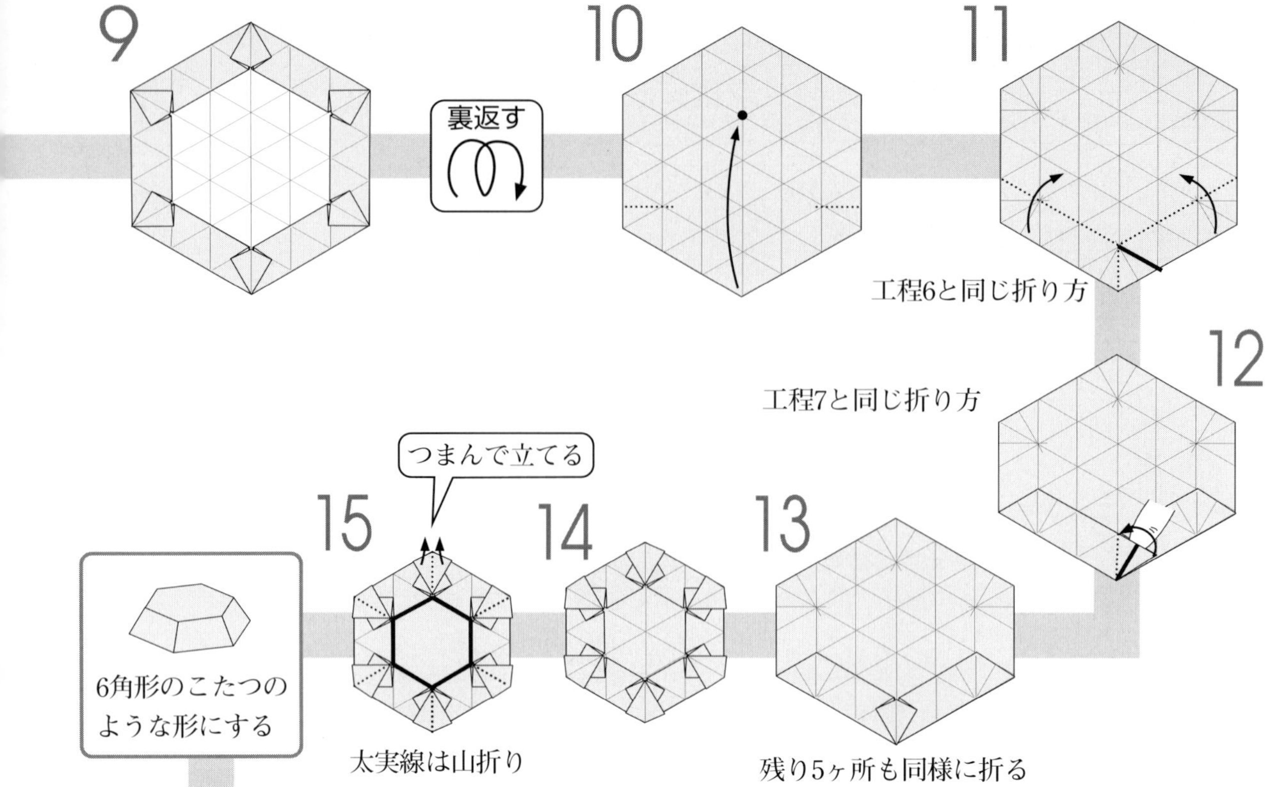
9
裏返す
10
11
工程6と同じ折り方
工程7と同じ折り方
12
つまんで立てる
15
14
13
6角形のこたつのような形にする
太実線は山折り
残り5ヶ所も同様に折る

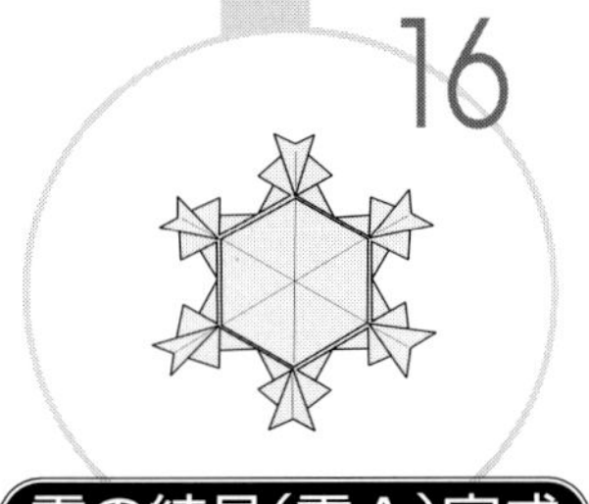
16
雪の結晶(雪A)完成

「雪の結晶」は、おりがみ陶芸センター（112ページ参照）で折り紙作家笠原邦彦さん（筆者の師匠）が新作「ネガティブ雪華」（“Origami ohne Grenzen” ISBN3-8043-0687-X）を披露された時、「ならば私は陶芸紙で雪の結晶を作りましょう」と言いながらできたものです。下のバリエーションや工程1の分割数を変えることで形の変化を楽しめますが、紙の厚さによる変化がもっとも印象的です。ぜひお試しください。

VARIATION バリエーション

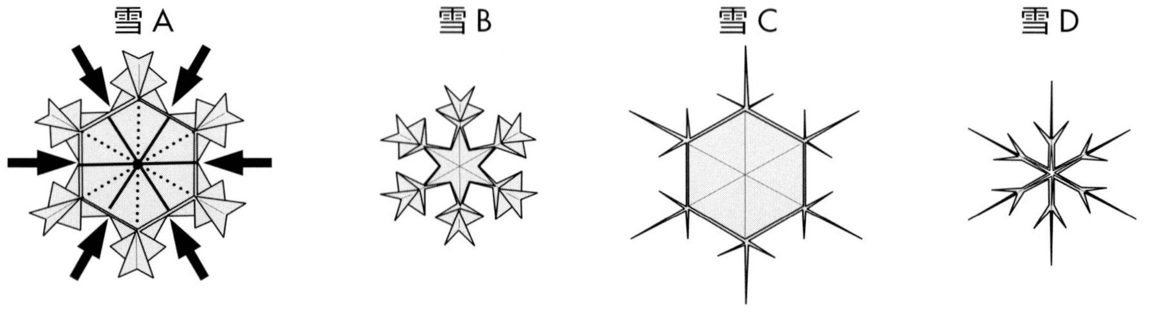
雪A
雪B
雪C
雪D

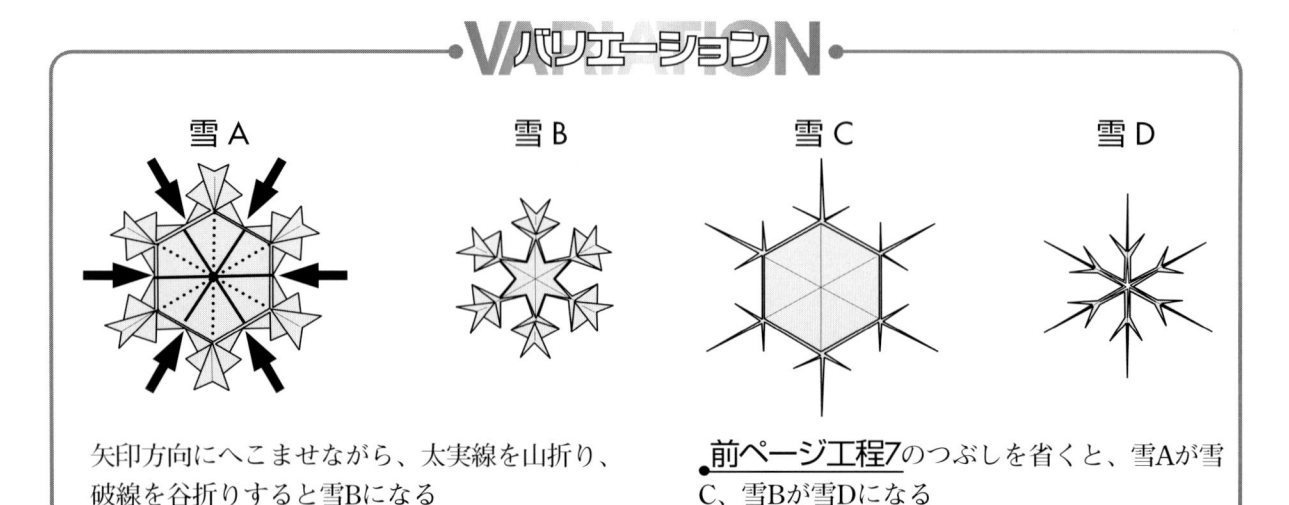

矢印方向にへこませながら、太実線を山折り、破線を谷折りすると雪Bになる

前ページ工程7のつぶしを省くと、雪Aが雪C、雪Bが雪Dになる

氷粒

同じ部品を2つつくって組みます。白い紙で折りますが、分かりやすいように折り図では表裏を色分けしています。

難易度
★★★

練習用紙　15cm程度
本番用紙　7〜8cm
（千羽鶴用色紙など）

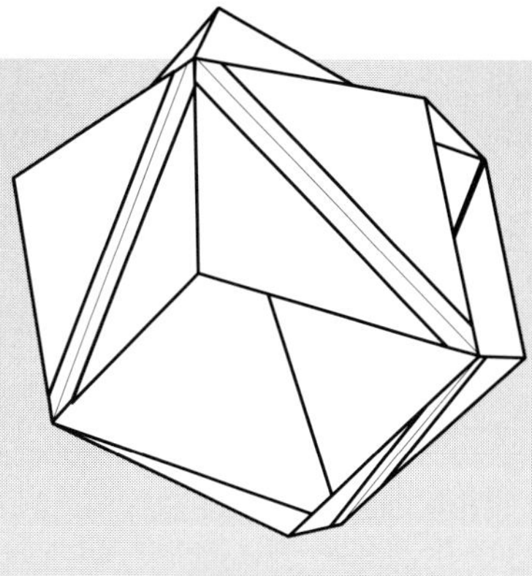

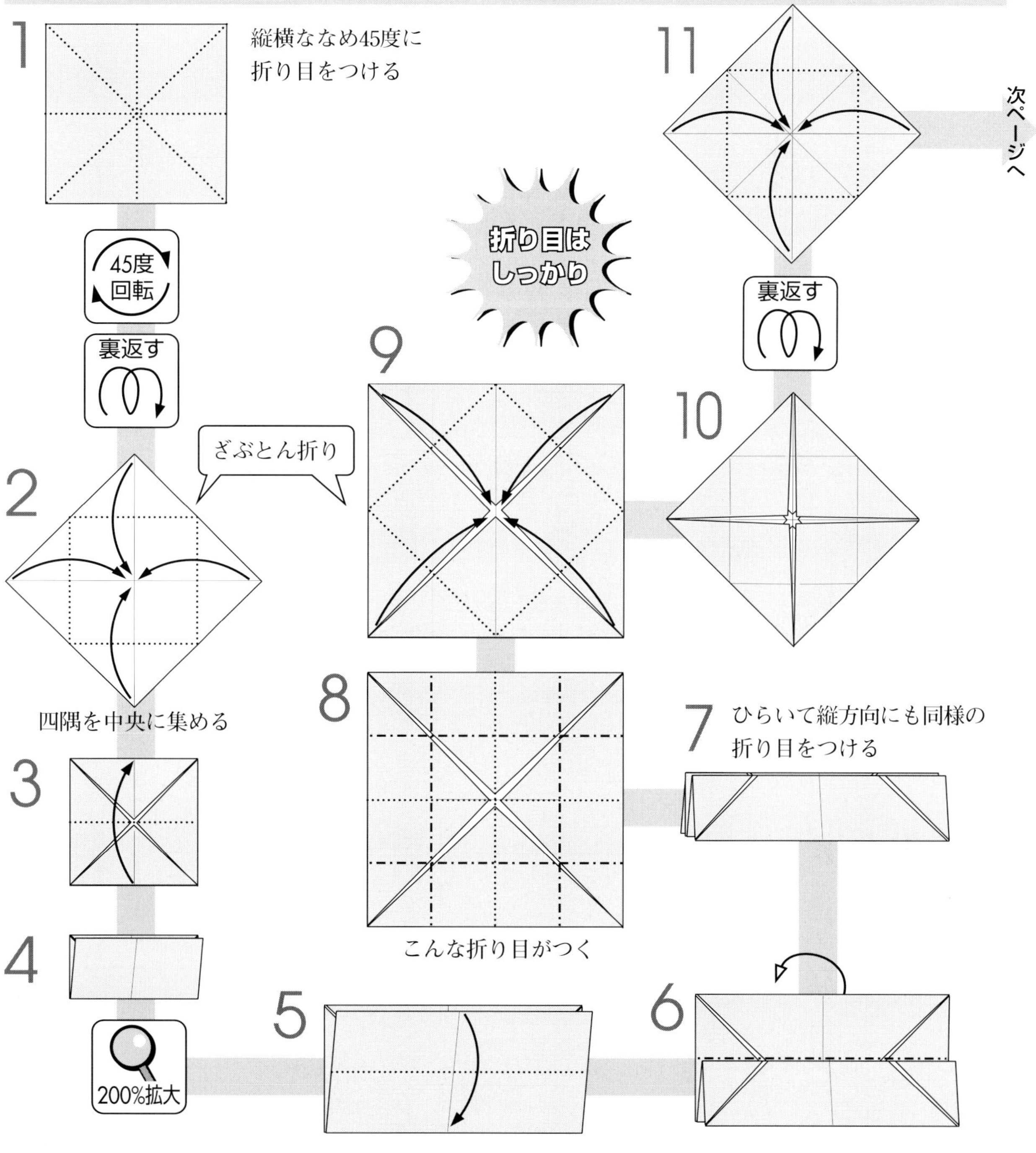

1
縦横ななめ45度に折り目をつける
45度回転
裏返す
2
ざぶとん折り
四隅を中央に集める
3
4
200%拡大
5
6
7
ひらいて縦方向にも同様の折り目をつける
8
こんな折り目がつく
9
折り目はしっかり
10
11
裏返す

次ページへ

12

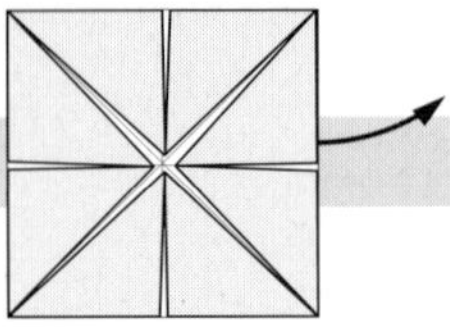

裏側から1枚めくる

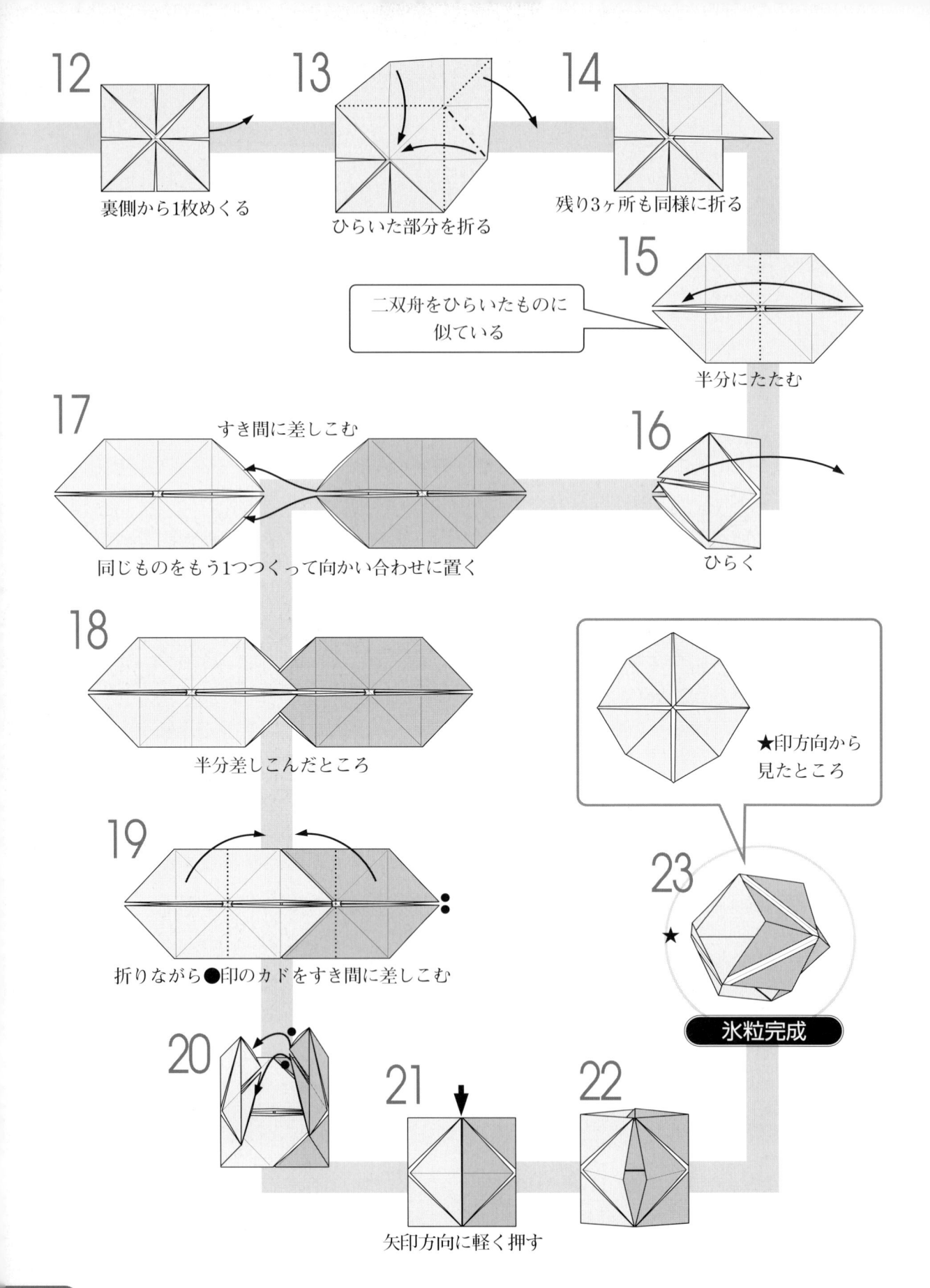

13

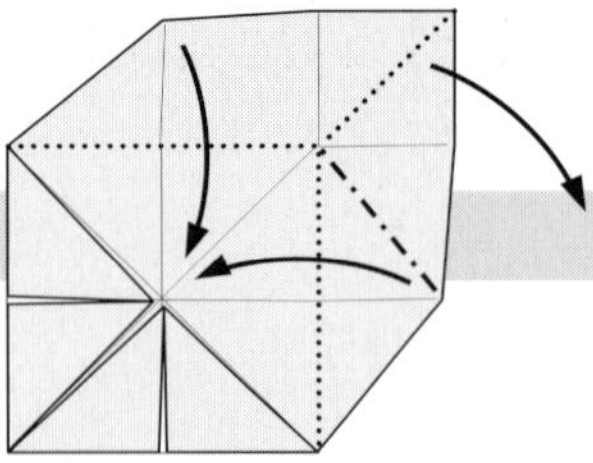

ひらいた部分を折る

14

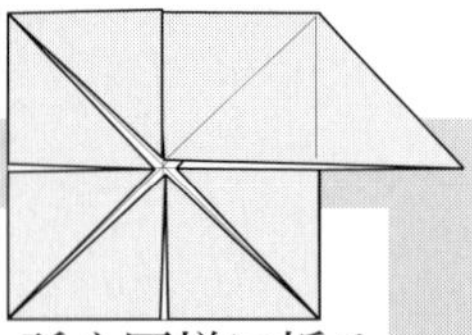

残り3ヶ所も同様に折る

15

二双舟をひらいたものに
似ている

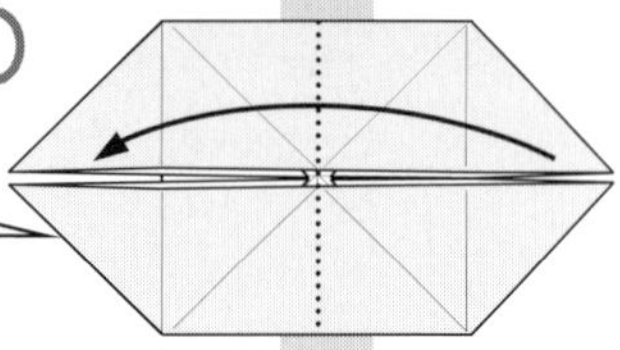

半分にたたむ

16

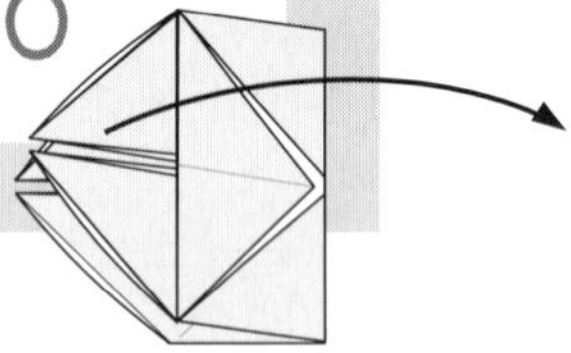

ひらく

17

すき間に差しこむ

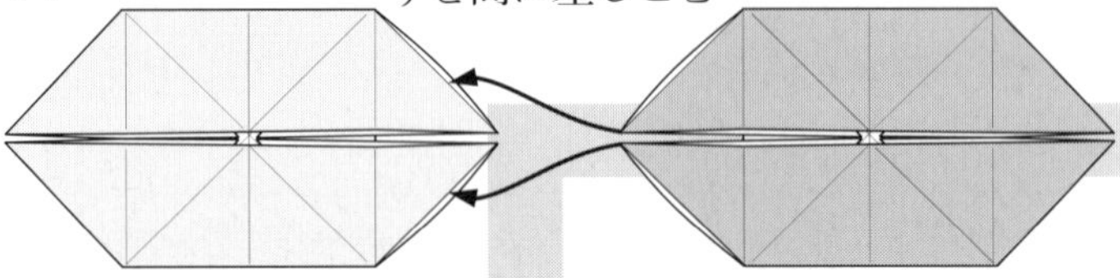

同じものをもう1つつくって向かい合わせに置く

18

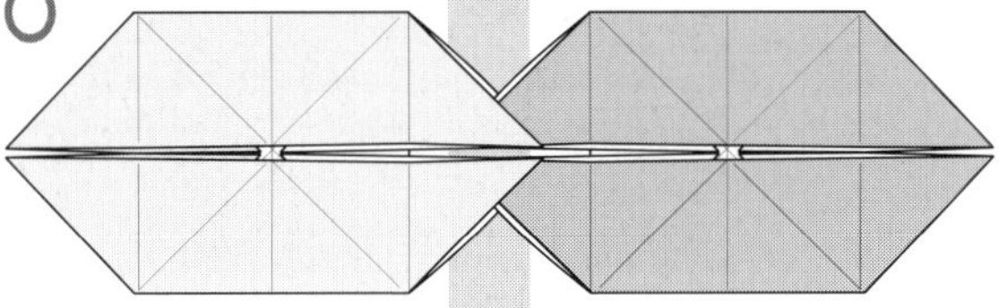

半分差しこんだところ

19

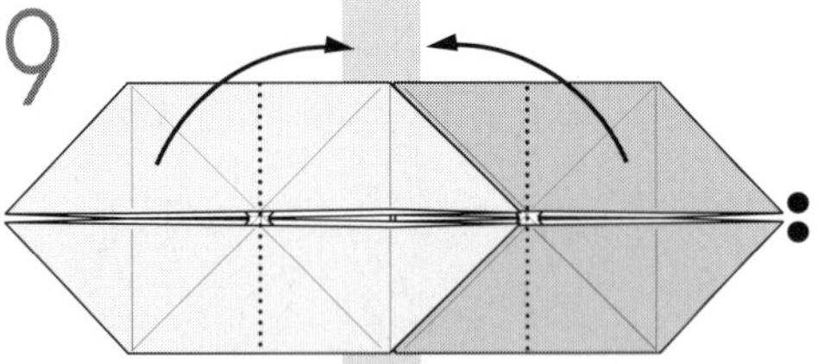

折りながら●印のカドをすき間に差しこむ

20

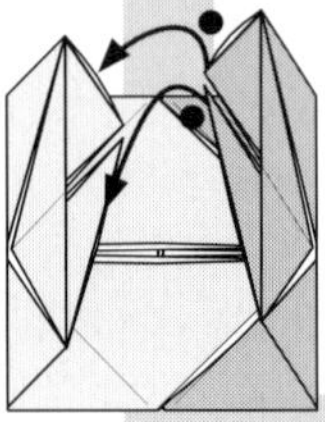

21

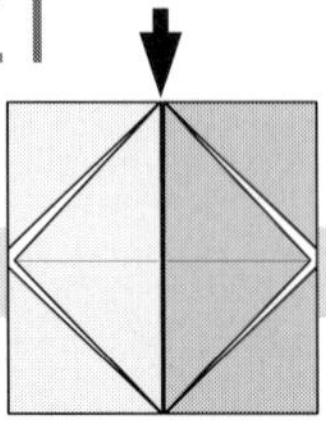

矢印方向に軽く押す

22

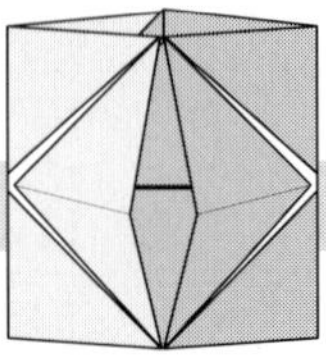

23

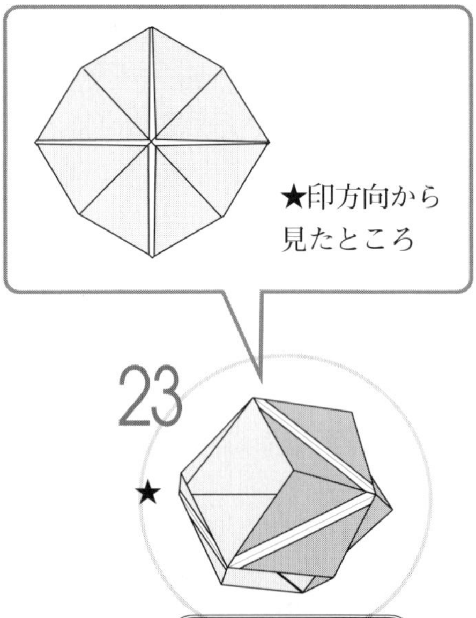

氷粒完成

「子ギツネの春と秋」の折り方

口絵4〜5ページ

子ギツネ

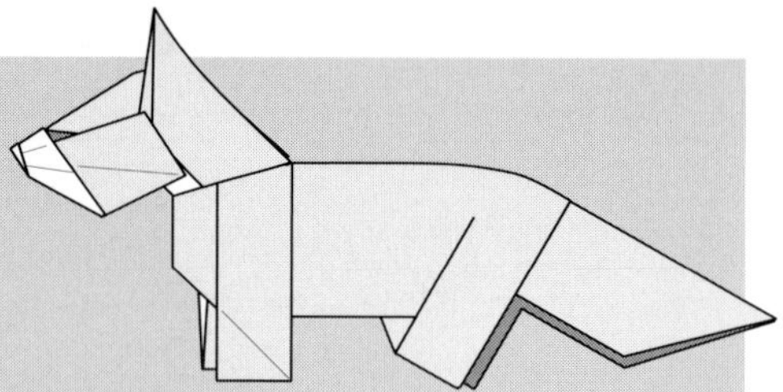

子ギツネのかわいさだけでなく、神経質な一面も表現しました。まず、練習用に頭部だけを折ってみましょう。頭部の折り方がわかったら、細長い1枚の紙（縦横比1：3程度）で頭部＋胴体を折ります。厚紙をぬらして折るとよりリアルです。

難易度 ★★★☆☆

頭部練習用紙	15cm×15cm
胴つき練習用	15cm×45cm
口絵作品	20cm×60cm厚紙

Step1 頭部を折る（練習用）

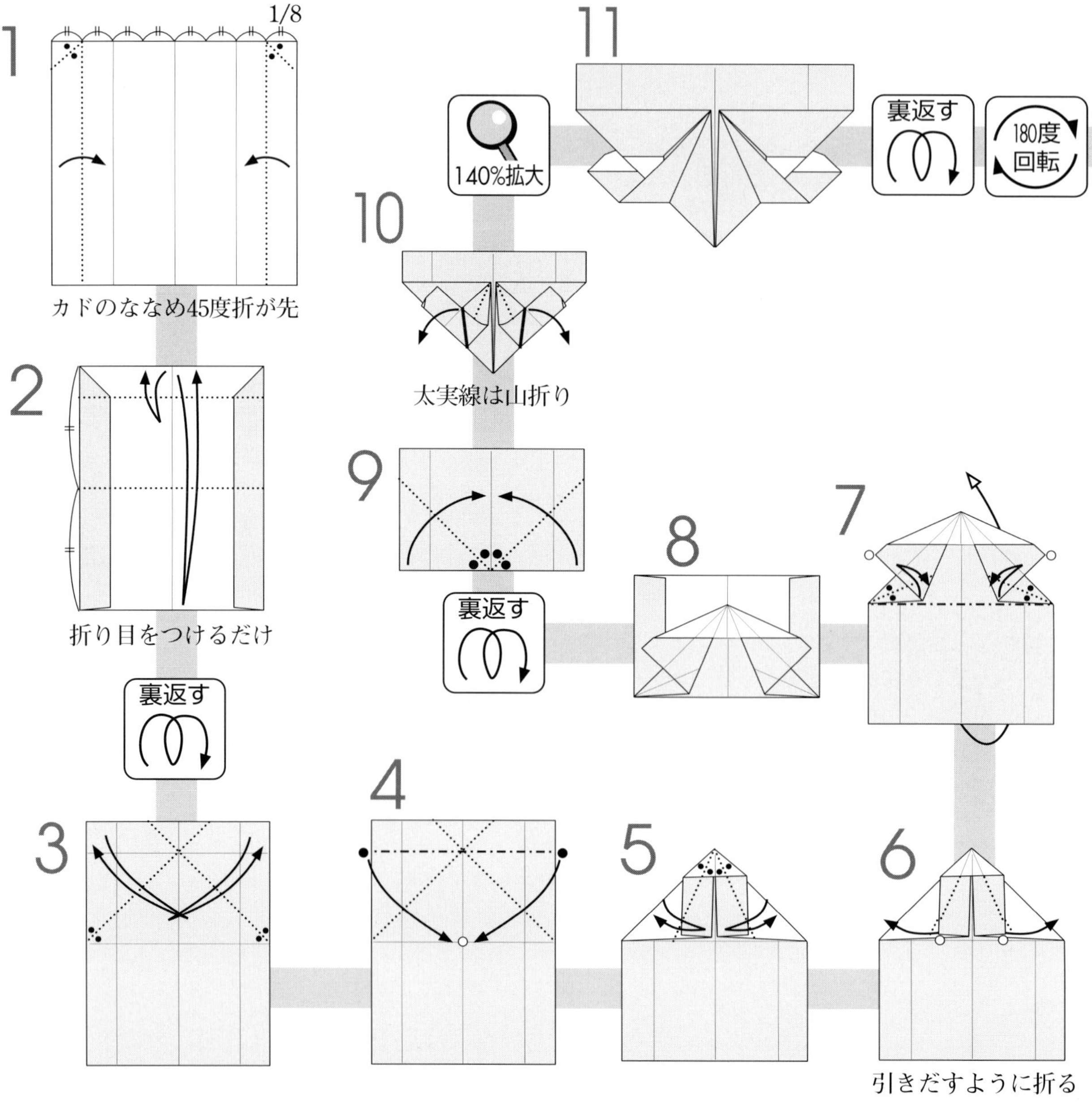

1
1/8
カドのななめ45度折が先
2
折り目をつけるだけ
裏返す
3
4
5
6
引きだすように折る
7
8
9
裏返す
10
太実線は山折り
140%拡大
11
裏返す
180度回転

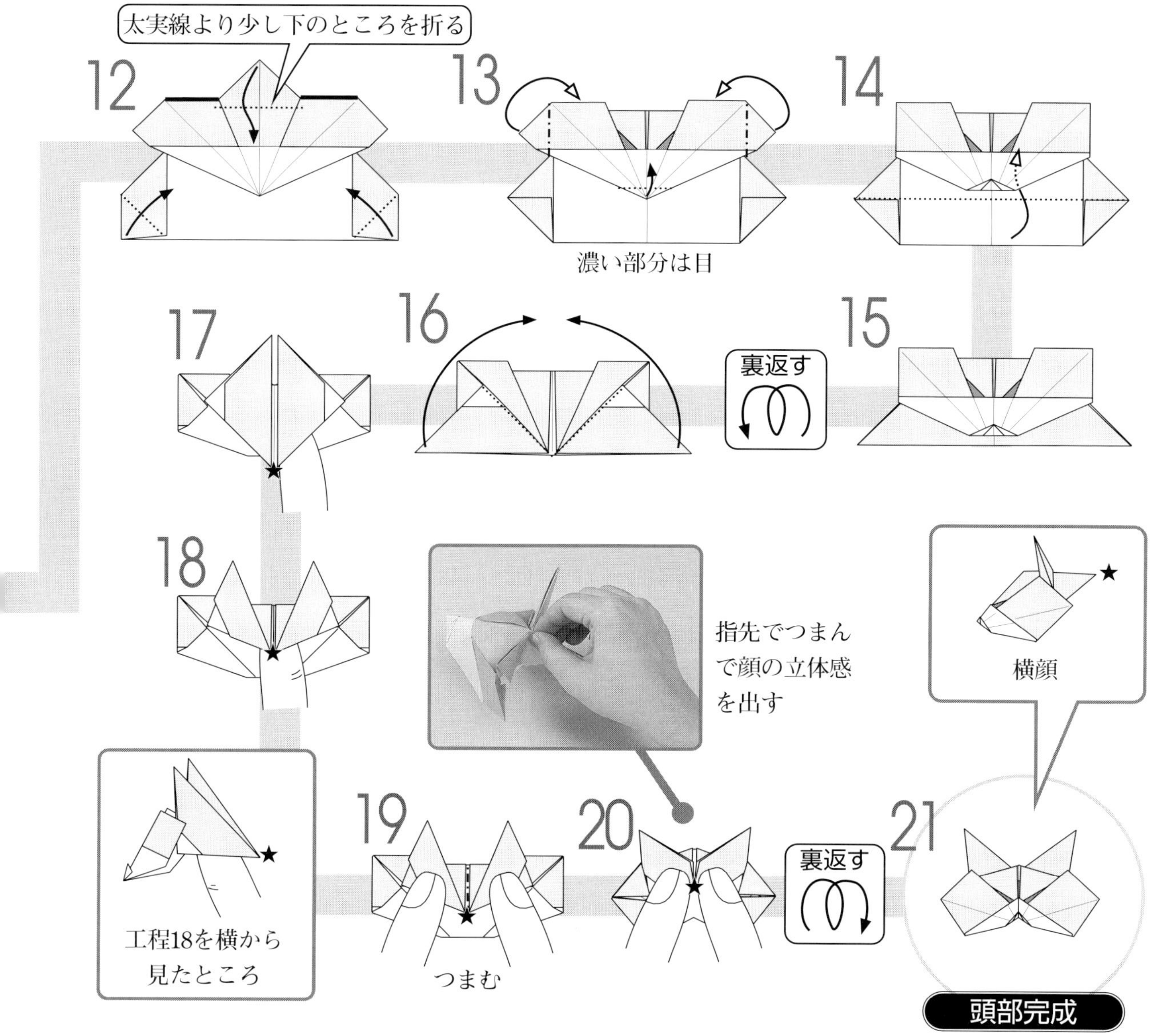
太実線より少し下のところを折る
12
13
14
濃い部分は目
17
16
15
裏返す
18
指先でつまんで顔の立体感を出す
横顔
工程18を横から見たところ
19
つまむ
20
裏返す
21
頭部完成

Step 2 胴体つきで折る

縦横比1：3（程度）

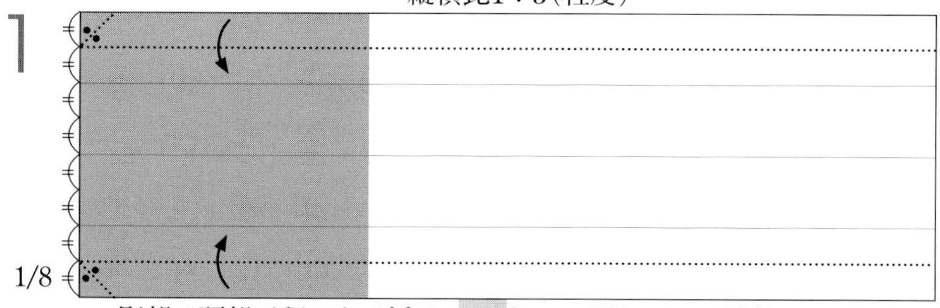
1
1/8

影部で頭部工程13まで折る。ただし、工程12のカド折りはしない

次ページへ

2

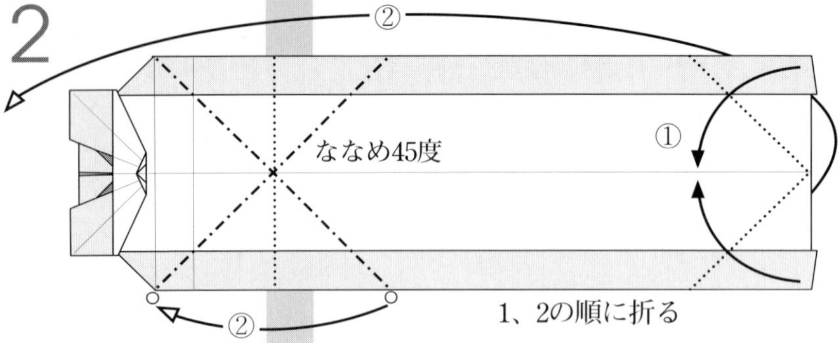
②
①
ななめ45度
②

1、2の順に折る

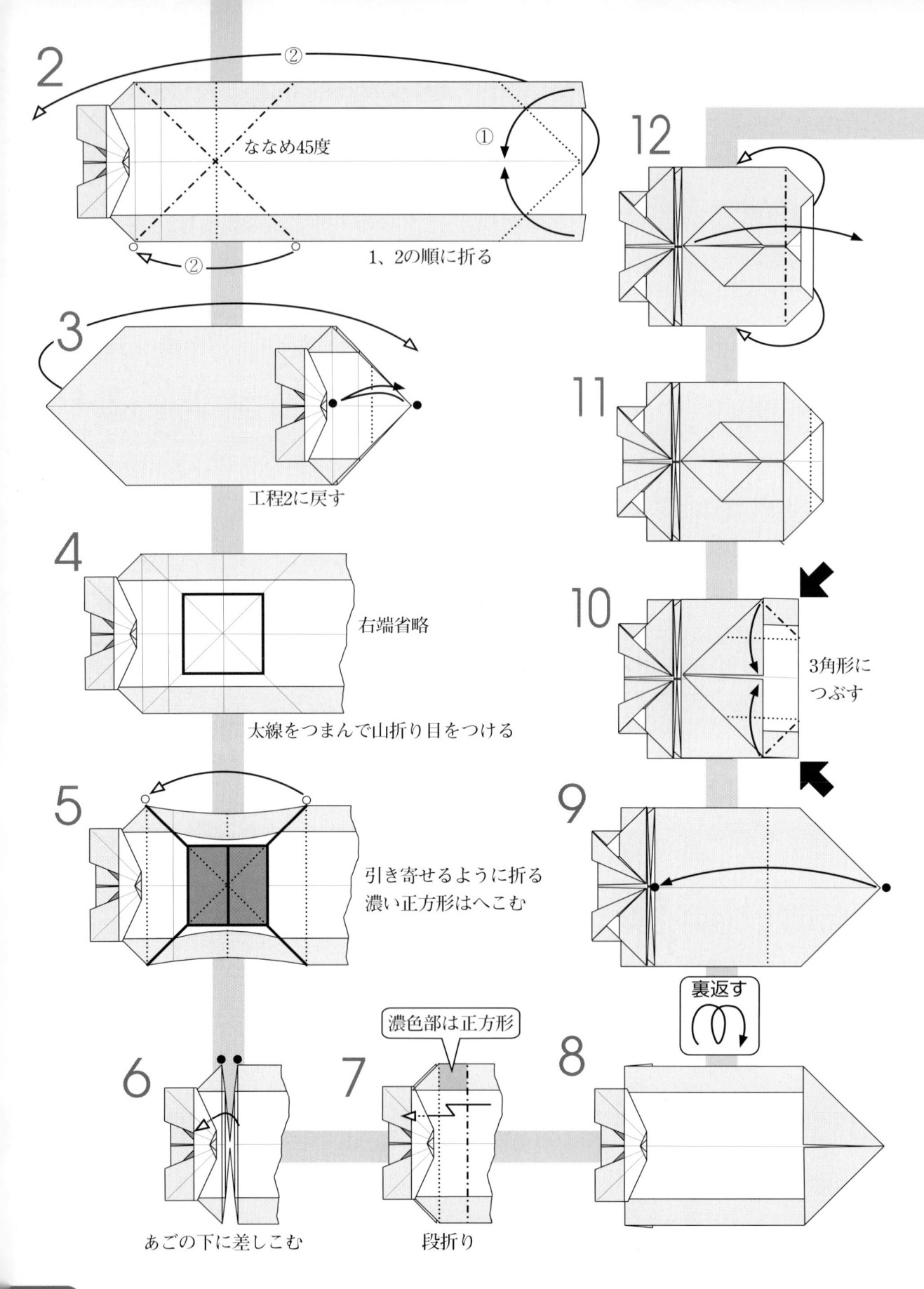

3

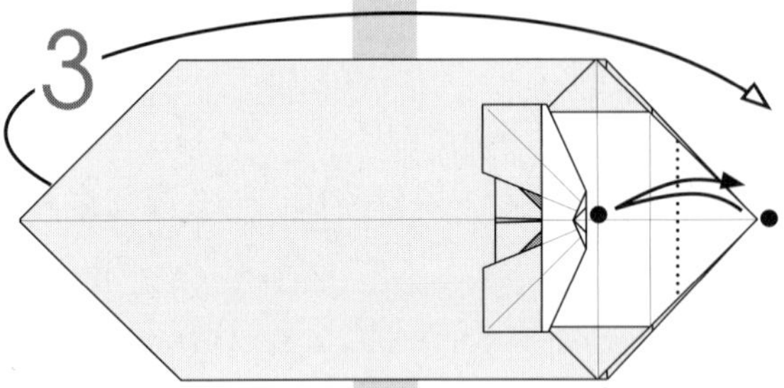

工程2に戻す

4

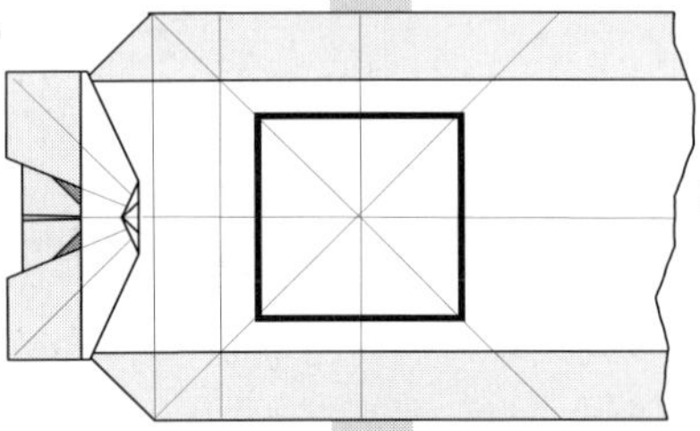

右端省略

太線をつまんで山折り目をつける

5

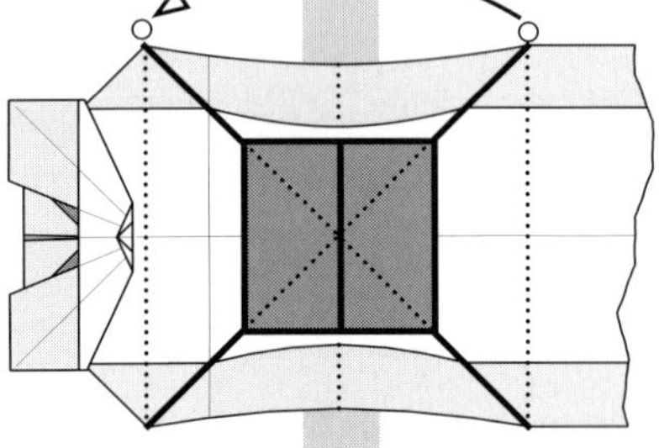

引き寄せるように折る
濃い正方形はへこむ

6

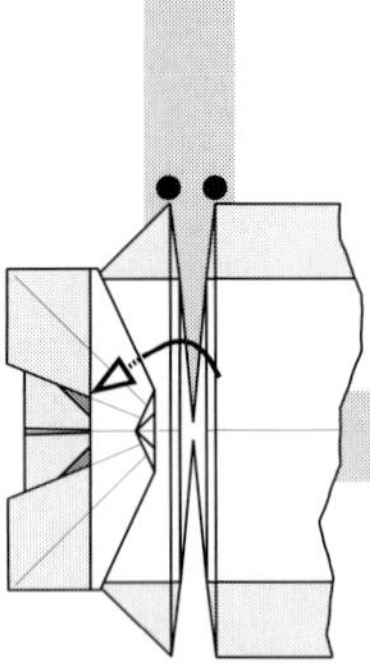

あごの下に差しこむ

7

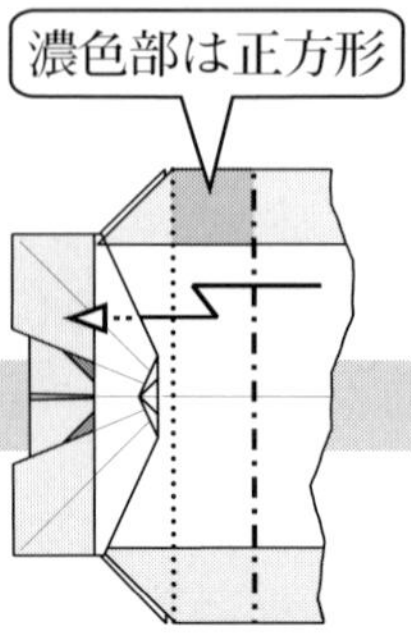
濃色部は正方形

段折り

8

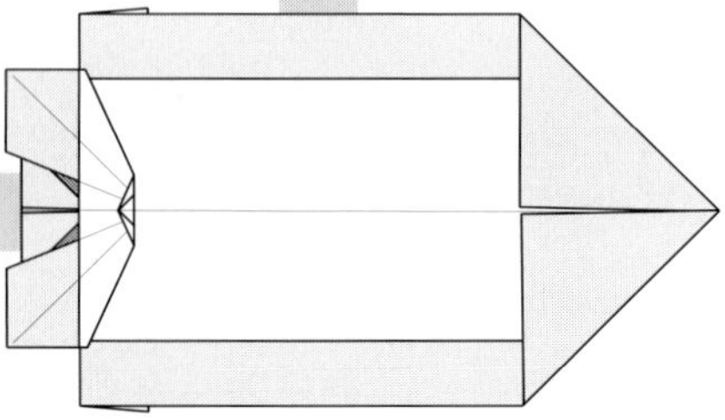

裏返す

9

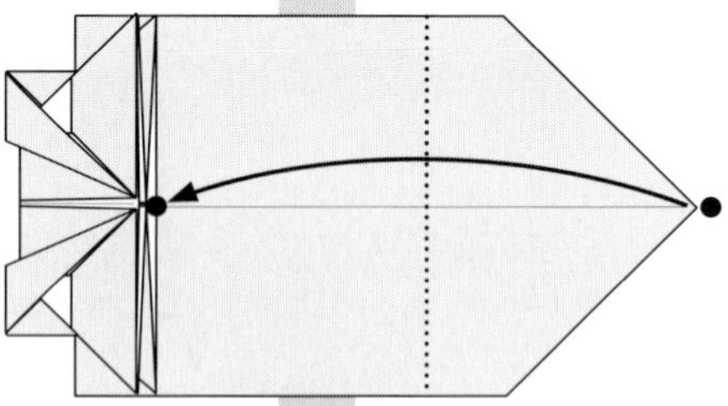

10

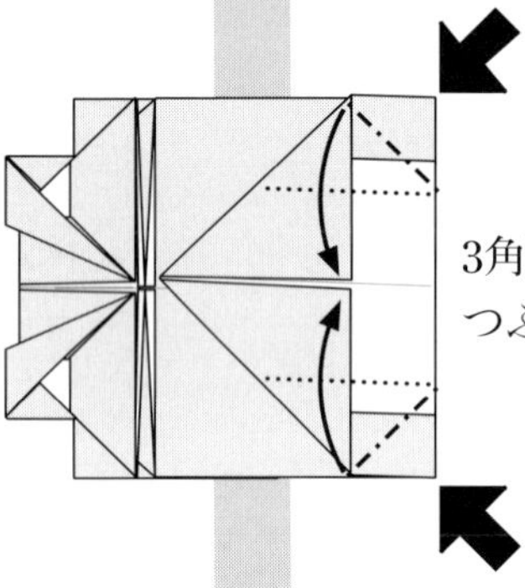

3角形に
つぶす

11

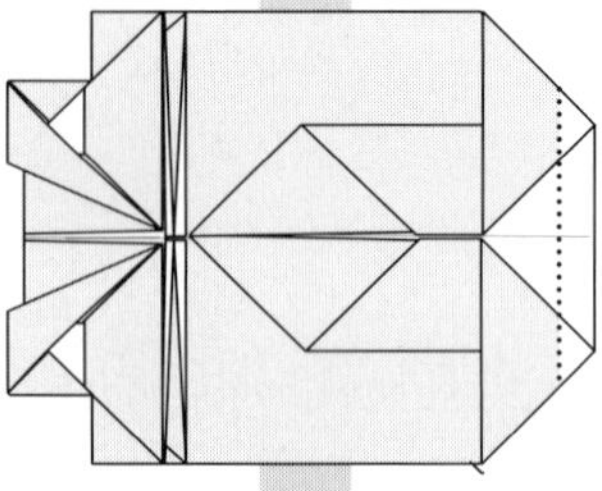

12

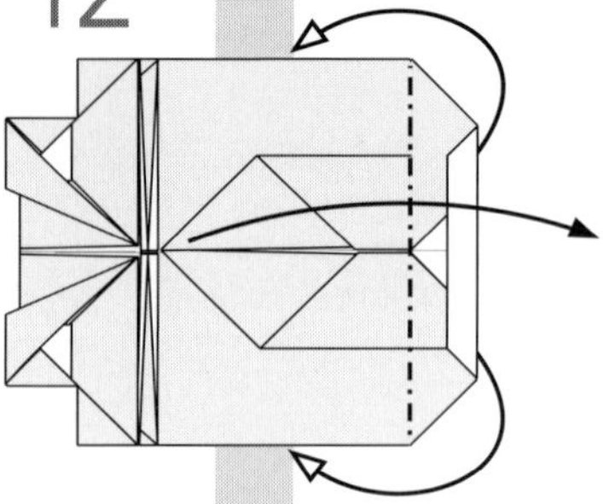

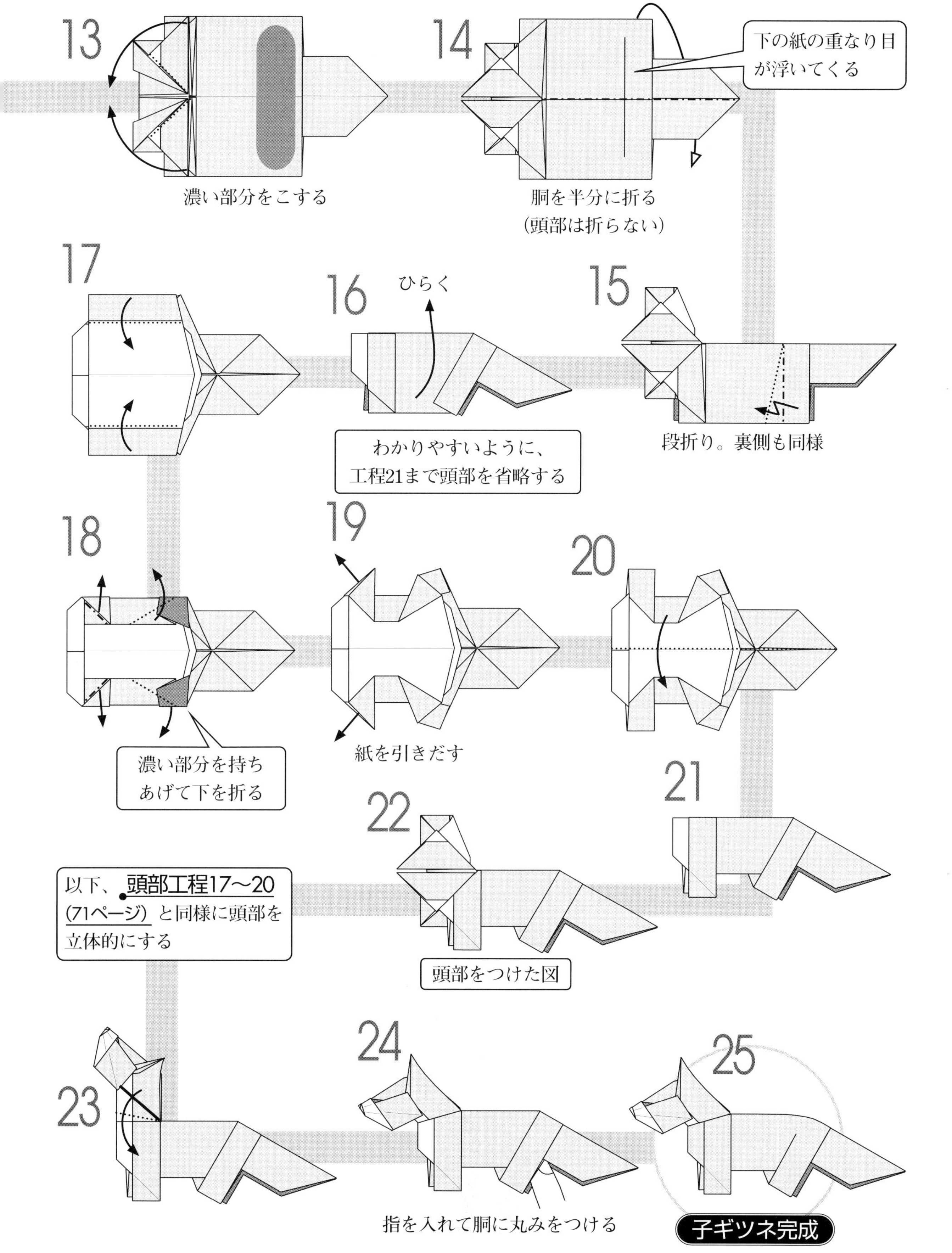
13
濃い部分をこする
14
下の紙の重なり目が浮いてくる
胴を半分に折る
(頭部は折らない)
15
段折り。裏側も同様
16
ひらく
わかりやすいように、
工程21まで頭部を省略する
17
18
濃い部分を持ちあげて下を折る
19
紙を引きだす
20
21
22
頭部をつけた図
以下、頭部工程17〜20(71ページ)と同様に頭部を立体的にする
23
24
指を入れて胴に丸みをつける
25
子ギツネ完成

バラ

縦横8等分したものにななめ45度の折り目を少しつけくわえただけで、ころんとしたつぼみのバラができます。ねじり折りをはじめ、特殊な折りがふくまれているので、初めて折るときは戸惑うかもしれませんが、一度マスターすると、手順が長いわりにむずかしくありません。花びらのカーブつけには、つまようじをつかうときれいにできます。

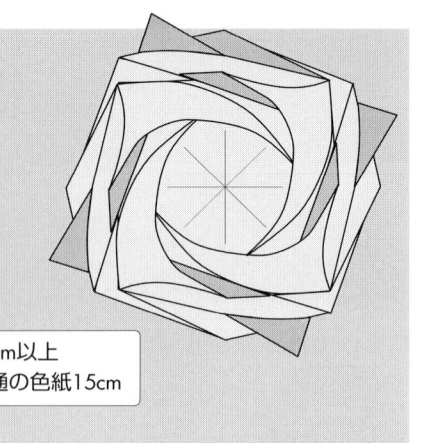

難易度
★★★★☆

練習用紙　20cm以上
標準用紙　普通の色紙15cm

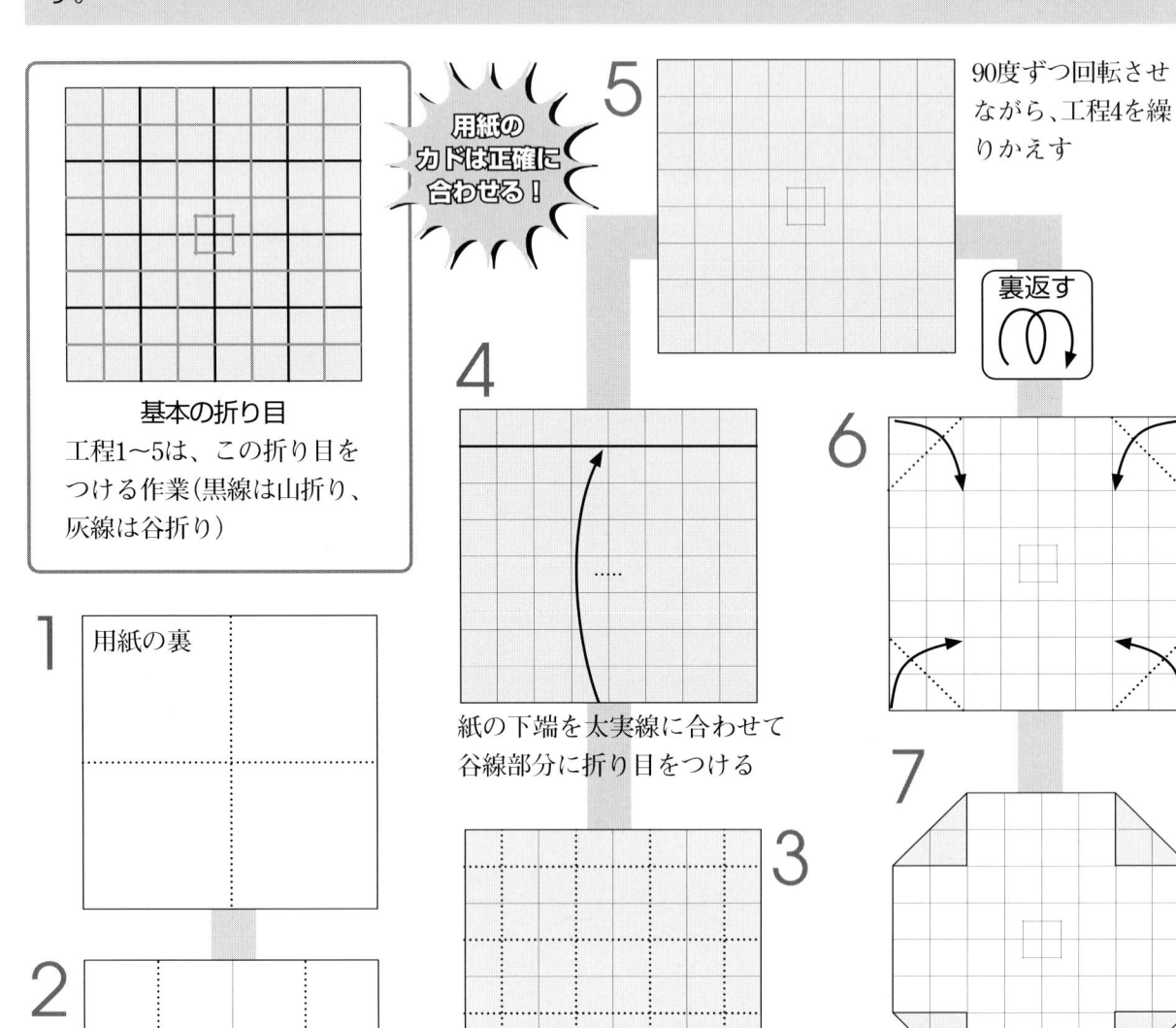

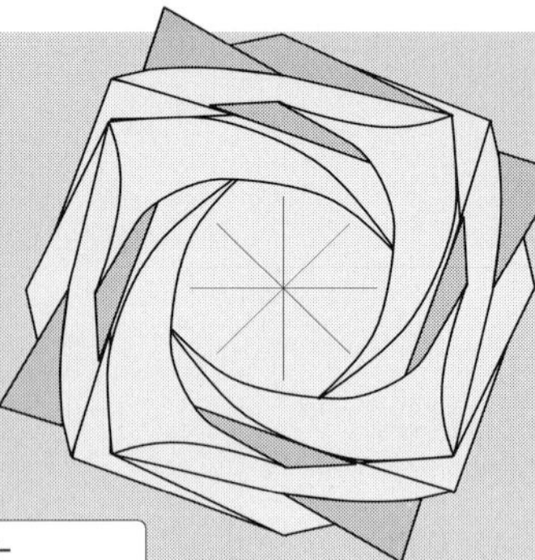

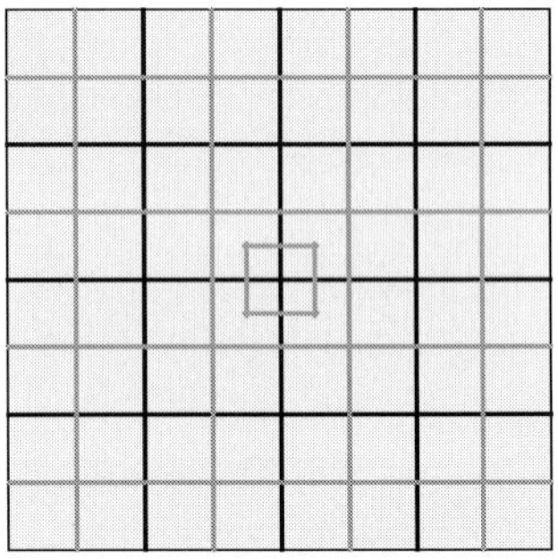

基本の折り目
工程1～5は、この折り目をつける作業（黒線は山折り、灰線は谷折り）

用紙の
カドは正確に
合わせる！

1

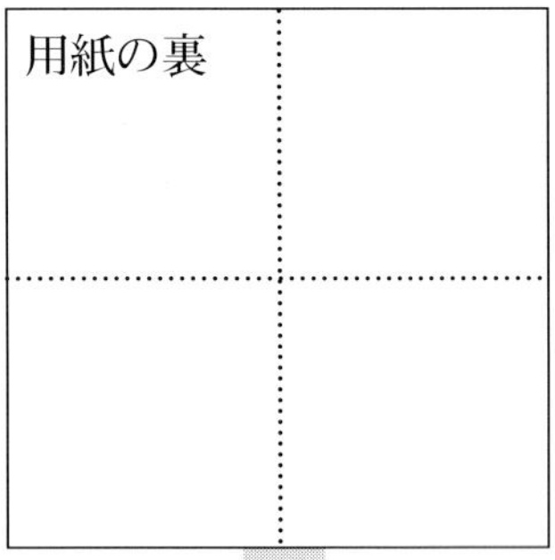

用紙の裏

2

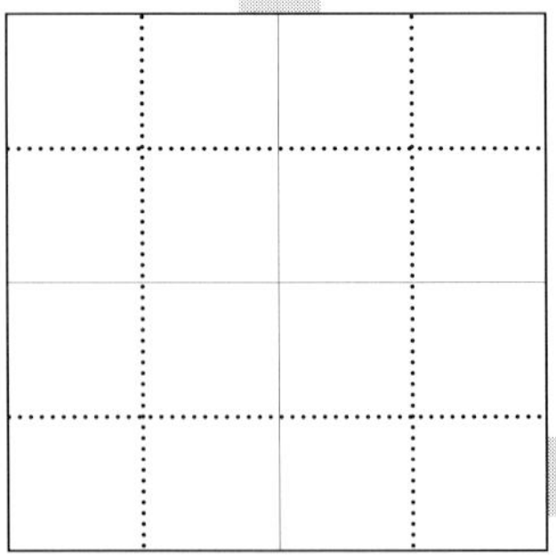

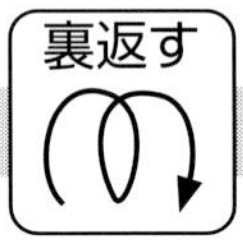

裏返す

3

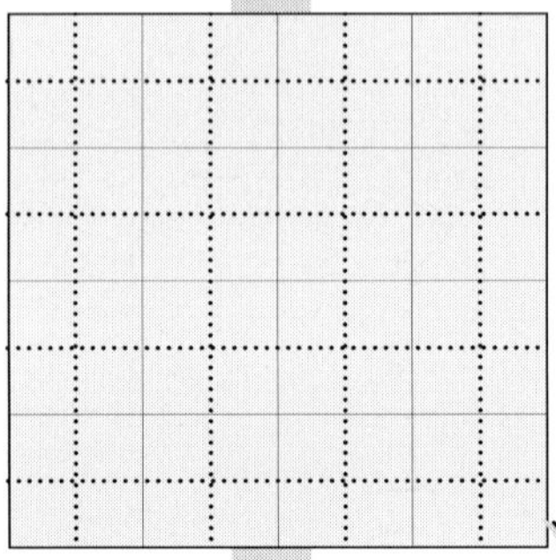

4

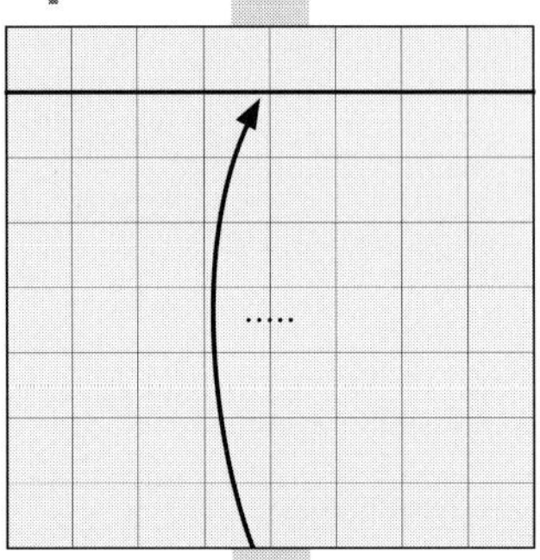

紙の下端を太実線に合わせて谷線部分に折り目をつける

5

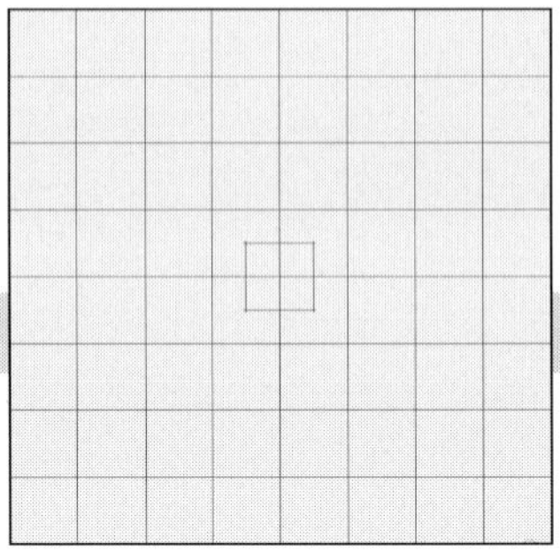

90度ずつ回転させながら、工程4を繰りかえす

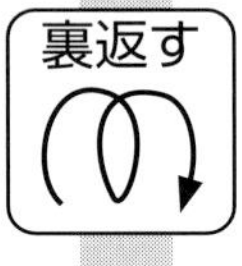

裏返す

6

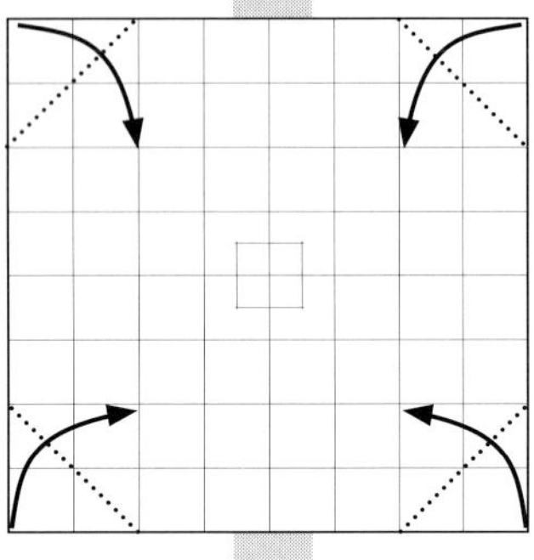

7

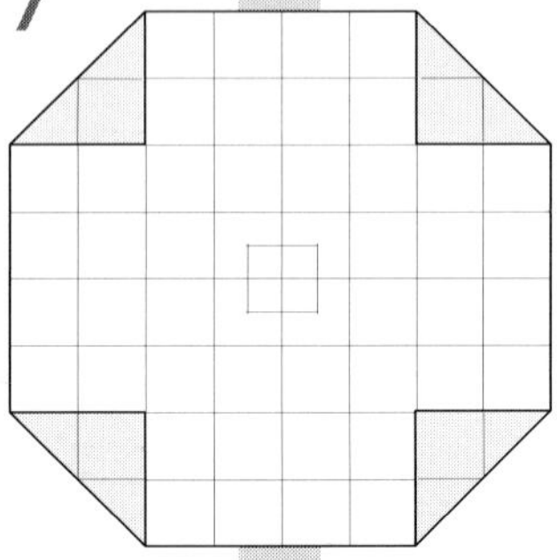

折り目は
しっかり

裏返す

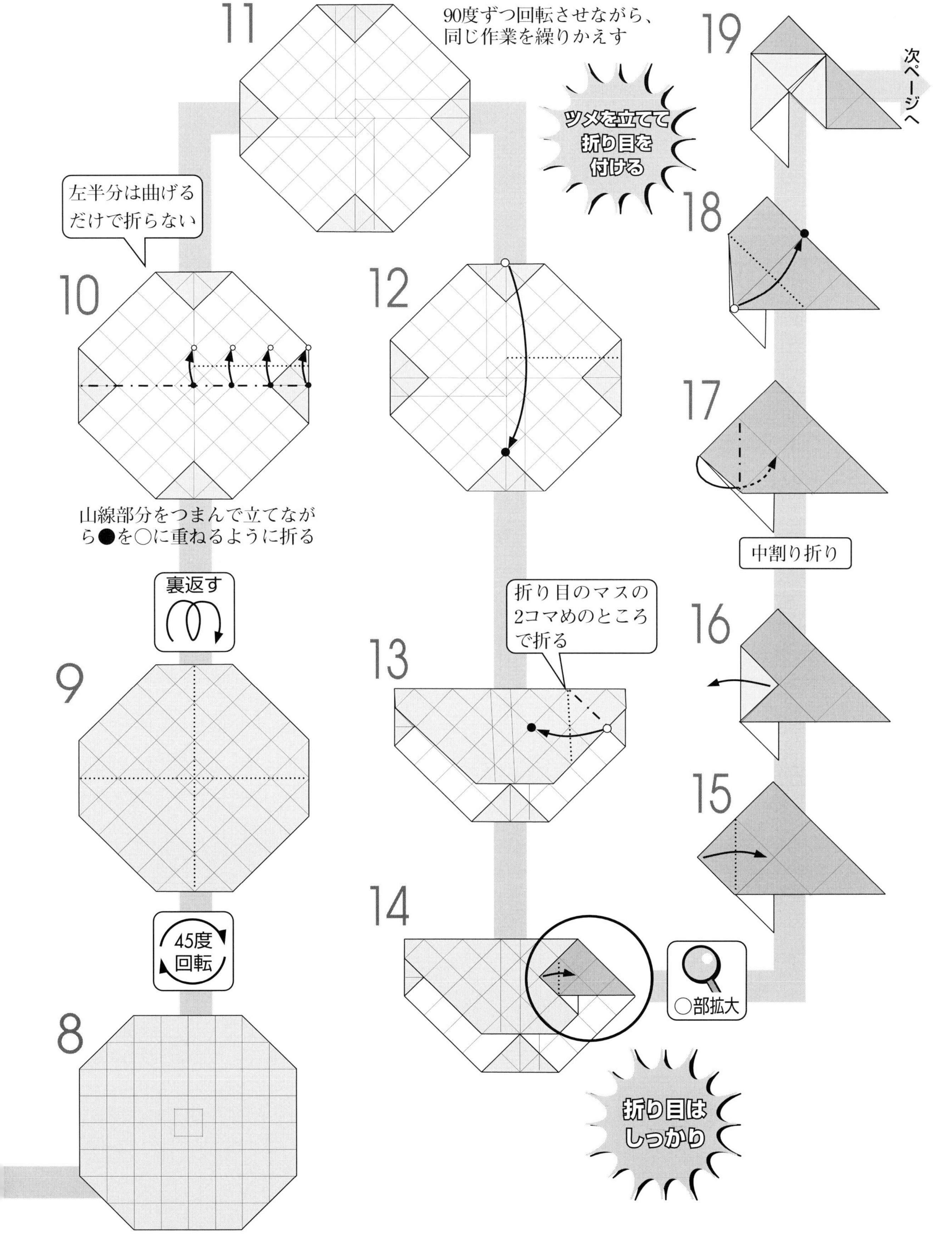

11
90度ずつ回転させながら、
同じ作業を繰りかえす
ツメを立てて
折り目を
付ける
19
次ページへ
左半分は曲げる
だけで折らない
18
10
12
17
山線部分をつまんで立てなが
ら●を○に重ねるように折る
中割り折り
裏返す
折り目のマスの
2コマめのところ
で折る
16
9
13
15
45度
回転
14
○部拡大
8
折り目は
しっかり

20 ひらいて工程11の
状態にもどす

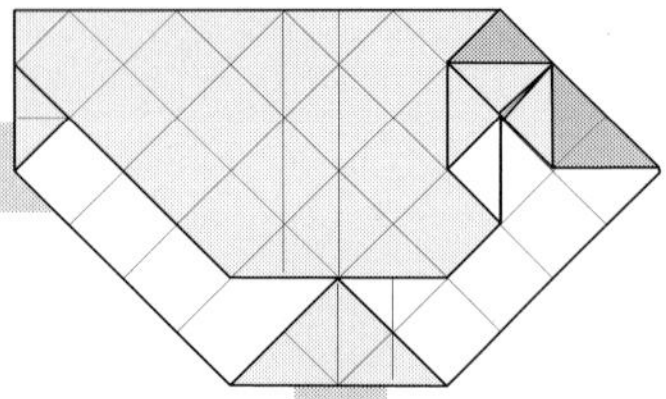

21

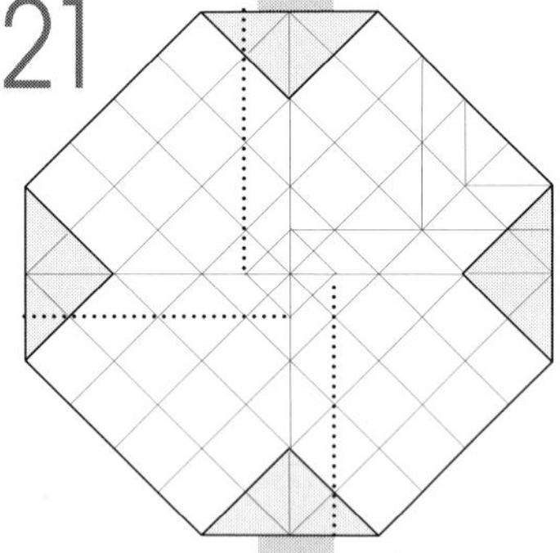

残り3ヶ所（谷折り線）で
工程12〜20を繰りかえす

22

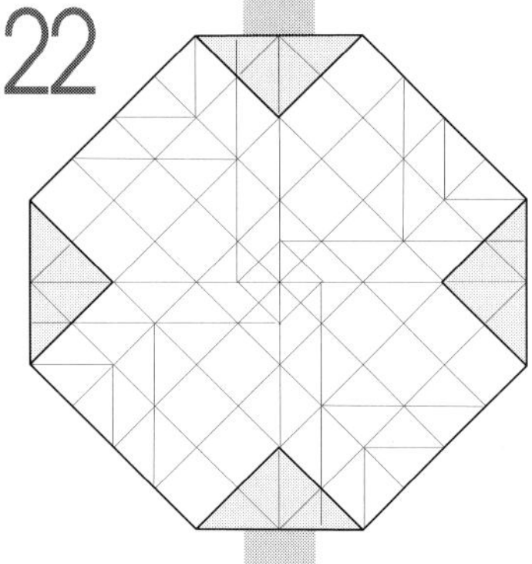

23

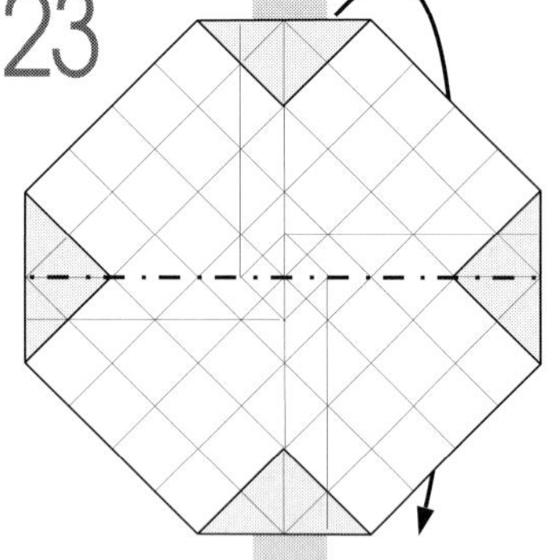

24

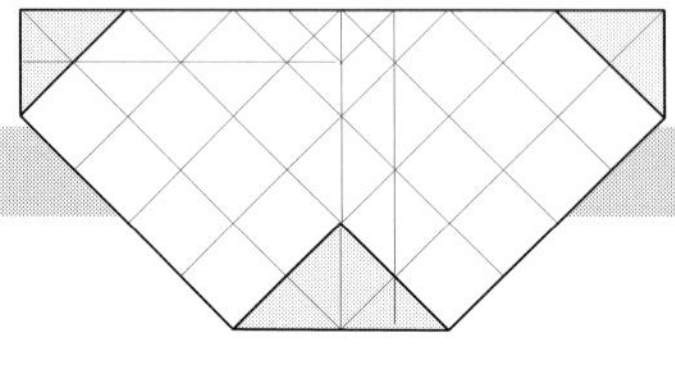

25

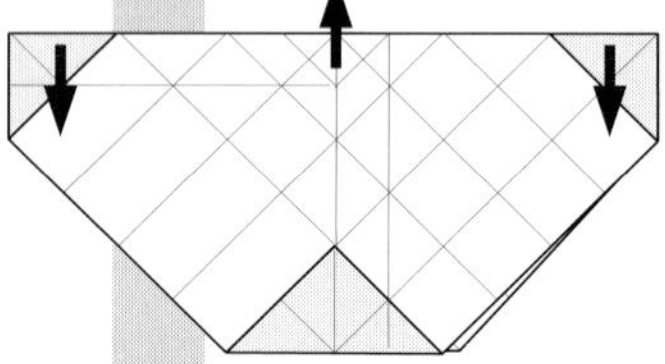

両端を少し下げると、
中央のひし形が浮きでる

26

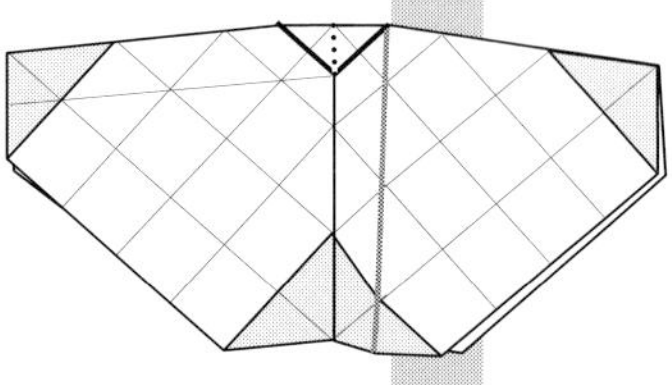

太線が山になるように、
指先でちょんと押して
へこませる

27

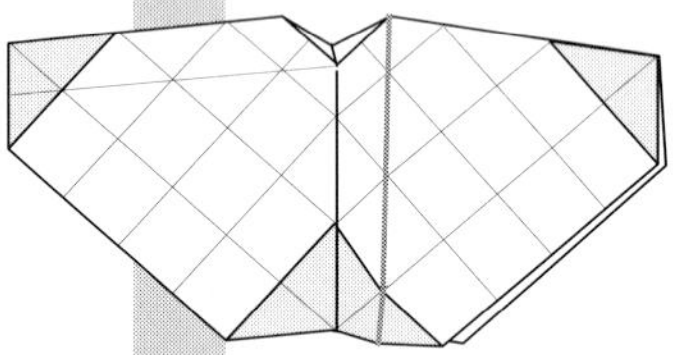

すでにつけた折り目に
そって、無理せず
自然に形づくる

28

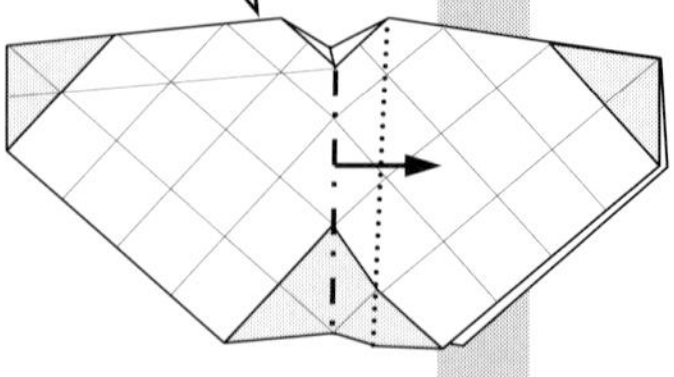

ひだを右にたおす
同時に裏にあるひだは左にたおす

29

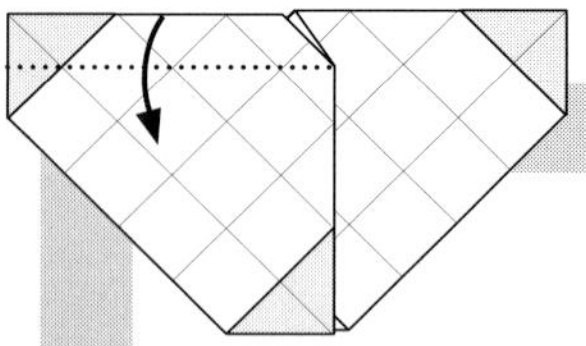

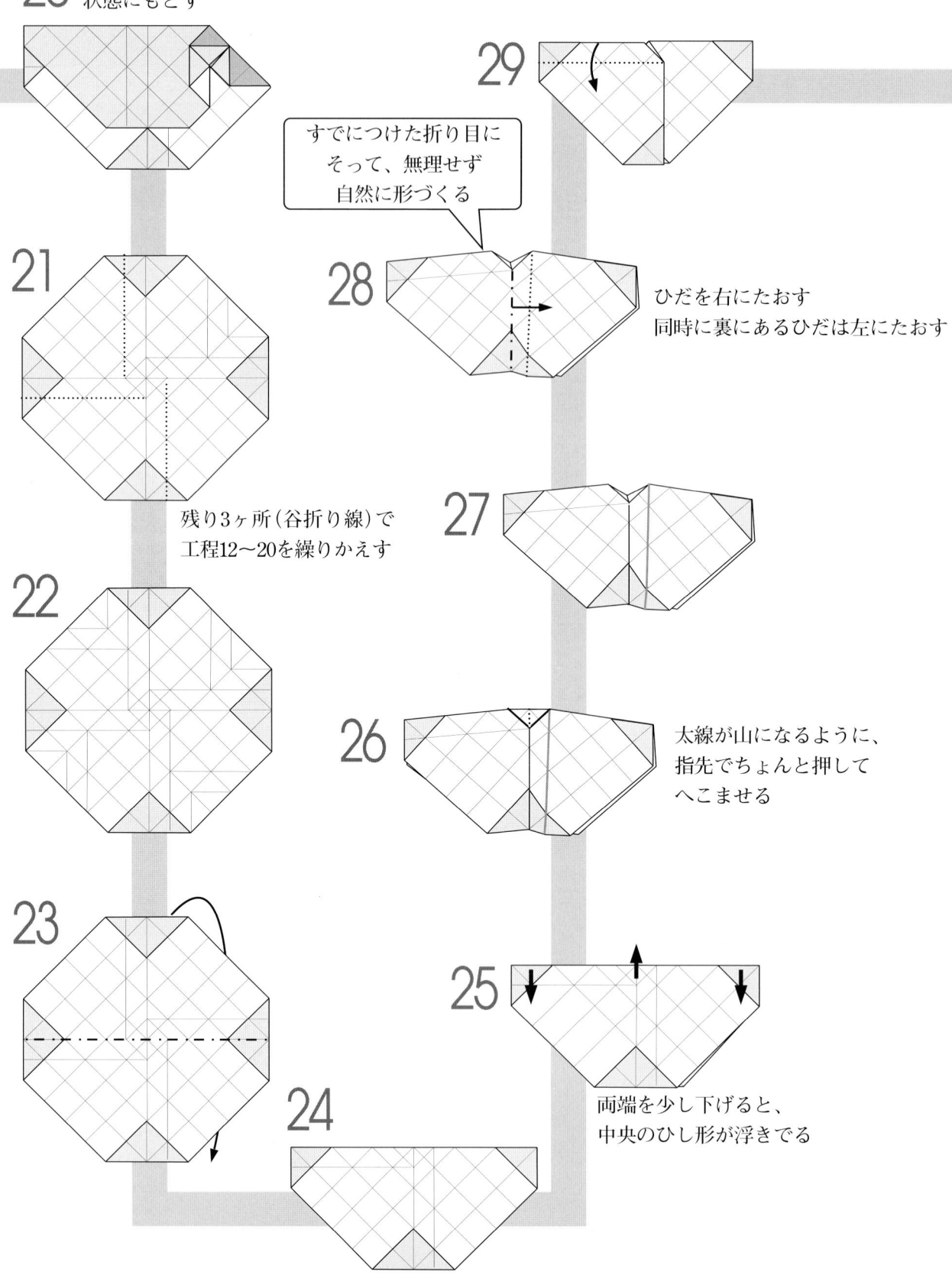

30

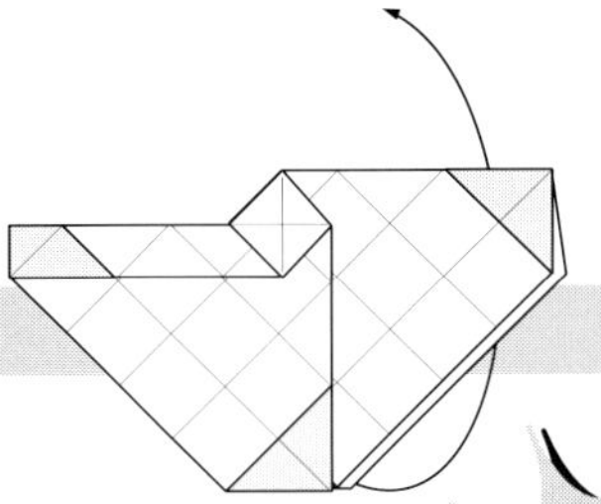

31

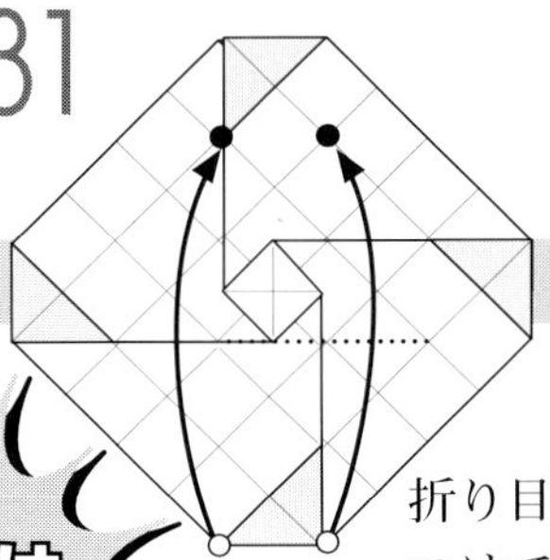

折り目を
つけてひらく

**折り目は
しっかり**

32

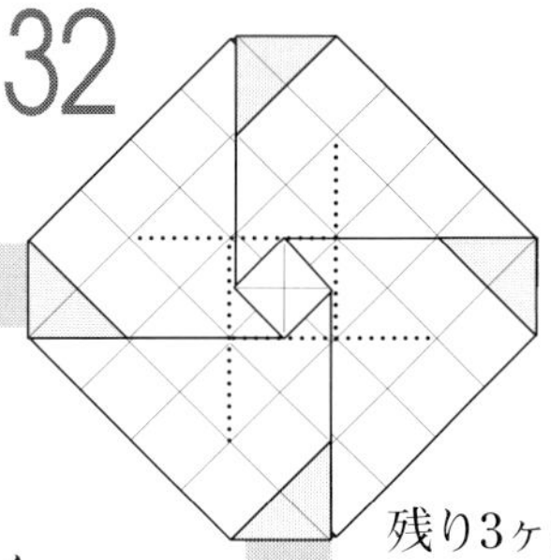

残り3ヶ所も同様

33

山折り線をつまんで
垂直に持ちあげる

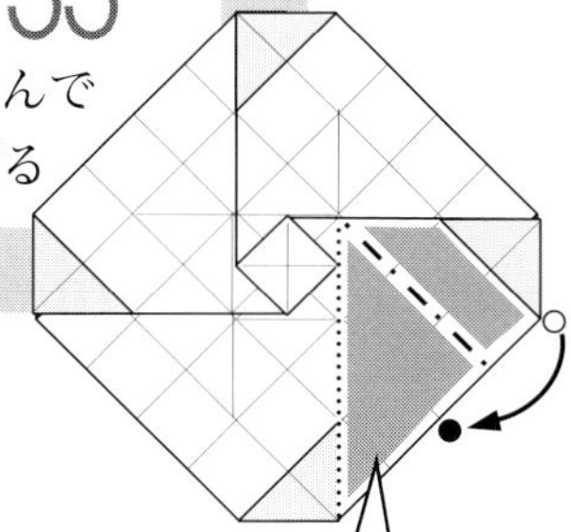

色の濃い部分を
1枚に重ねるつもりで

34

途中

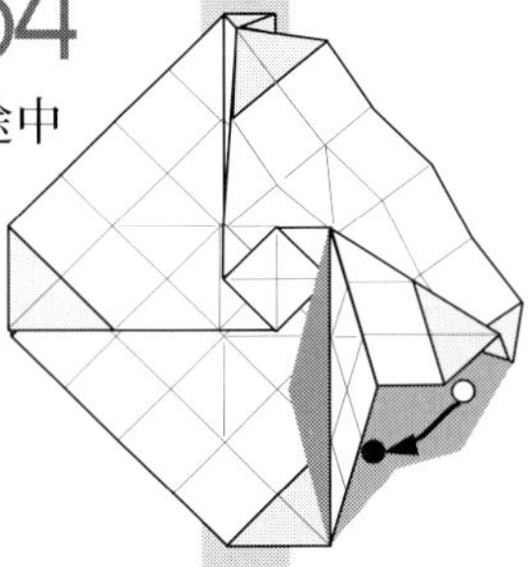

底の4角とひし形がきれい
に出るよう立ちあげる

35

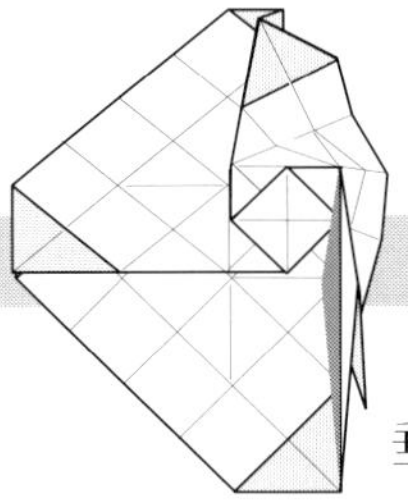

垂直に立ったところ

36

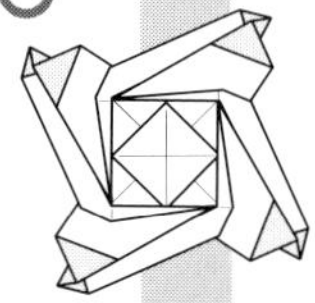

工程33〜35を、残り3ヶ所でも
同様におこなう。まとまらない
場合は、クリップで留める

200%拡大

37

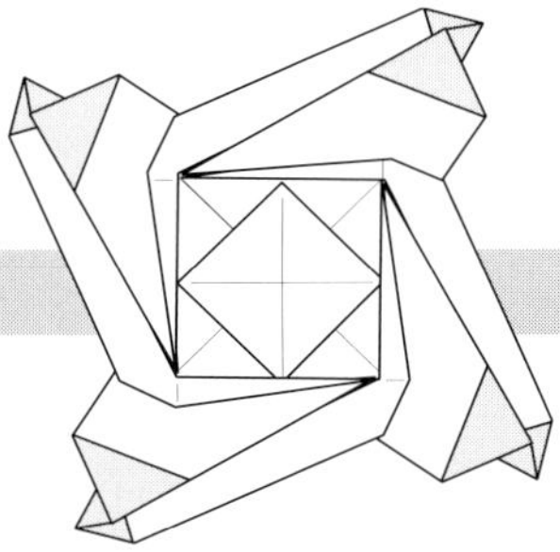

裏返す

38

引っぱり上げてねじり
ながら丸みをつける。
これが花の中心部になる

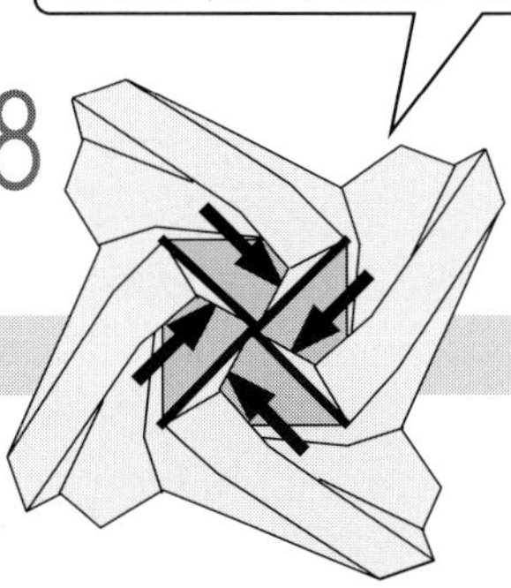

矢印のすき間に指を入れて、
色の濃い部分のひだを起こす

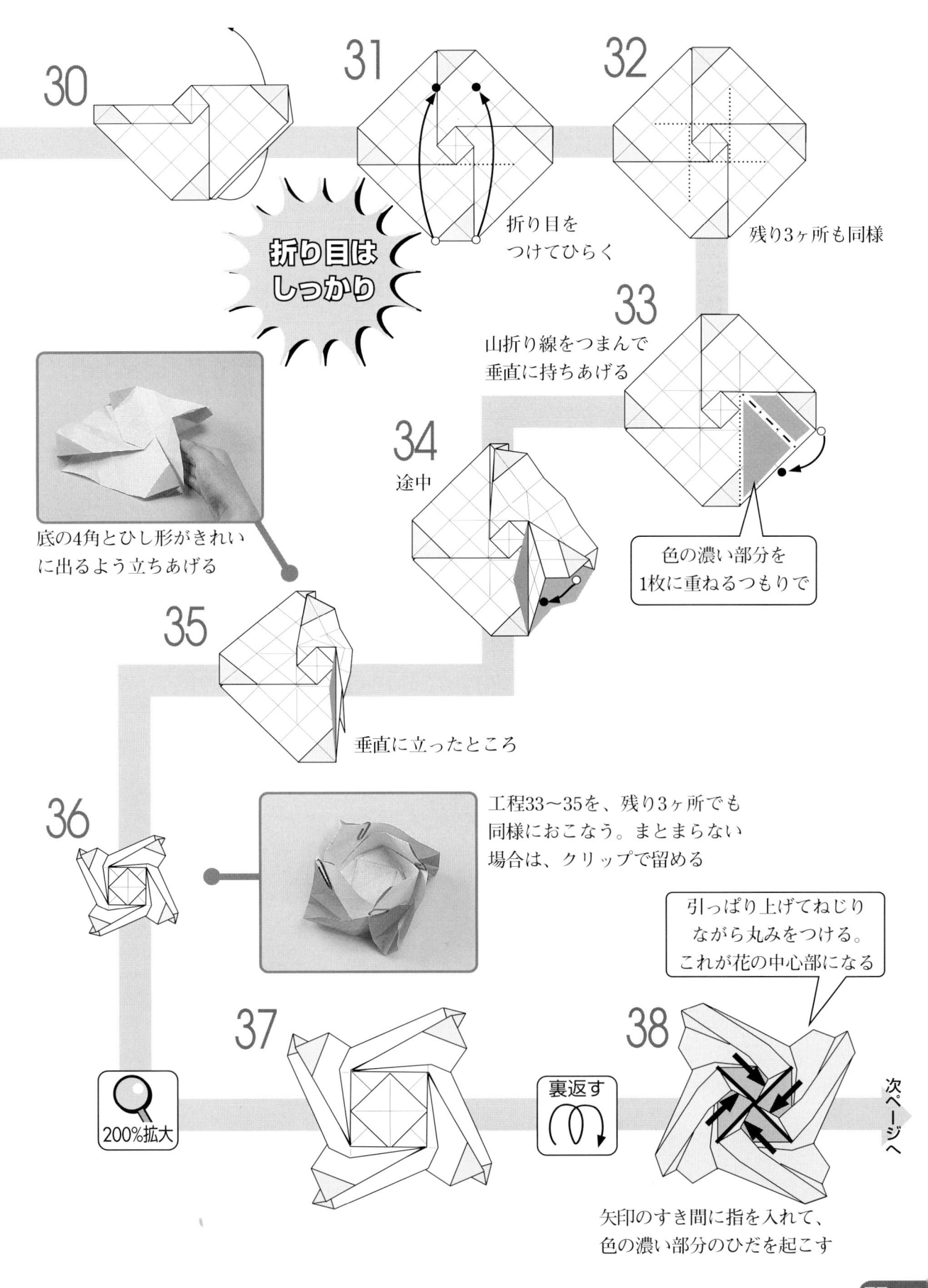

次ページへ

39

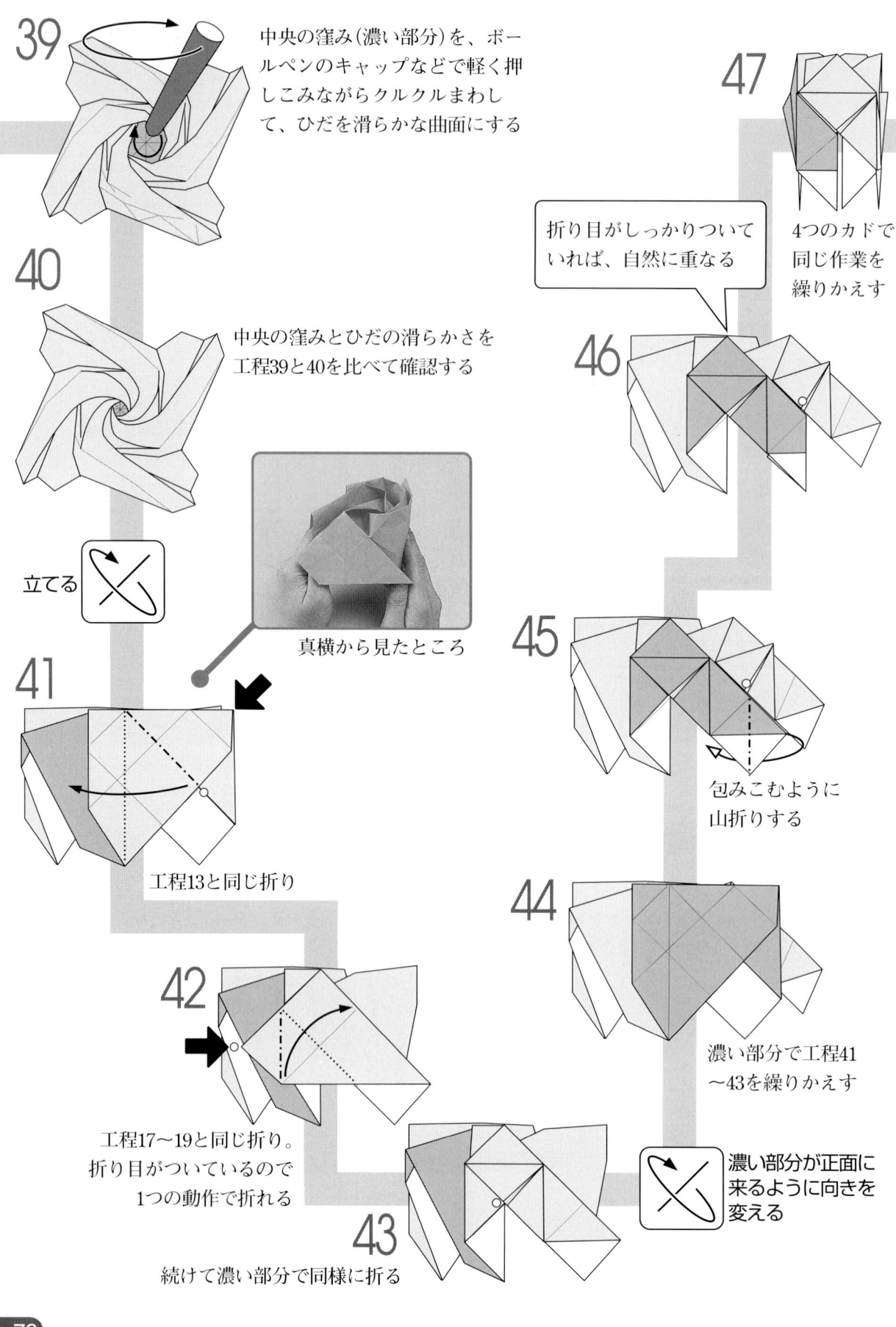

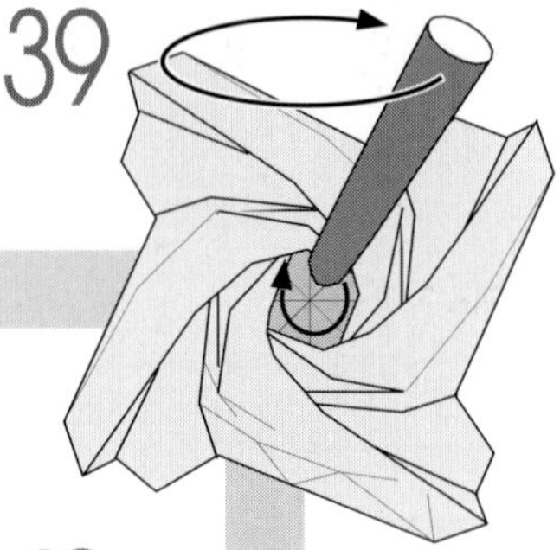

中央の窪み(濃い部分)を、ボールペンのキャップなどで軽く押しこみながらクルクルまわして、ひだを滑らかな曲面にする

40

中央の窪みとひだの滑らかさを工程39と40を比べて確認する

立てる

真横から見たところ

41

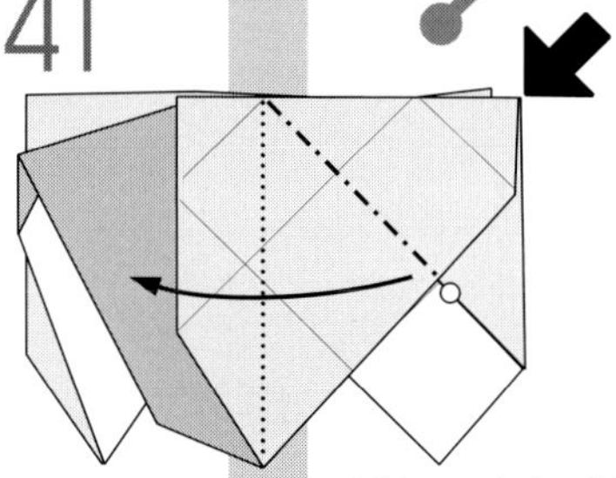

工程13と同じ折り

42

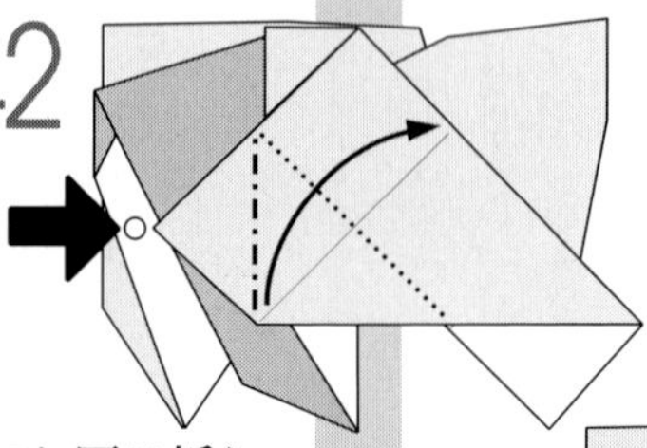

工程17〜19と同じ折り。折り目がついているので1つの動作で折れる

43

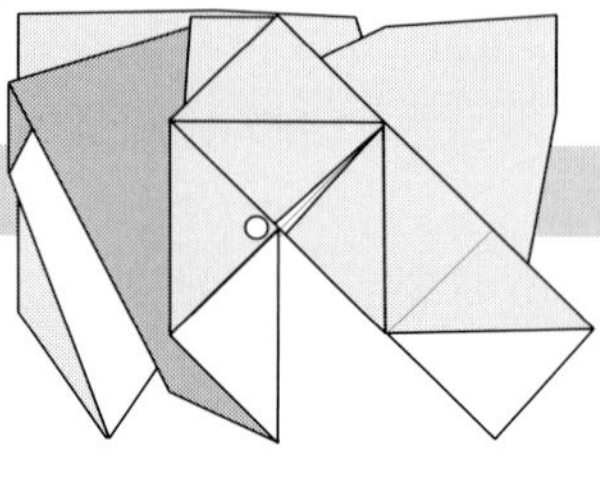

続けて濃い部分で同様に折る

濃い部分が正面に来るように向きを変える

44

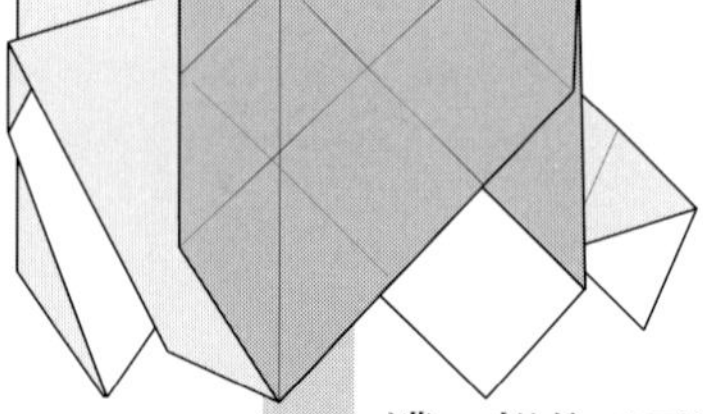

濃い部分で工程41〜43を繰りかえす

45

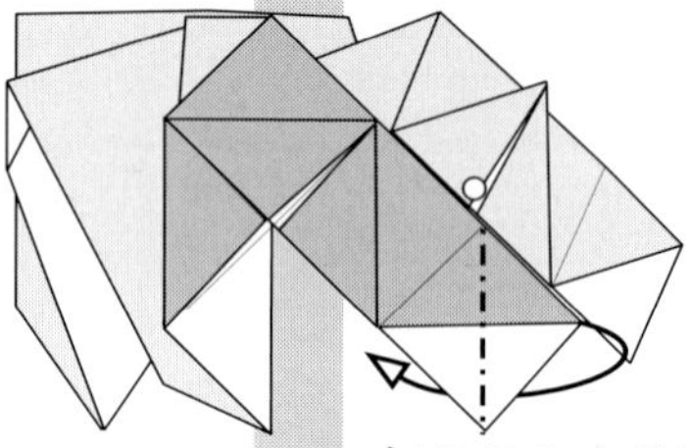

包みこむように山折りする

46

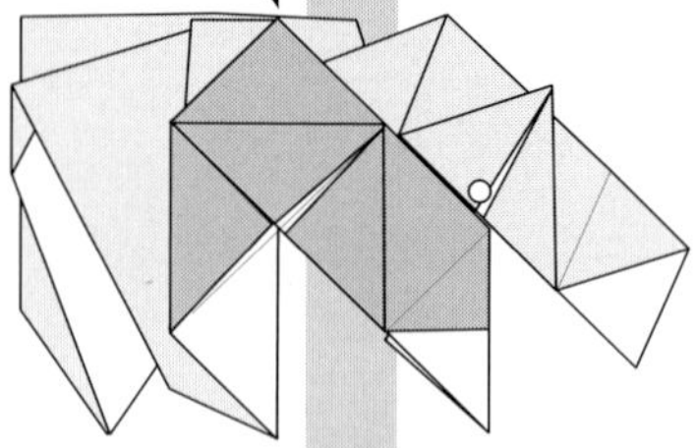

折り目がしっかりついていれば、自然に重なる

47

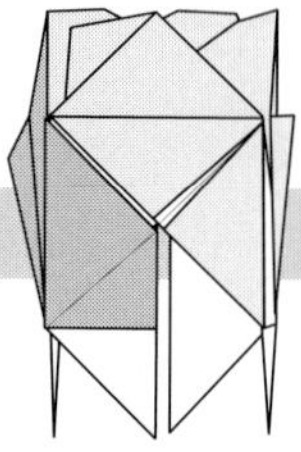

4つのカドで同じ作業を繰りかえす

48

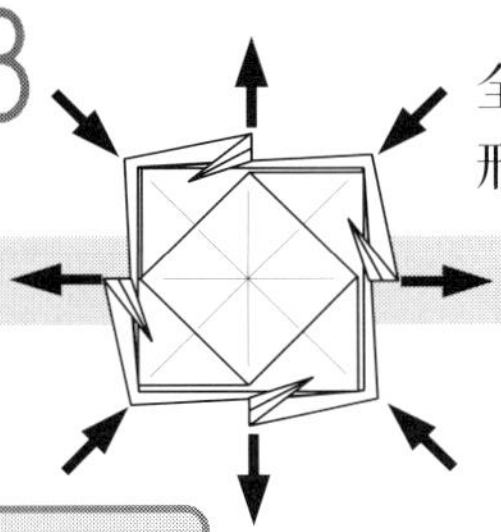

底を見る

全体が丸くなるよう
形づくる

工程48〜49の模式図

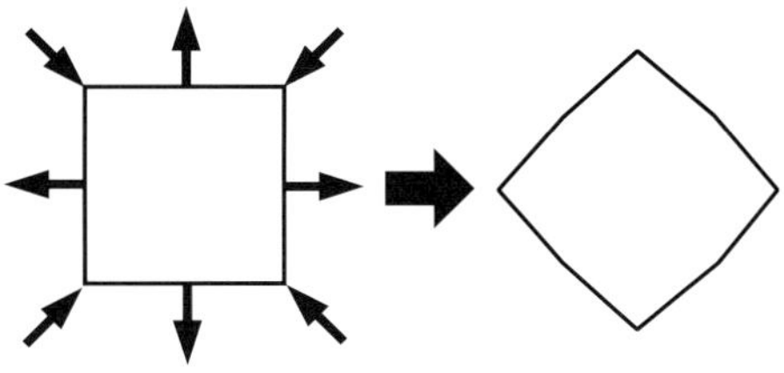

(内部構造省略)

工程48をななめ上から見
たところ

49

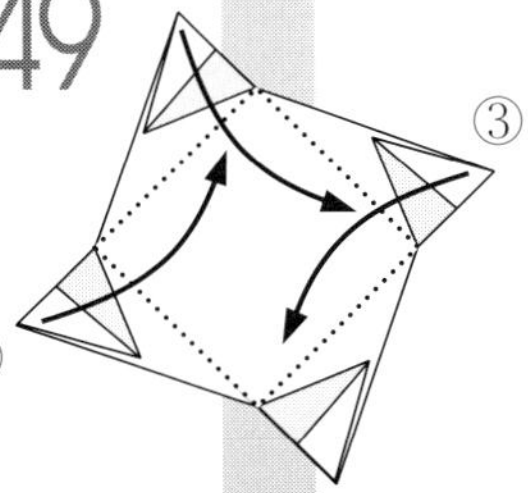

②
③
①

花の底を折る。
①〜③の順に谷折りする。
図は内側から見たところ。
この折りは外側から見る
と山折りになる

200%拡大

51

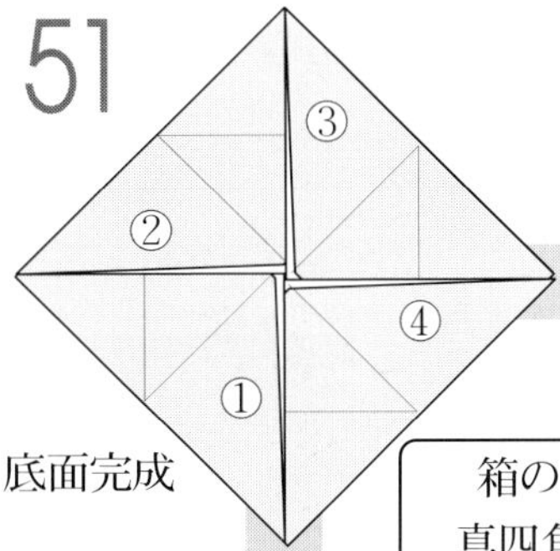

③
②
④
①

底面完成

箱のように
真四角になる

50

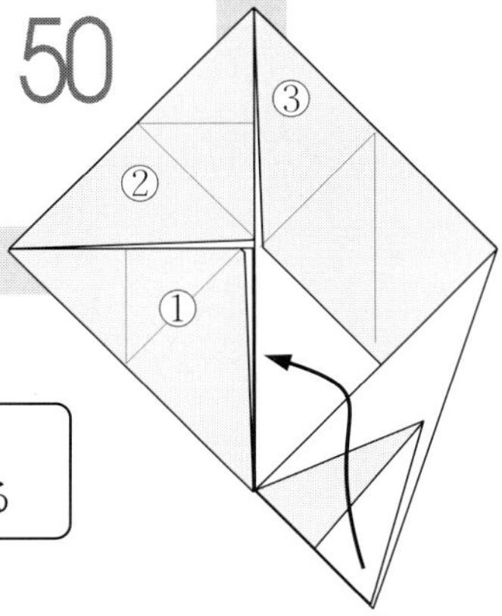

③
②
①
④

④を①の下に差しこむ

裏返す

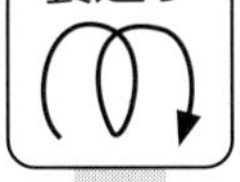

52

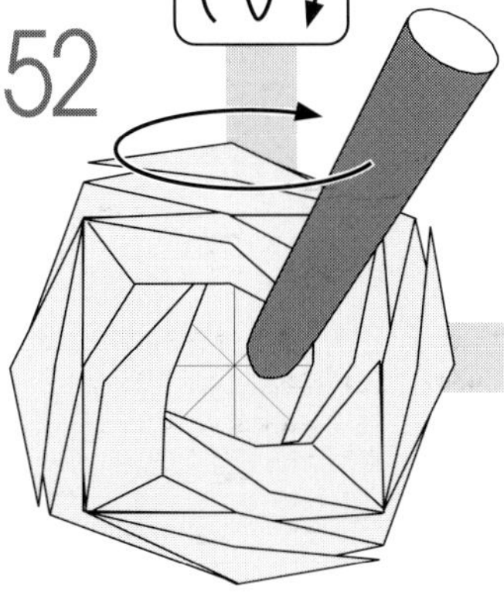

工程39同様に花びらに
丸みをつける

53

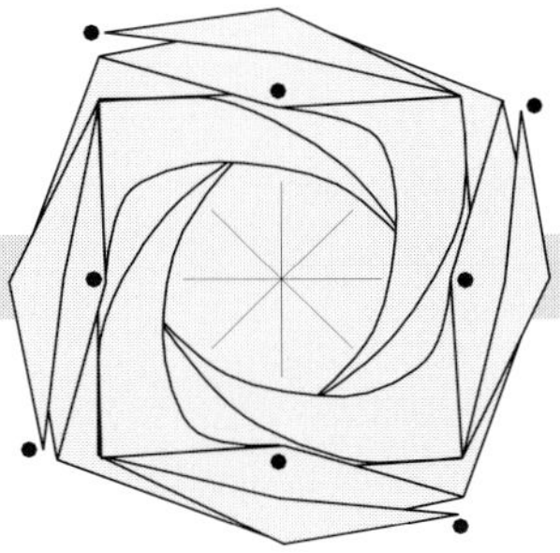

●印のカドを外にめくる

濃い部分が
めくったところ

54

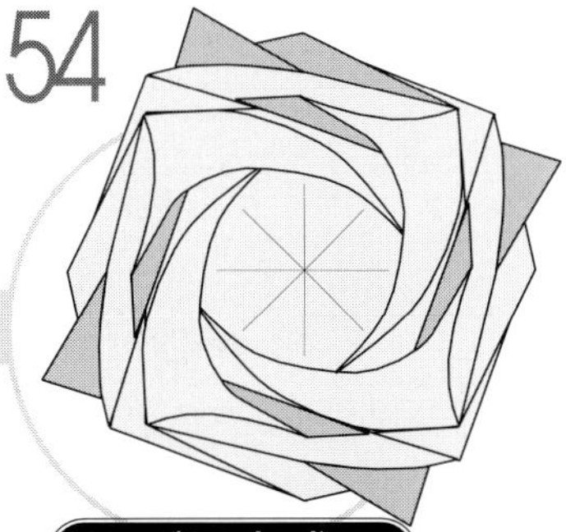

バラ完成

※花びらのカーブのつけ方
が美しさのポイント

つまようじを当てて外向き
にくるりとカールする
ときれいにできる

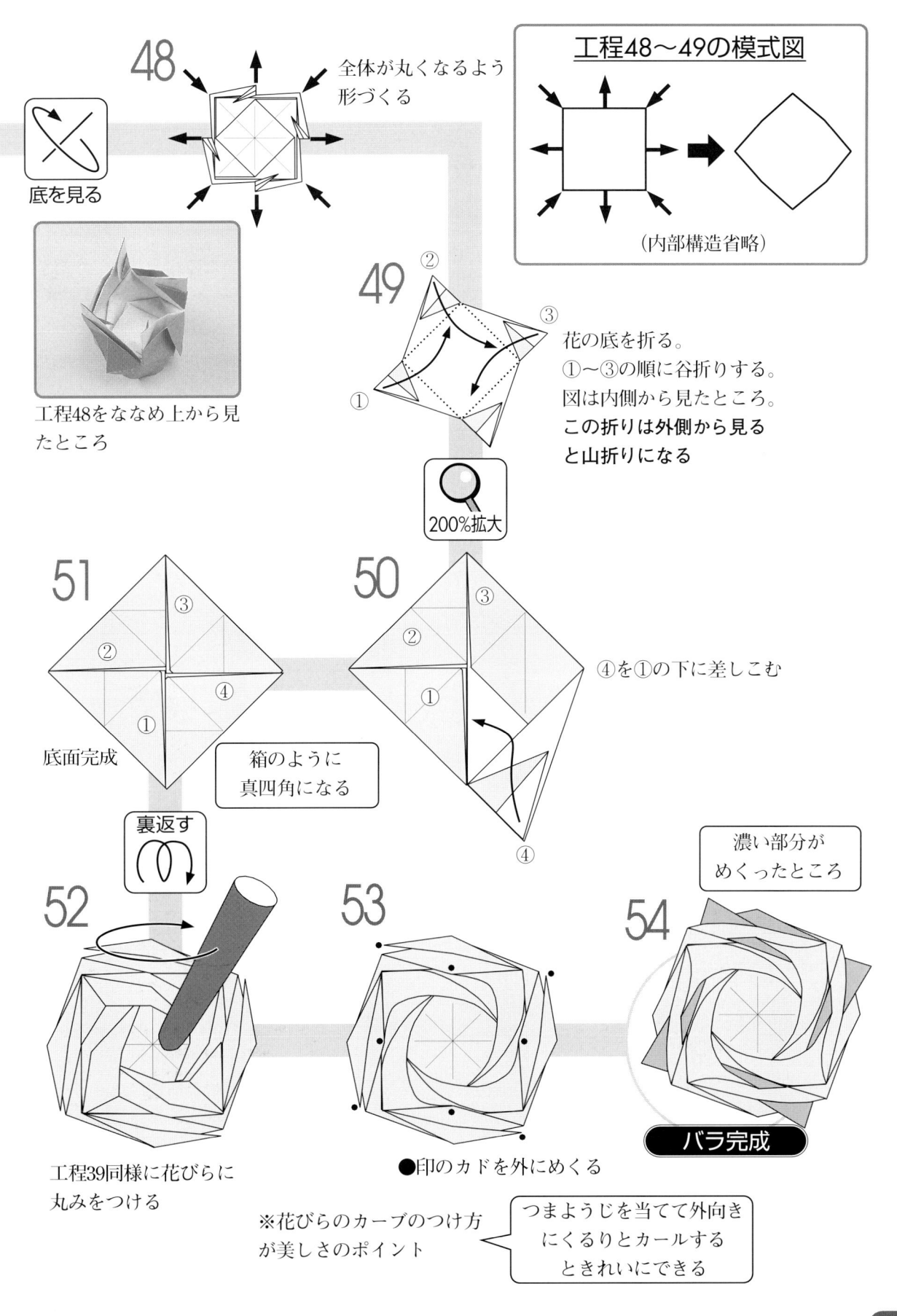

応用 ひらいたバラ

バラの工程の後半を少し変えると、バラがひらいて、より華やかになります。

練習用紙　20cm以上
標準用紙　普通の色紙15cm

難易度
★★★★☆

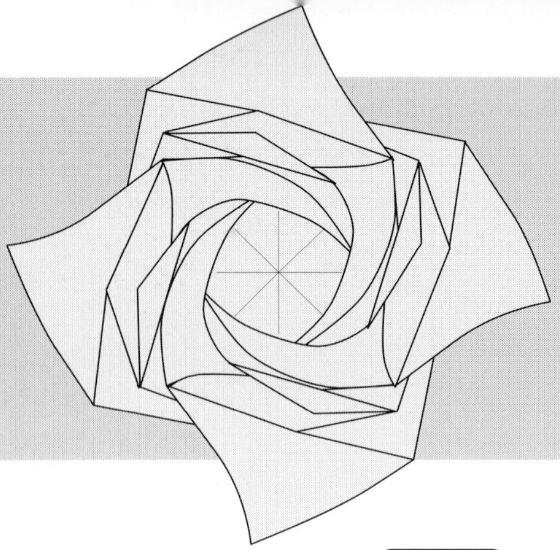

バラ工程45(78ページ)
からつづく

1

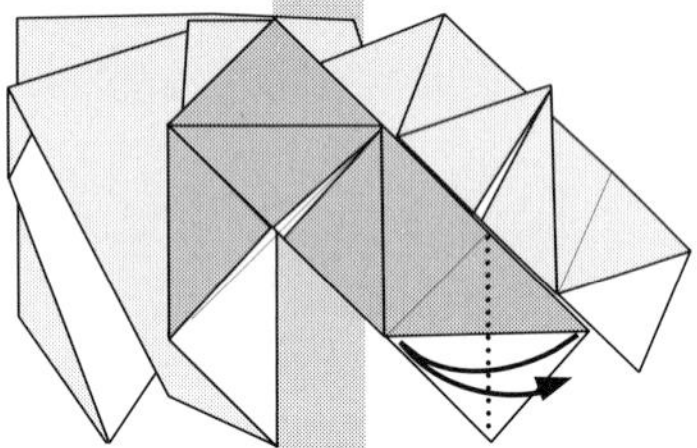

谷折りしてひらく

2

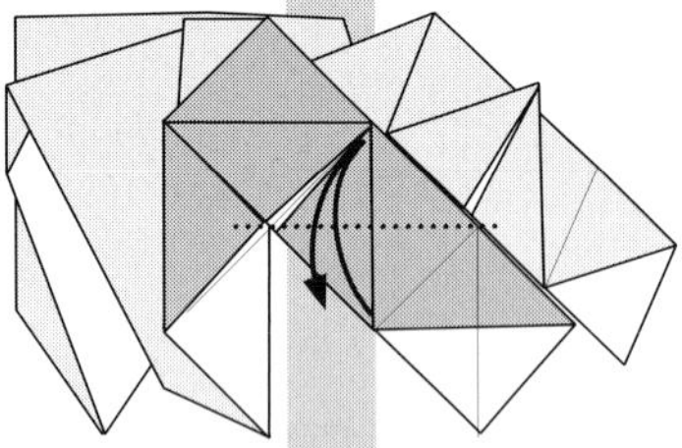

谷折りしてひらく

3

太実線は山折り

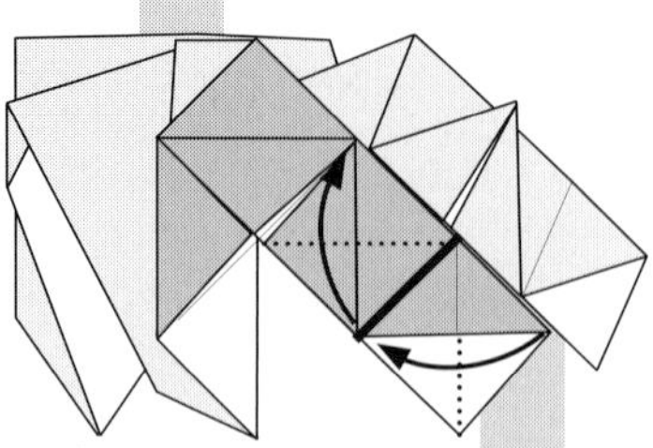

上の1枚だけを折る

太線(山折り)部分を上側に押しだす感じ

4

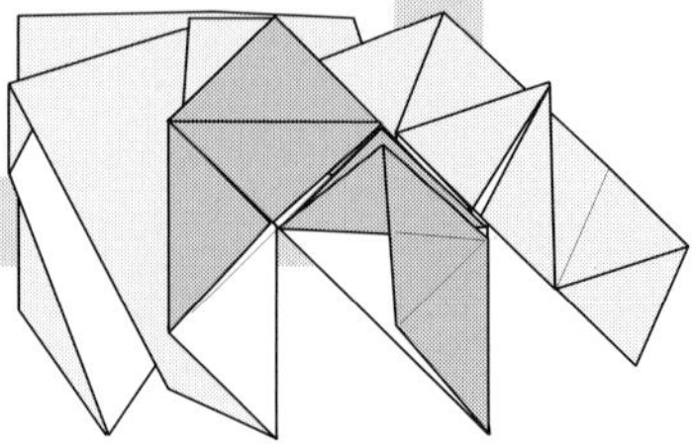

5

4つのカドで同じ事を繰りかえすと、自然にバラ工程47、48の変形が起こる

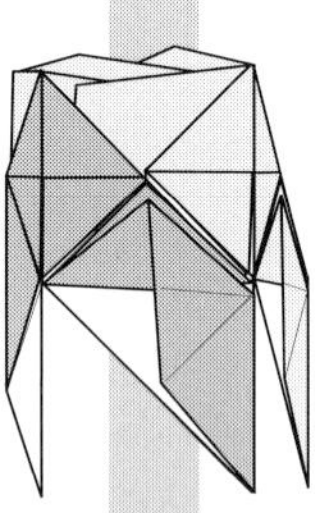

底を見る

200%拡大

6

バラ工程49 (79ページ)
同様に折る。つぼみの場合と違って裏は白い

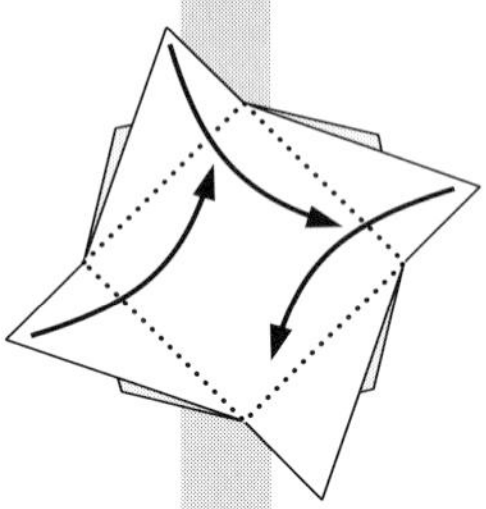

7

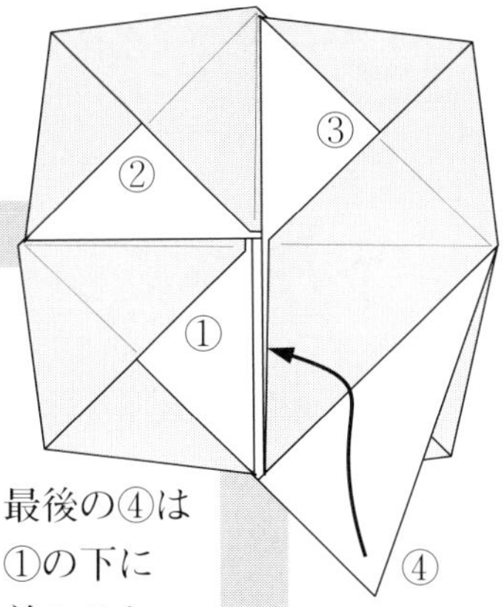

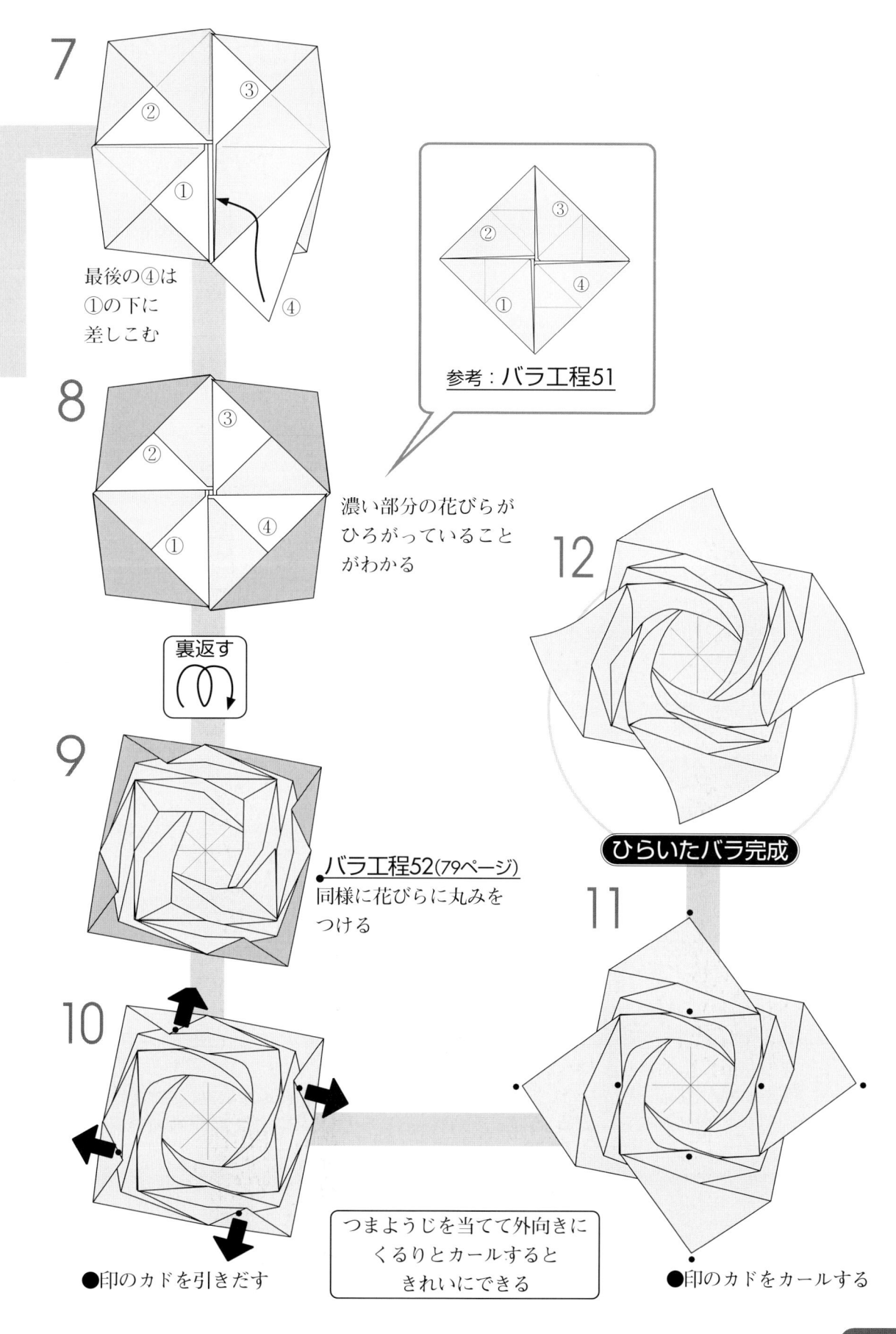

最後の④は
①の下に
差しこむ

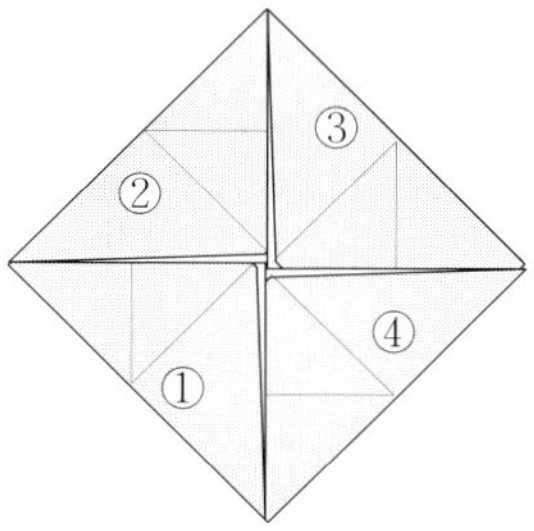

参考：バラ工程51

8

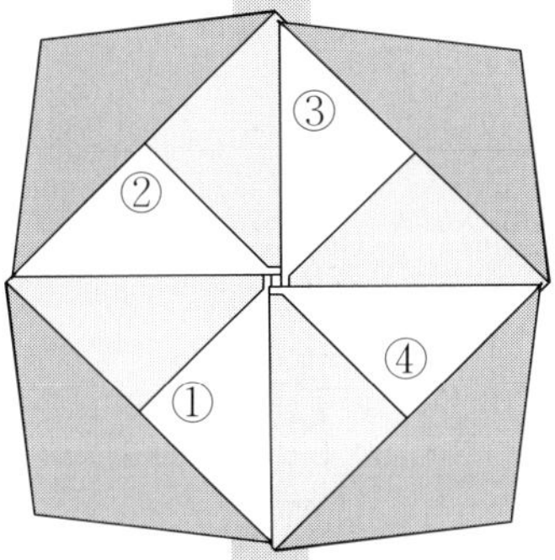

濃い部分の花びらが
ひろがっていること
がわかる

9

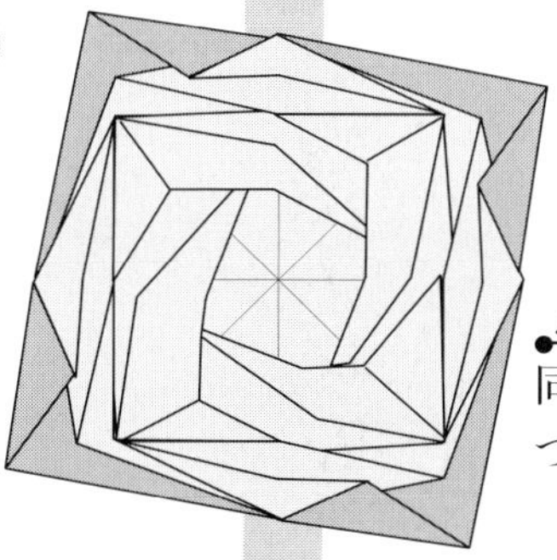

●バラ工程52(79ページ)
同様に花びらに丸みを
つける

10

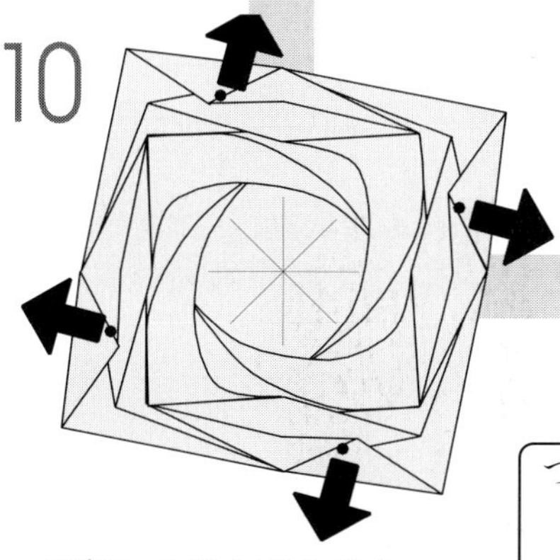

●印のカドを引きだす

つまようじを当てて外向きに
くるりとカールすると
きれいにできる

11

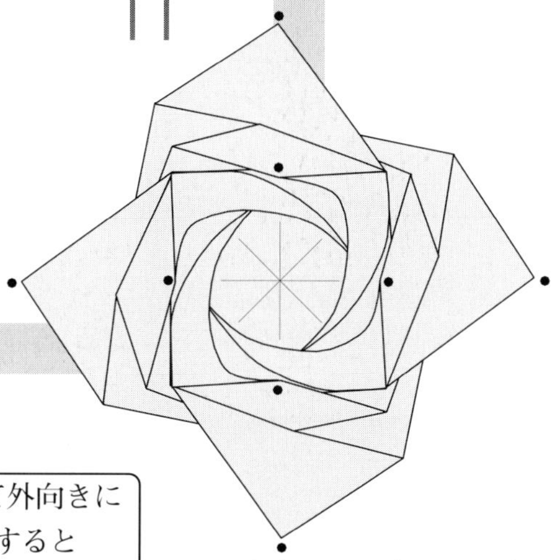

●印のカドをカールする

ひらいたバラ完成

12

バラの葉

葉っぱが茎から立ちあがるリアルな折り方です。モスグリーンの和紙で折ると、茎がごく細くなってきれいに仕上がります。葉の形はセンスしだい。がんばってくださいね。

難易度
★★★☆☆

用紙　バラの用紙と
同サイズ〜2／3程度

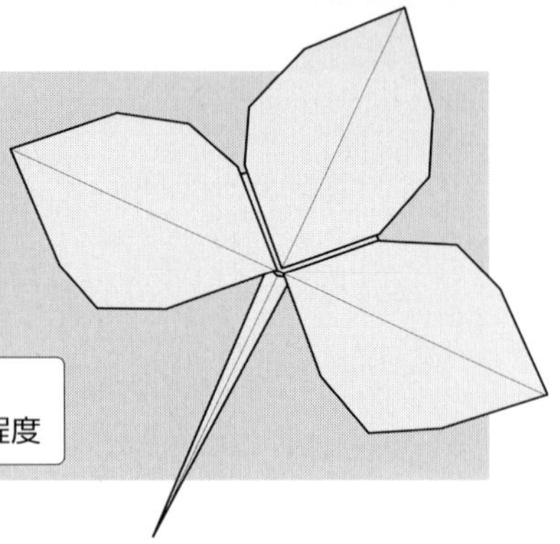

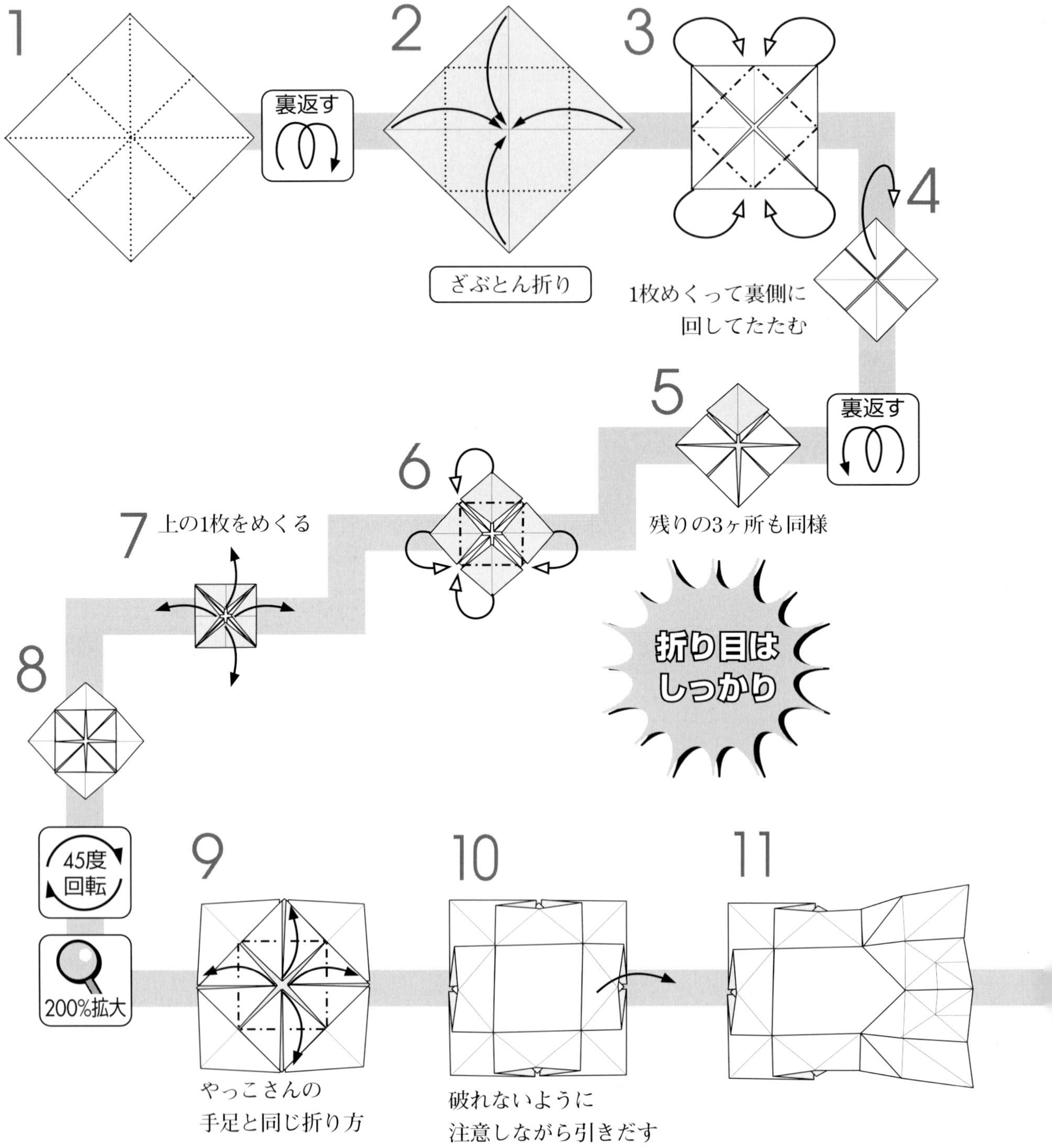

1
裏返す
2
ざぶとん折り
3
4
1枚めくって裏側に
回してたたむ
裏返す
5
残りの3ヶ所も同様
6
7
上の1枚をめくる
折り目は
しっかり
8
45度
回転
200%拡大
9
やっこさんの
手足と同じ折り方
10
破れないように
注意しながら引きだす
11

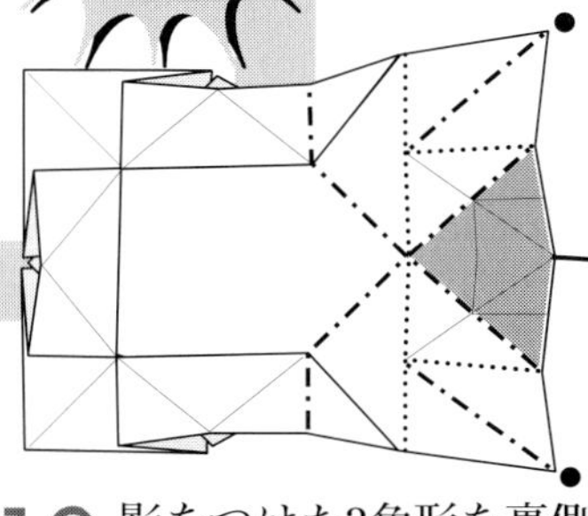

12 影をつけた3角形を裏側に折って
工程13のようにまとめる

13

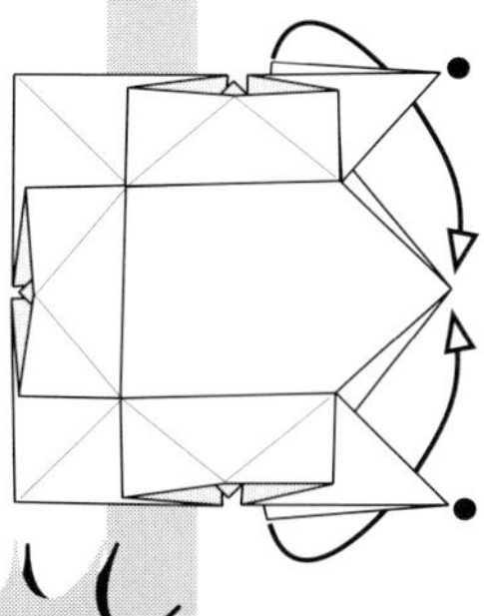

14

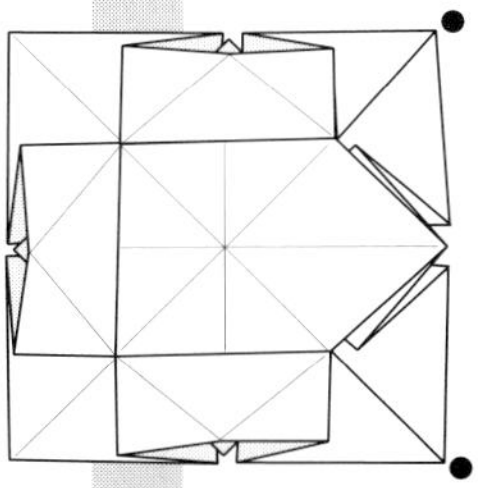

残り3ヶ所も同様

15

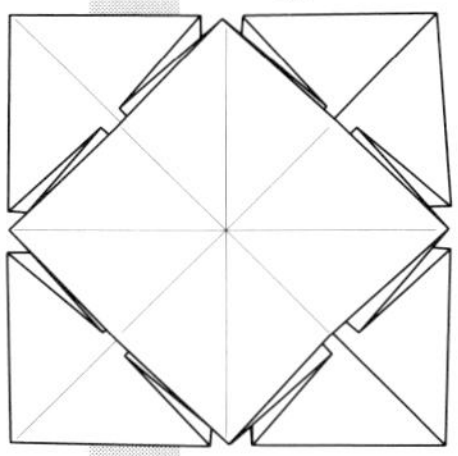

工程15をななめ上から
見た状態

16

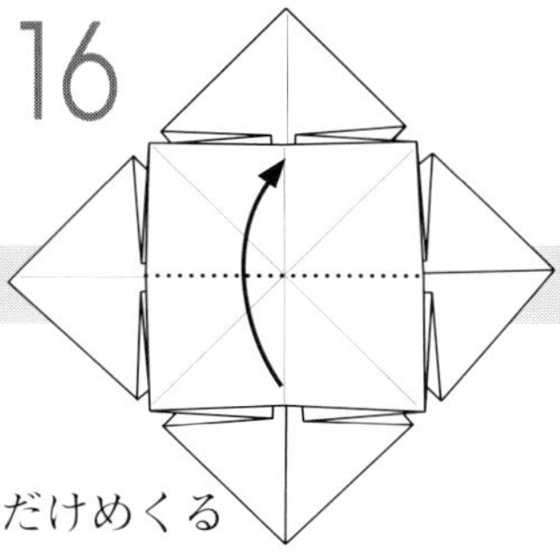

1枚だけめくる

17

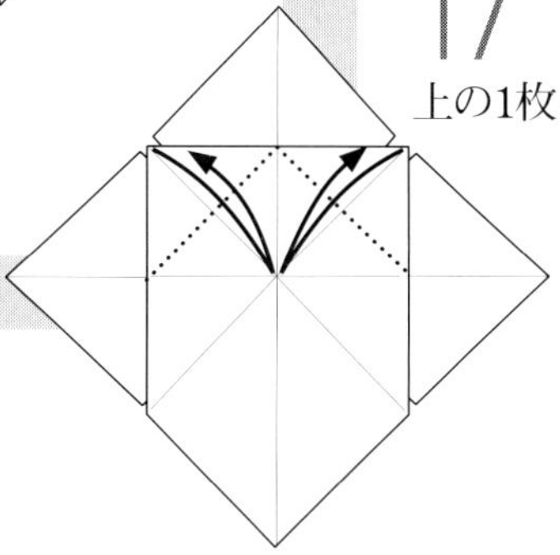

上の1枚だけ折る

18

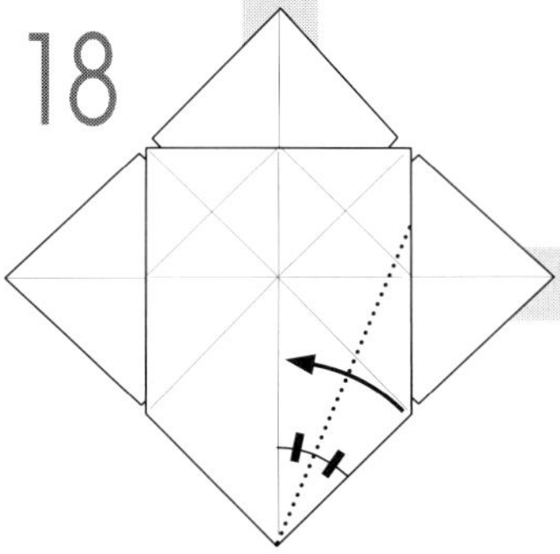

19

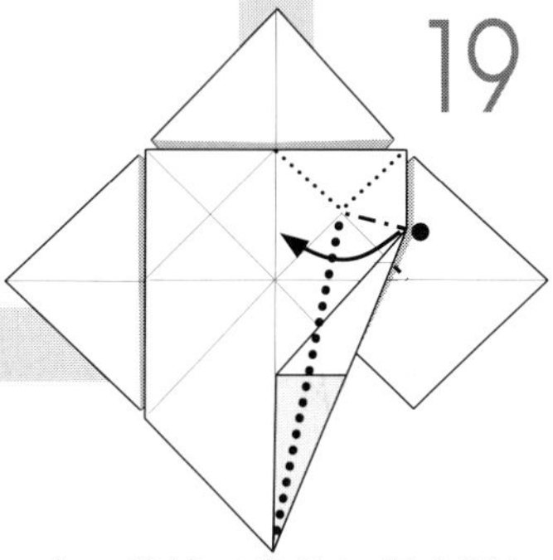

太い谷線で半分に細く折りながら
工程20、21のようにたたむ

20

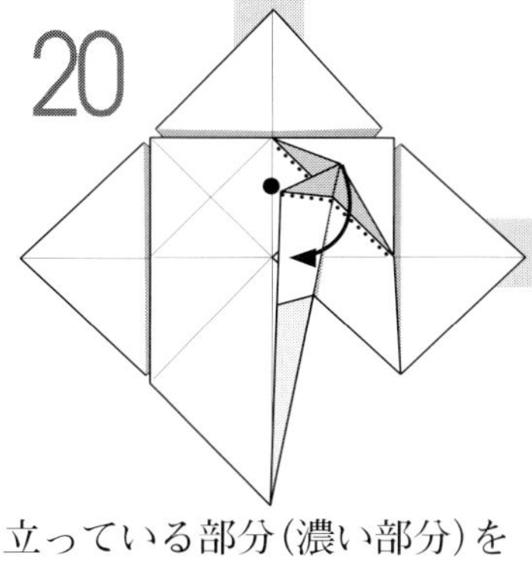

立っている部分（濃い部分）を
折りたたむ

21

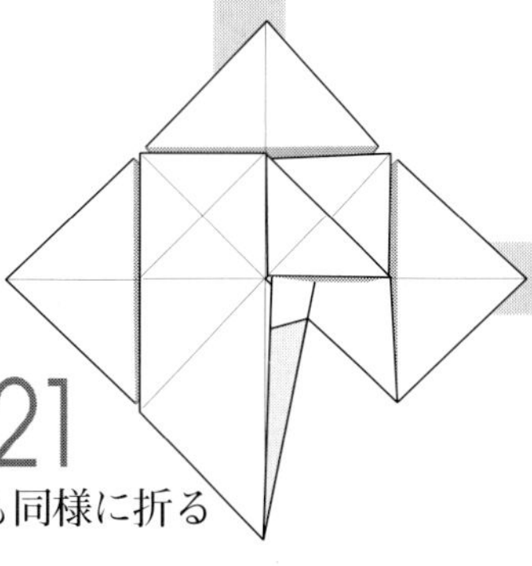

左半分も同様に折る

次ページへ

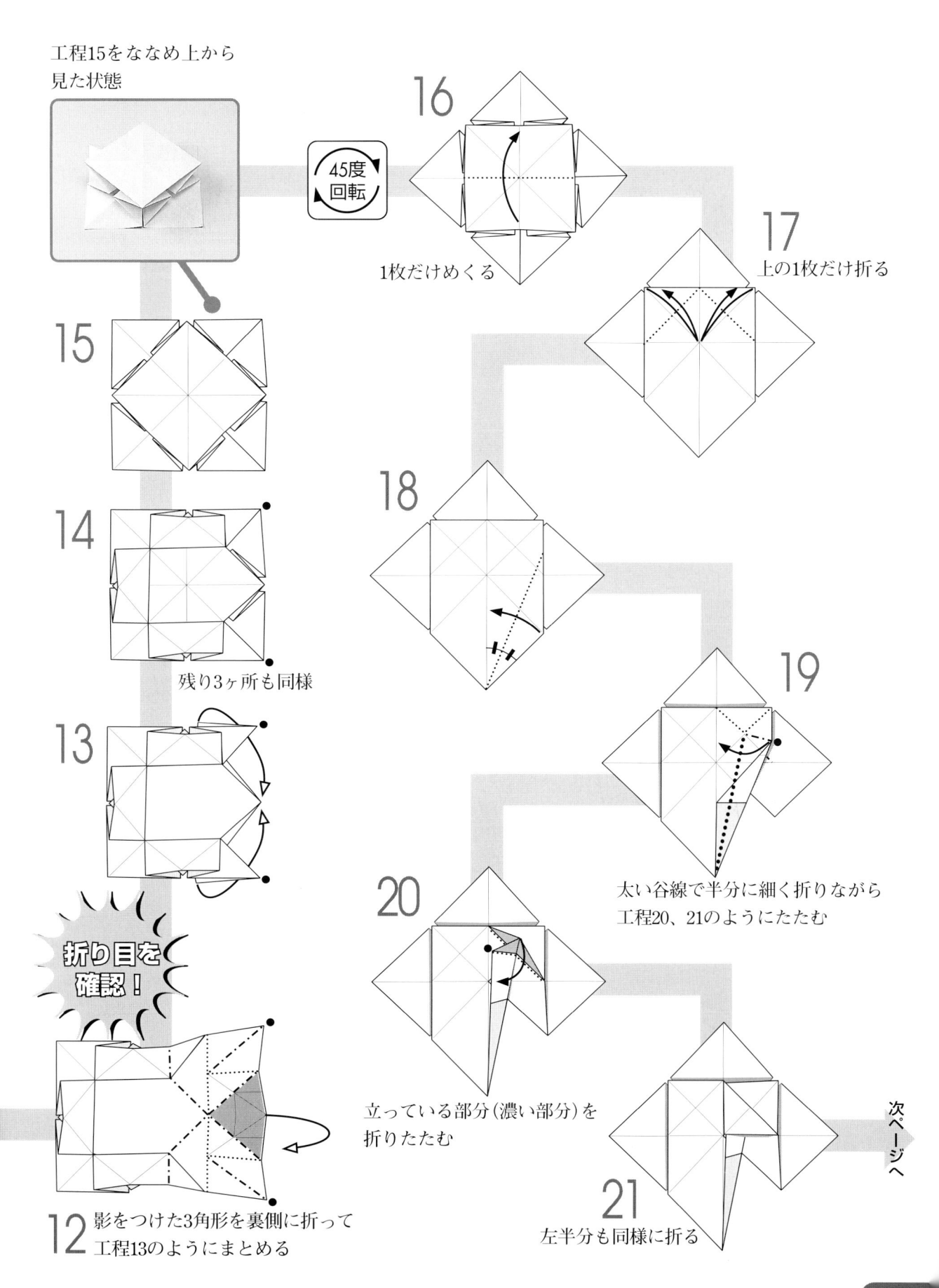

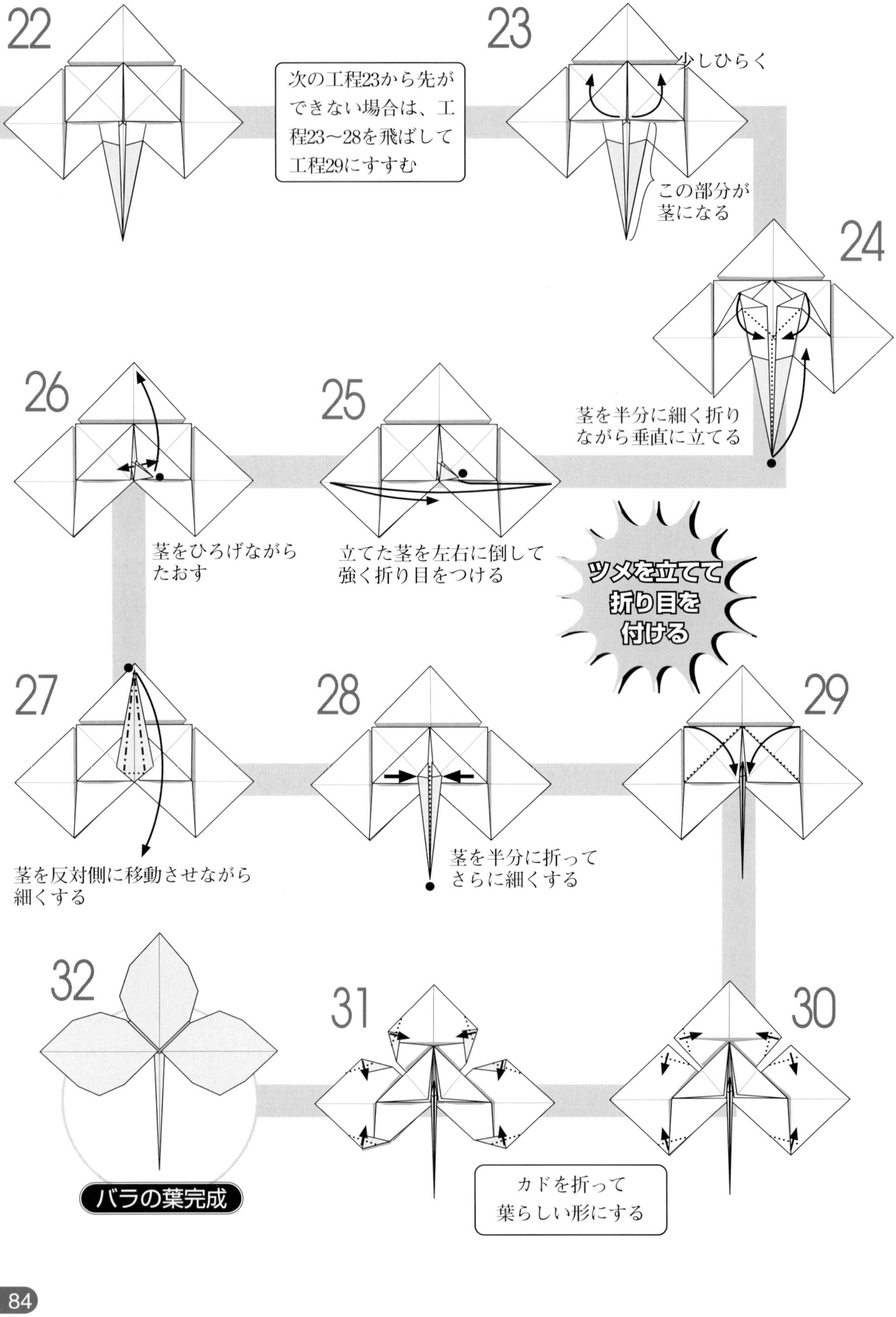
22
次の工程23から先が
できない場合は、工
程23～28を飛ばして
工程29にすすむ
23
少しひらく
この部分が
茎になる
24
茎を半分に細く折り
ながら垂直に立てる
25
立てた茎を左右に倒して
強く折り目をつける
26
茎をひろげながら
たおす
ツメを立てて
折り目を
付ける
27
茎を反対側に移動させながら
細くする
28
茎を半分に折って
さらに細くする
29
30
カドを折って
葉らしい形にする
31
32
バラの葉完成

桜一輪

難易度 ★★☆☆☆

家や汽車などと同じく単純なパーツを組みあわせてつくるユニット折り紙です。花びら1枚が1つのモジュールで、当然5つのモジュールを組みます。

練習用紙　7.5cm（用紙中）
標準用紙　3.75cm（用紙小）

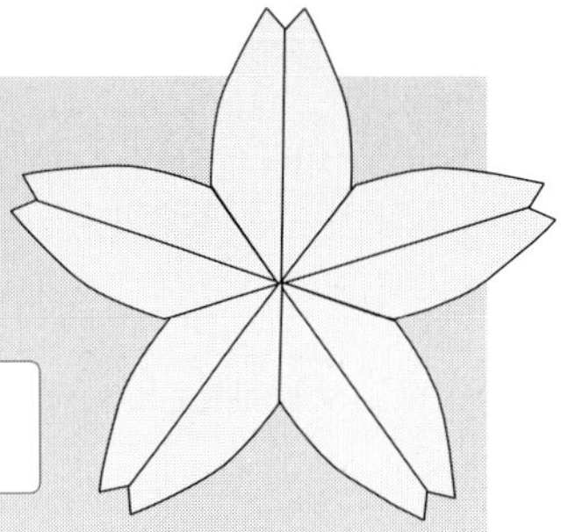

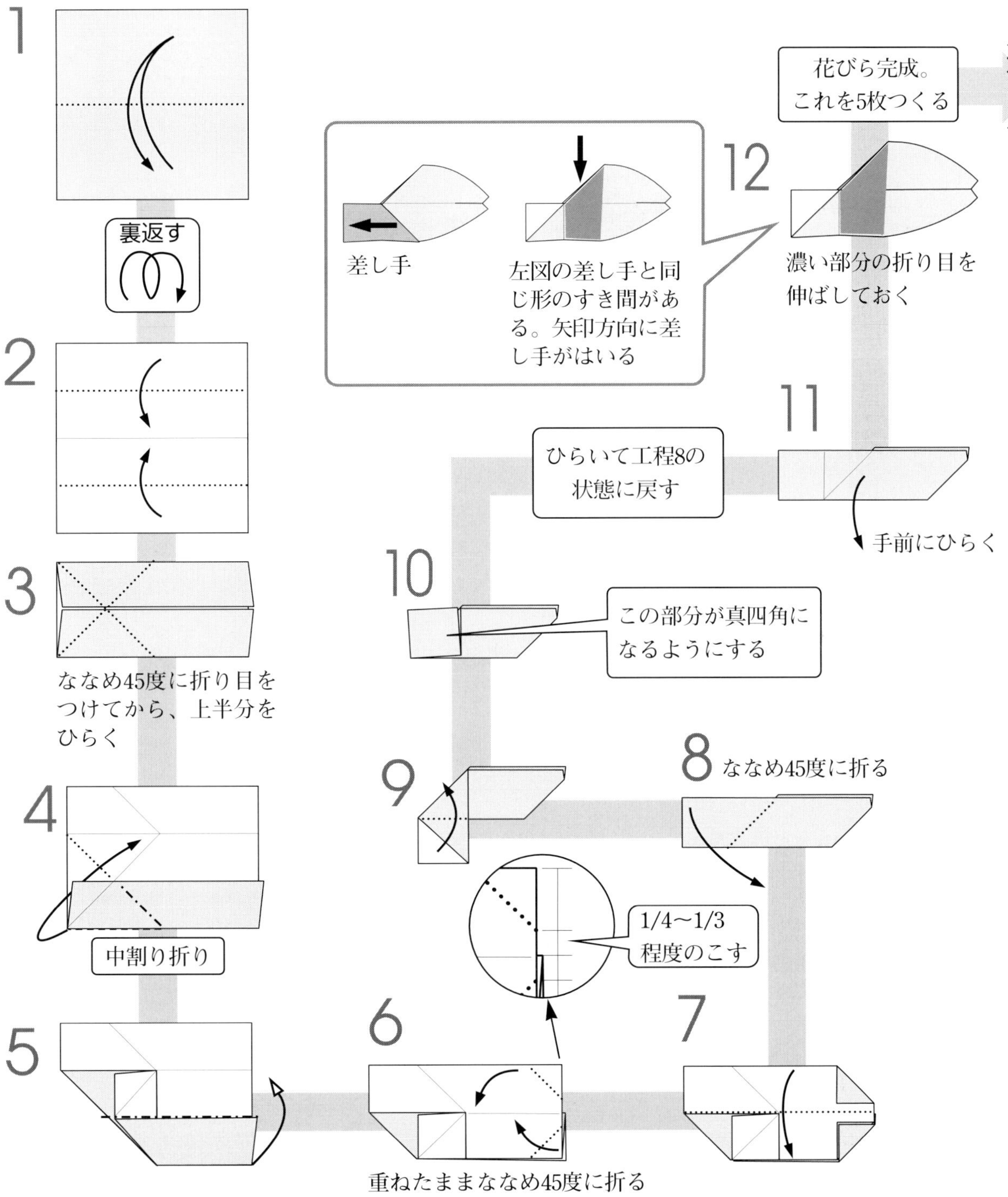

1
裏返す
2
3
ななめ45度に折り目をつけてから、上半分をひらく
4
中割り折り
5
6
重ねたままななめ45度に折る
1/4〜1/3程度のこす
7
8
ななめ45度に折る
9
10
この部分が真四角になるようにする
ひらいて工程8の状態に戻す
11
手前にひらく
差し手
左図の差し手と同じ形のすき間がある。矢印方向に差し手がはいる
12
濃い部分の折り目を伸ばしておく
花びら完成。これを5枚つくる

次ページへ

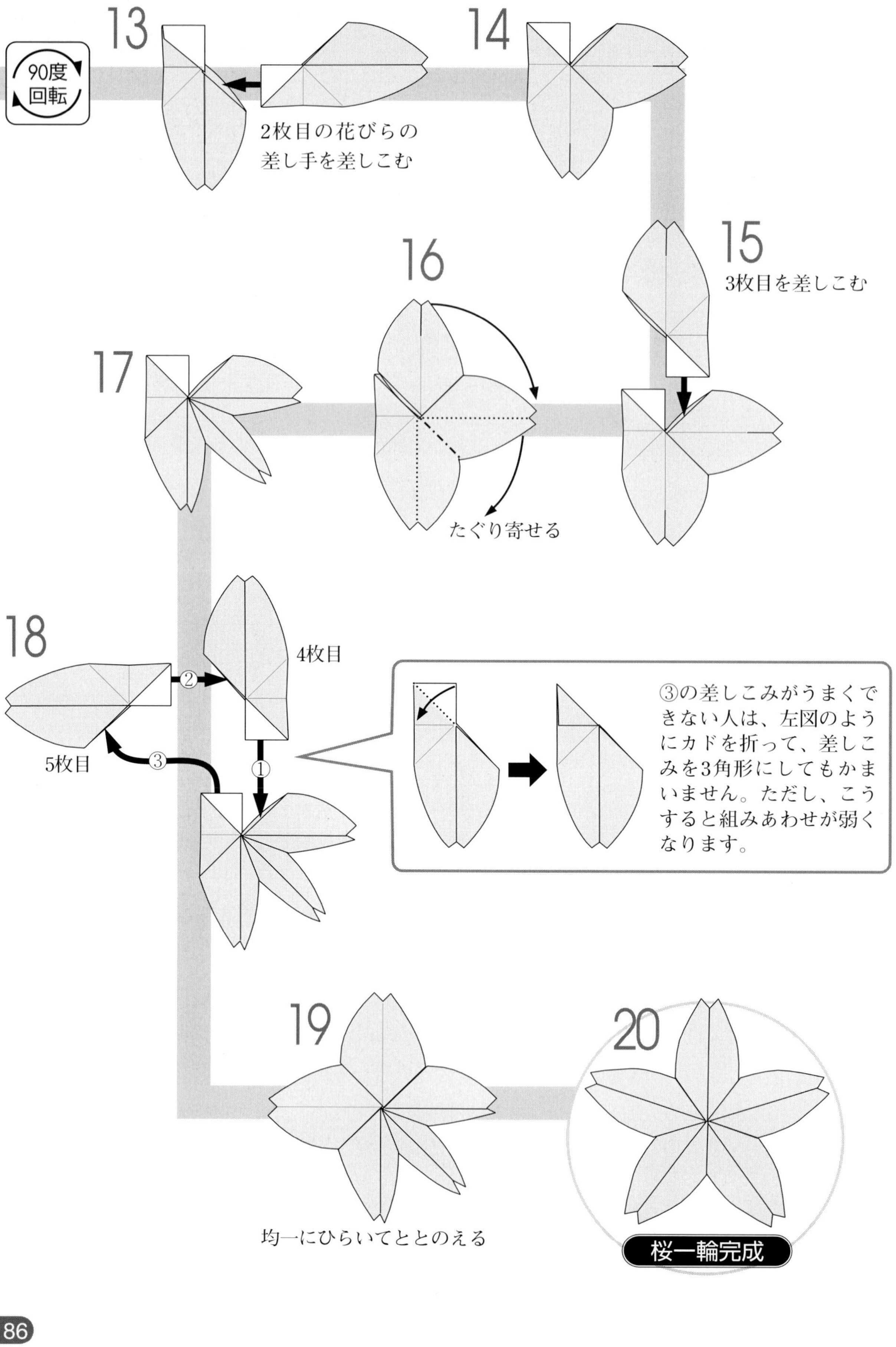
90度
回転
13
2枚目の花びらの
差し手を差しこむ
14
15
3枚目を差しこむ
16
たぐり寄せる
17
18
4枚目
②
①
③
5枚目
③の差しこみがうまくできない人は、左図のようにカドを折って、差しこみを3角形にしてもかまいません。ただし、こうすると組みあわせが弱くなります。
19
均一にひらいてととのえる
20
桜一輪完成

桜玉

ひしめいて咲く様を表現しました。桜玉は30個のパーツからなるユニット折り紙で、組み方は桜一輪(86ページ)と同じです。うまく組めない場合は、桜一輪で練習を積んでください。パーツを10個程組んでから、桜一輪の花びらで端を止めると半球に仕上げることができます。

難易度
★★★★★

練習用紙　7.5cm×12.5cm30枚
標準用紙　練習用紙を
　　　　　縦横4分割したもの

Step 1 花びらのパーツを折る

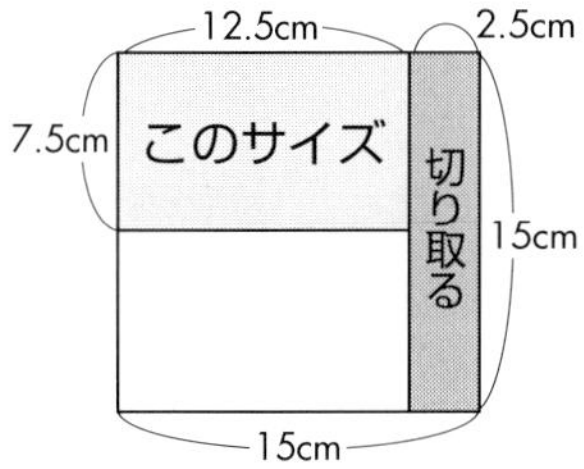

12.5cm
2.5cm
7.5cm
このサイズ
切り取る
15cm
15cm

5:3の比の長方形で折りますが、この比率は目安に過ぎません。2:1だと間が抜けた感じになり、逆に太いと組みにくくなります。練習用紙は普通の折り紙を右図のようにカットしてつかってください(本番の用紙は89ページ参照)。

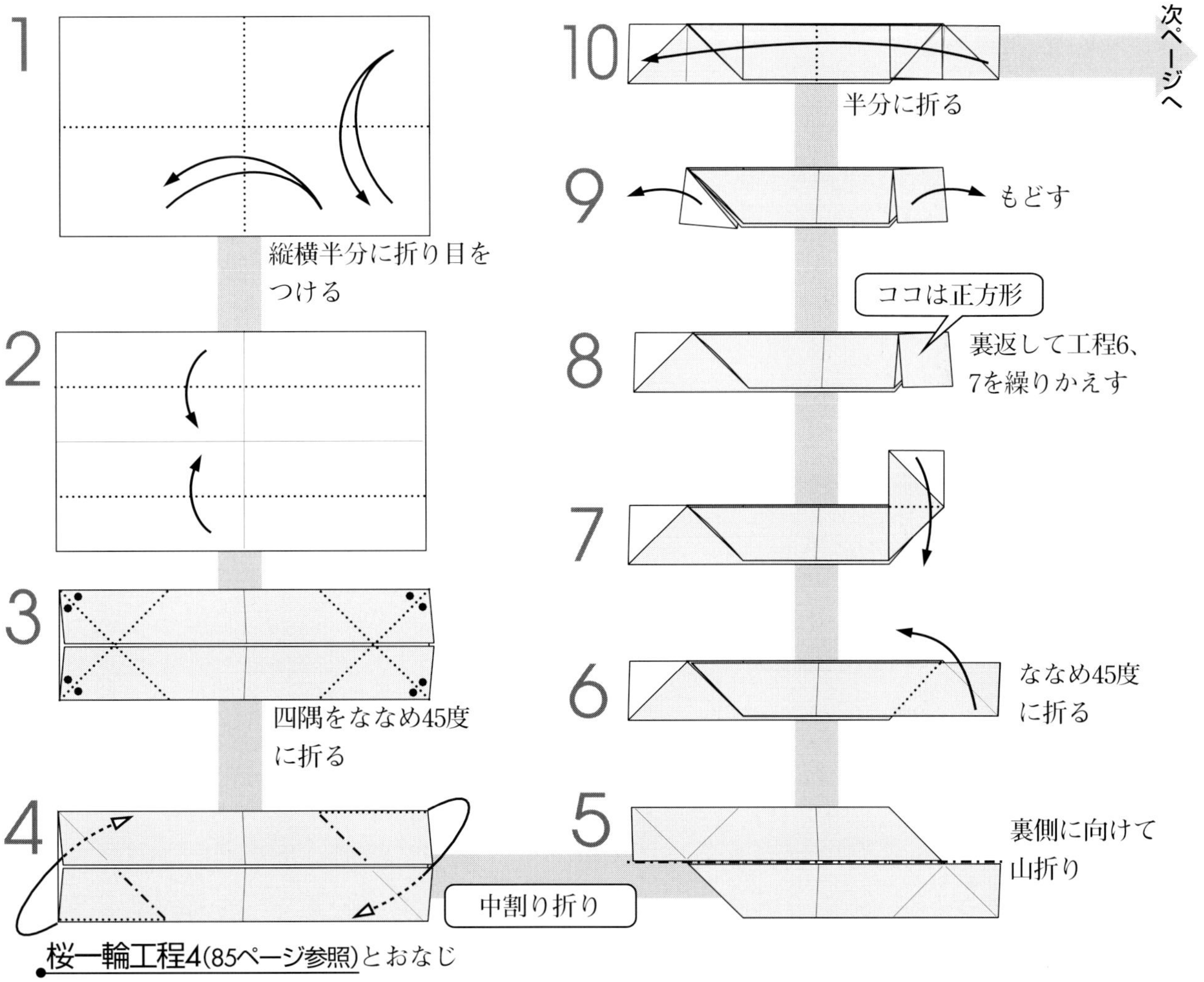

1
縦横半分に折り目をつける
2
3
四隅をななめ45度に折る
4
中割り折り
桜一輪工程4(85ページ参照)とおなじ
5
裏側に向けて山折り
6
ななめ45度に折る
7
8
ココは正方形
裏返して工程6、7を繰りかえす
9
もどす
10
半分に折る
次ページへ

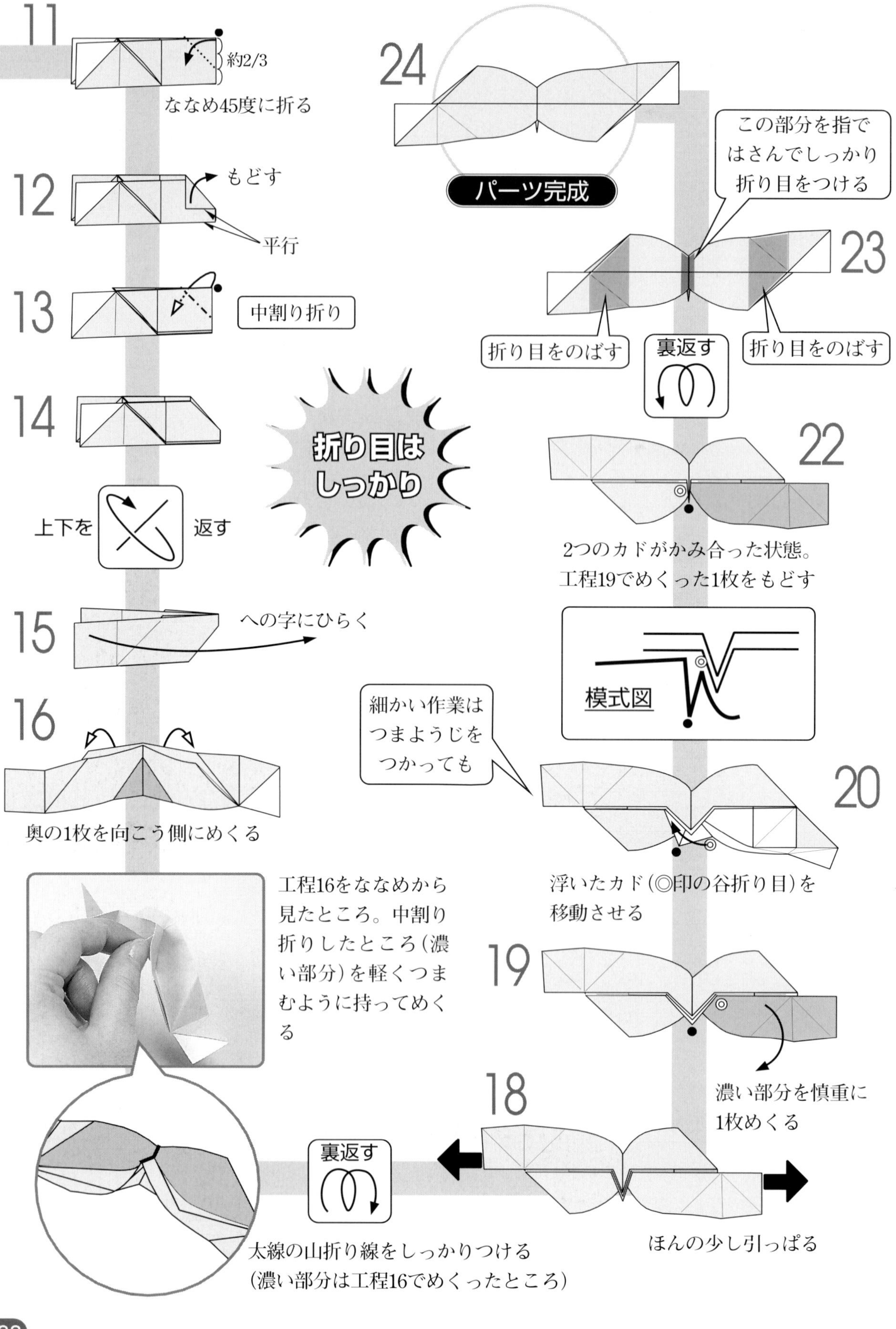
11
約2/3
ななめ45度に折る
12
もどす
平行
13
中割り折り
14
折り目はしっかり
上下を 返す
15
への字にひらく
16
奥の1枚を向こう側にめくる
工程16をななめから見たところ。中割り折りしたところ(濃い部分)を軽くつまむように持ってめくる
太線の山折り線をしっかりつける
(濃い部分は工程16でめくったところ)
裏返す
18
ほんの少し引っぱる
19
濃い部分を慎重に1枚めくる
20
浮いたカド(◎印の谷折り目)を移動させる
細かい作業はつまようじをつかっても
模式図
22
2つのカドがかみ合った状態。工程19でめくった1枚をもどす
裏返す
23
折り目をのばす
折り目をのばす
この部分を指ではさんでしっかり折り目をつける
24
パーツ完成

Step2 組み合わせて玉にする

1

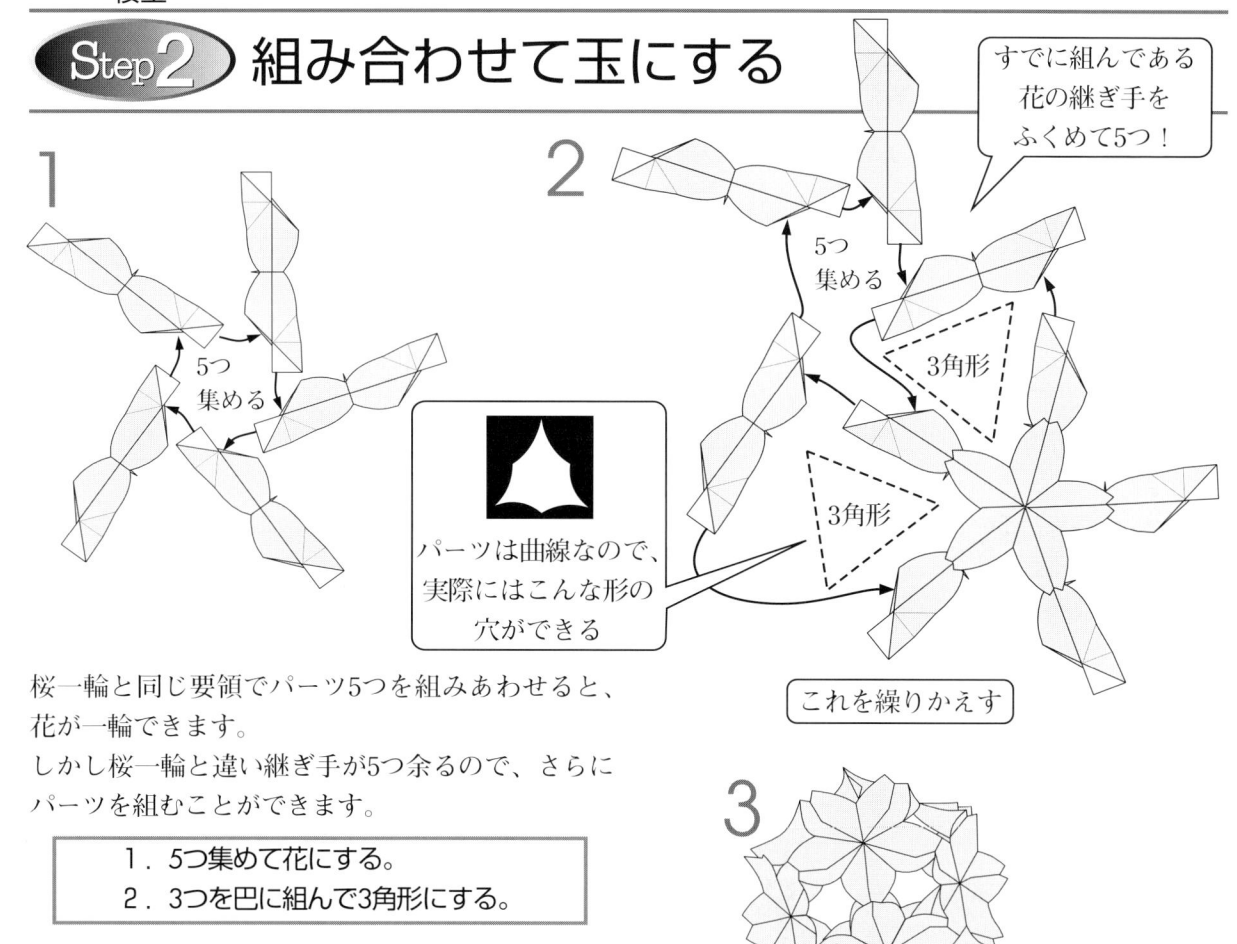

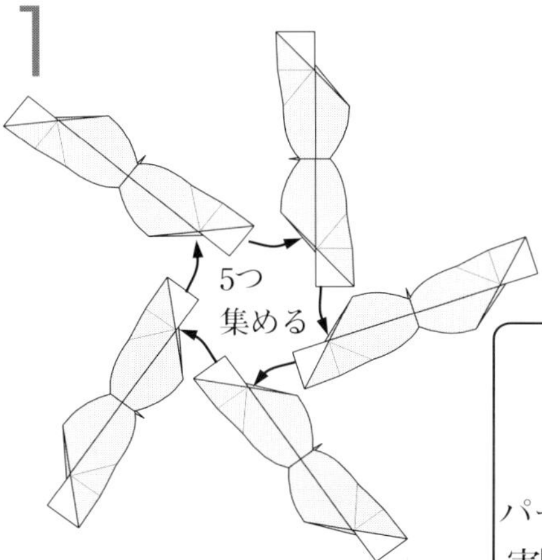
5つ
集める

2

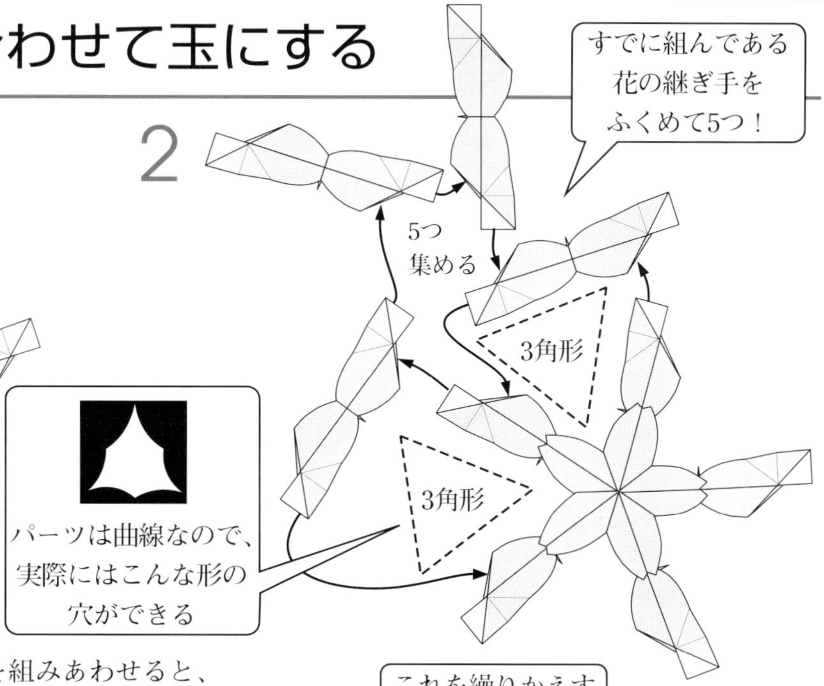
すでに組んである
花の継ぎ手を
ふくめて5つ！
5つ
集める
3角形
3角形
パーツは曲線なので、
実際にはこんな形の
穴ができる

これを繰りかえす

桜一輪と同じ要領でパーツ5つを組みあわせると、花が一輪できます。
しかし桜一輪と違い継ぎ手が5つ余るので、さらにパーツを組むことができます。

1．5つ集めて花にする。
2．3つを巴に組んで3角形にする。

の2点に注意しながらひたすらパーツ30個を組んでいくと勝手に球状の桜になります。

3

桜玉完成

参考●桜玉の用紙について

練習用紙で2分割したところを8分割すると実物大の桜になります。8分割が小さ過ぎて折れない場合は、右の6分割を試してください。

カラー口絵4～5ページ、樹上に咲く八重桜は、5:6の比の長方形で折ります。桜玉工程2(87ページ参照)で4等分に折っていたところを、用紙が縦に2倍になったのに合わせて8等分に折ります。花びらの切れ込みの処理は、ひだが倍になったぶん難しくなりますが基本的な折りは同じです。

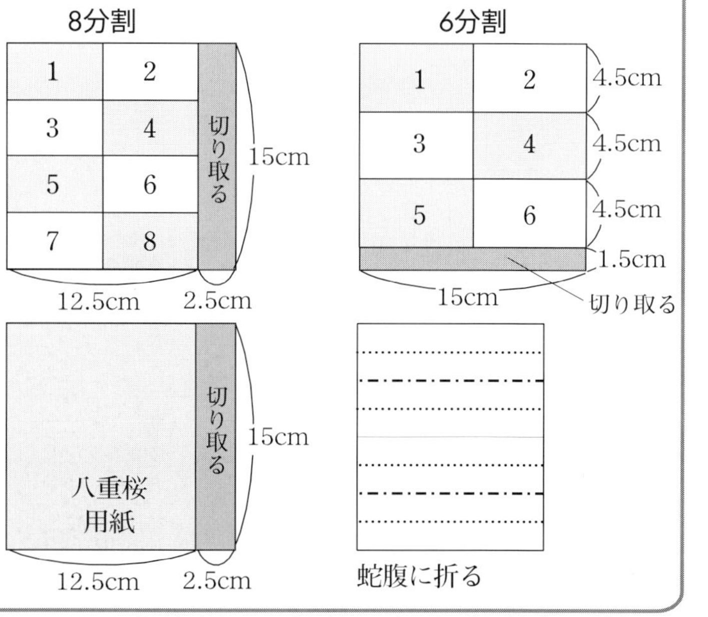
8分割
1
2
3
4
5
6
7
8
切り取る
15cm
12.5cm
2.5cm
6分割
1
2
3
4
5
6
4.5cm
4.5cm
4.5cm
1.5cm
15cm
切り取る
八重桜
用紙
切り取る
15cm
12.5cm
2.5cm
蛇腹に折る

応用 おたくさ

シーボルトは幕末の長崎で活躍したドイツ人医師です。彼は数多くの日本植物をヨーロッパに紹介していますが、中でもアジサイはお気に入りで、妻「たき」の名前をとって学名「おたくさ」と名づけたほどです。
本作品は桜と同じパーツを90枚組んだもので、5弁と6弁の花の集合体になっています。アジサイは4弁なので、全く別物であるにもかかわらず全体の印象はアジサイです。

難易度
★★★☆☆

練習用紙　7.5cm×12.5cm90枚
口絵作品用紙　3cm×4cm
桜玉(89ページ)参照

1

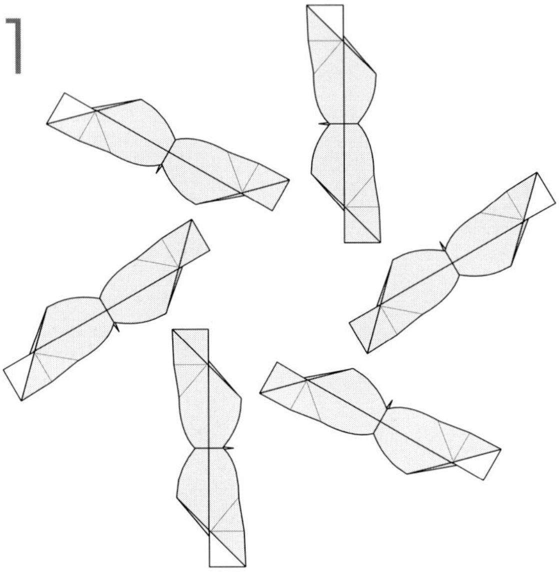

2

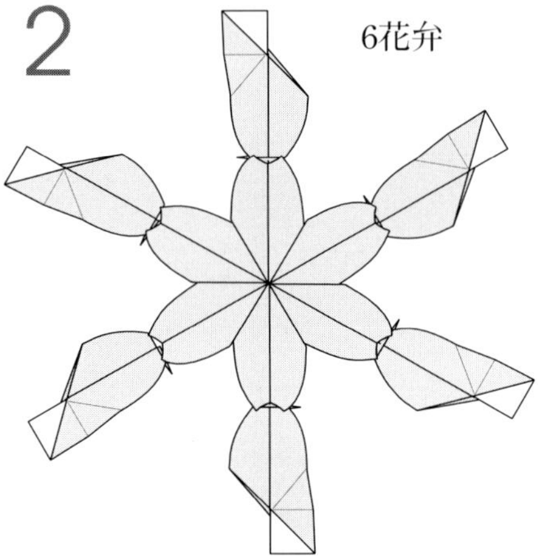

3

5花弁同士が直接くっつかないように間に6花弁をはさみます

桜玉について

※図の暗い面は玉の裏側

(A)

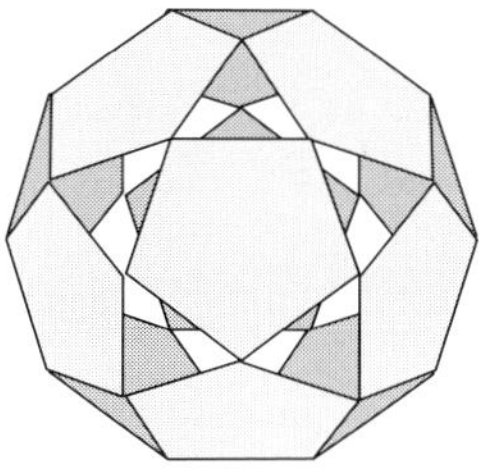

(B)

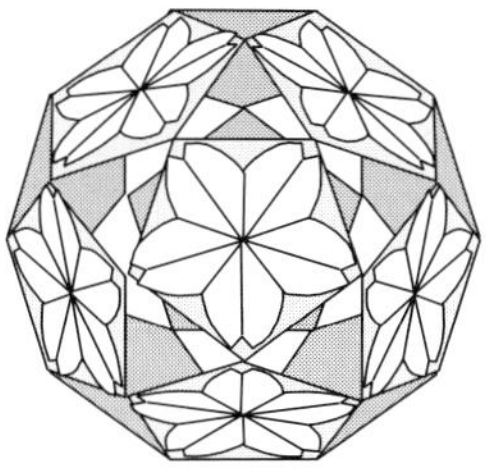

(C)

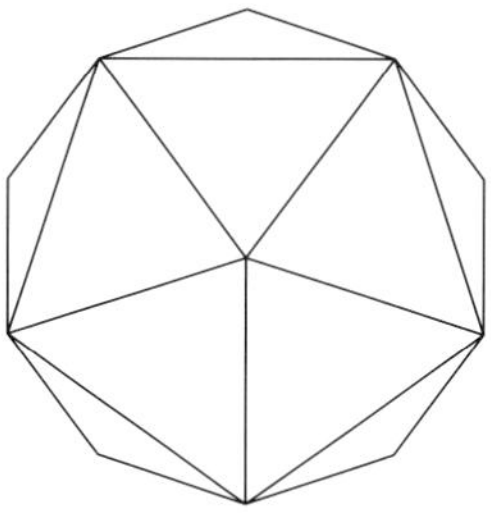

(D)

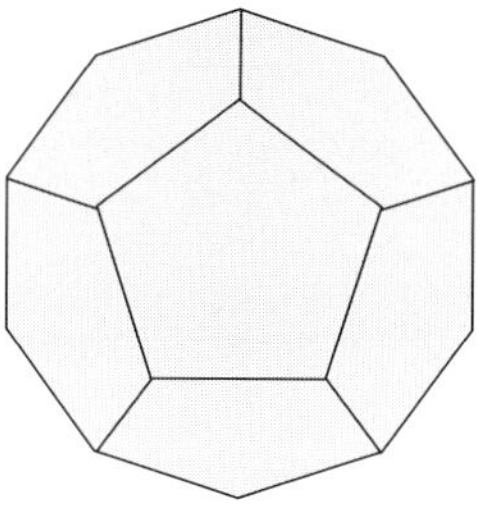

桜玉はAのような構造になっています。正5角形は桜の花一輪に対応します(B)。パーツを1本の線分で表わすと、20枚の正3角形からなる正20面体(C)になります。Aの3角形の穴をふさぐように正5角形の面をひろげると12枚の正5角形からなる正12面体(D)が現れます。桜玉をつくることで、難しい立体である正20面体や正12面体の構造が自然に理解できます。

ユニット折り紙で球状(12面体)の桜をつくるというアイディアを最初に思いついたのは川村みゆきさんです。川村さんの桜は、本書の桜玉と違っておだやかです。折図は折紙探偵団折り図集Vol.4(日本折紙学会 03-5684-6080)や日本折紙協会(03-3262-4764)の月刊「おりがみ」308号に掲載されています。

おたくさについて

(E)

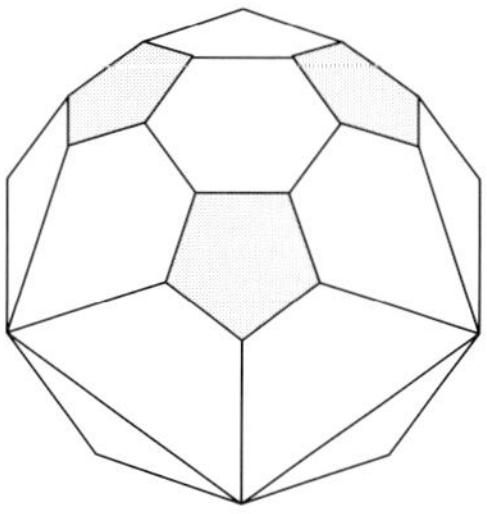

(F)

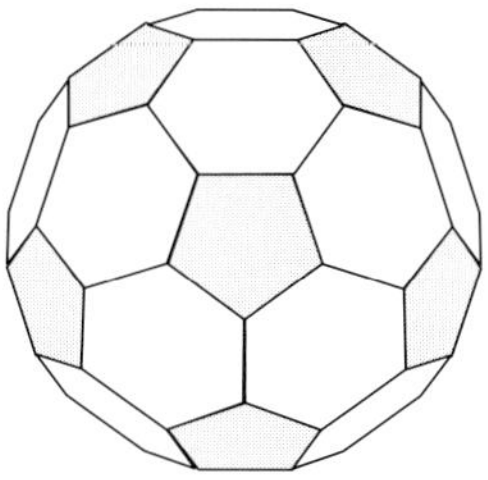

(G)

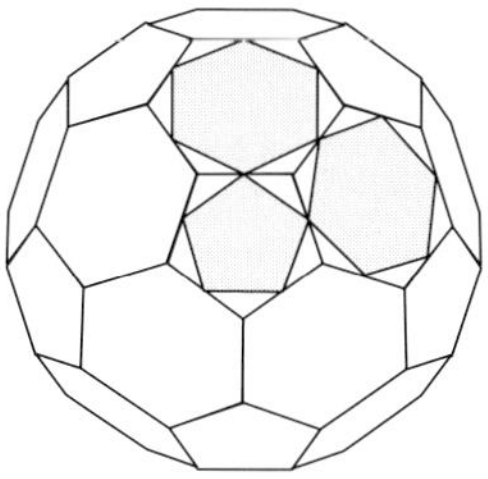

(H)

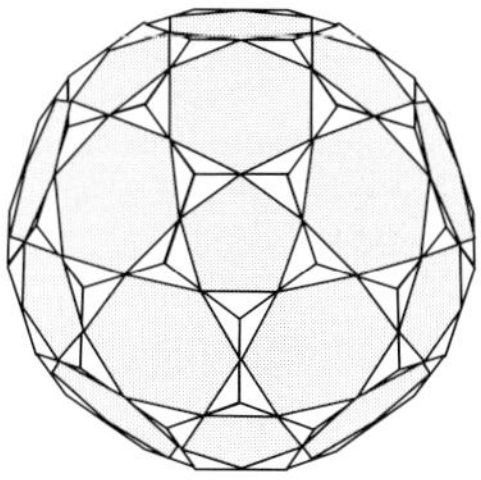

正20面体(C)のカドを削ると、正5角形が現れます。Eは3ヶ所削ったところです。12個のカドすべてを削ると正5角形と正6角形からなるサッカーボール(F)になります。

さらに、Gのように各面の中に一回り小さい正5角形と正6角形を描くとHになります。この正5角形を5弁、正6角形を6弁の花にするとおたくさ(I)になります。

(I) おたくさ

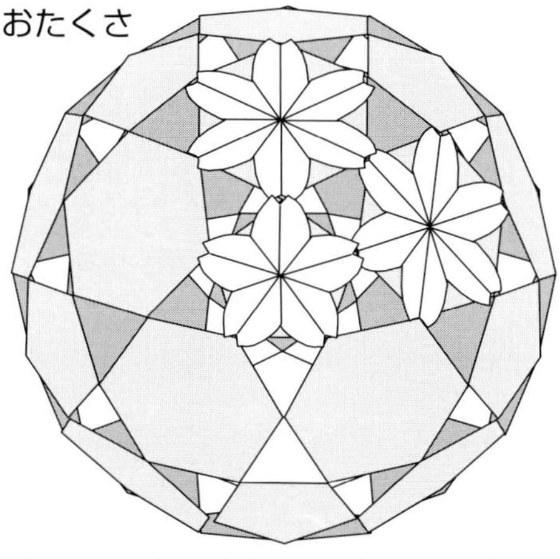

(J) 桜玉

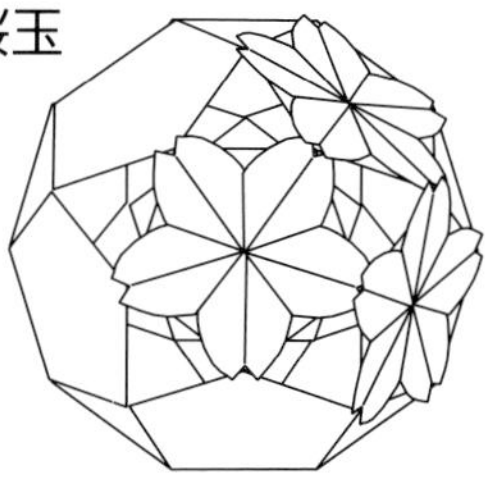

おたくさ(I)、桜(J)ともに、構造がわかるように、花を3つしか描いていません。また大きさを比較するために(I)は桜と同じスケールで描いています。

枯葉

難易度 ★☆☆☆☆

紙サイズ
練習用紙　15cm

折り目が葉脈になります。
きっちり折ってきれいな筋目をつけましょう。

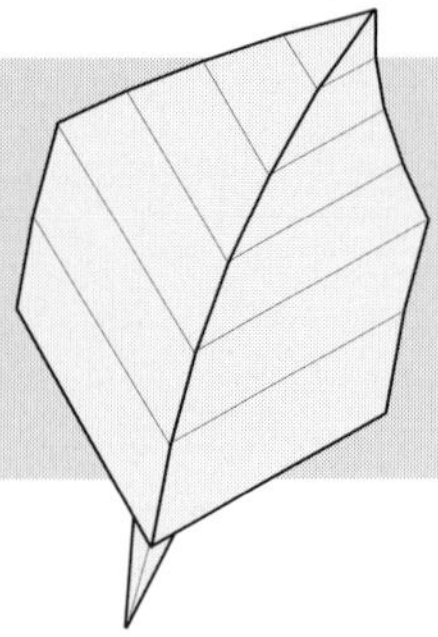

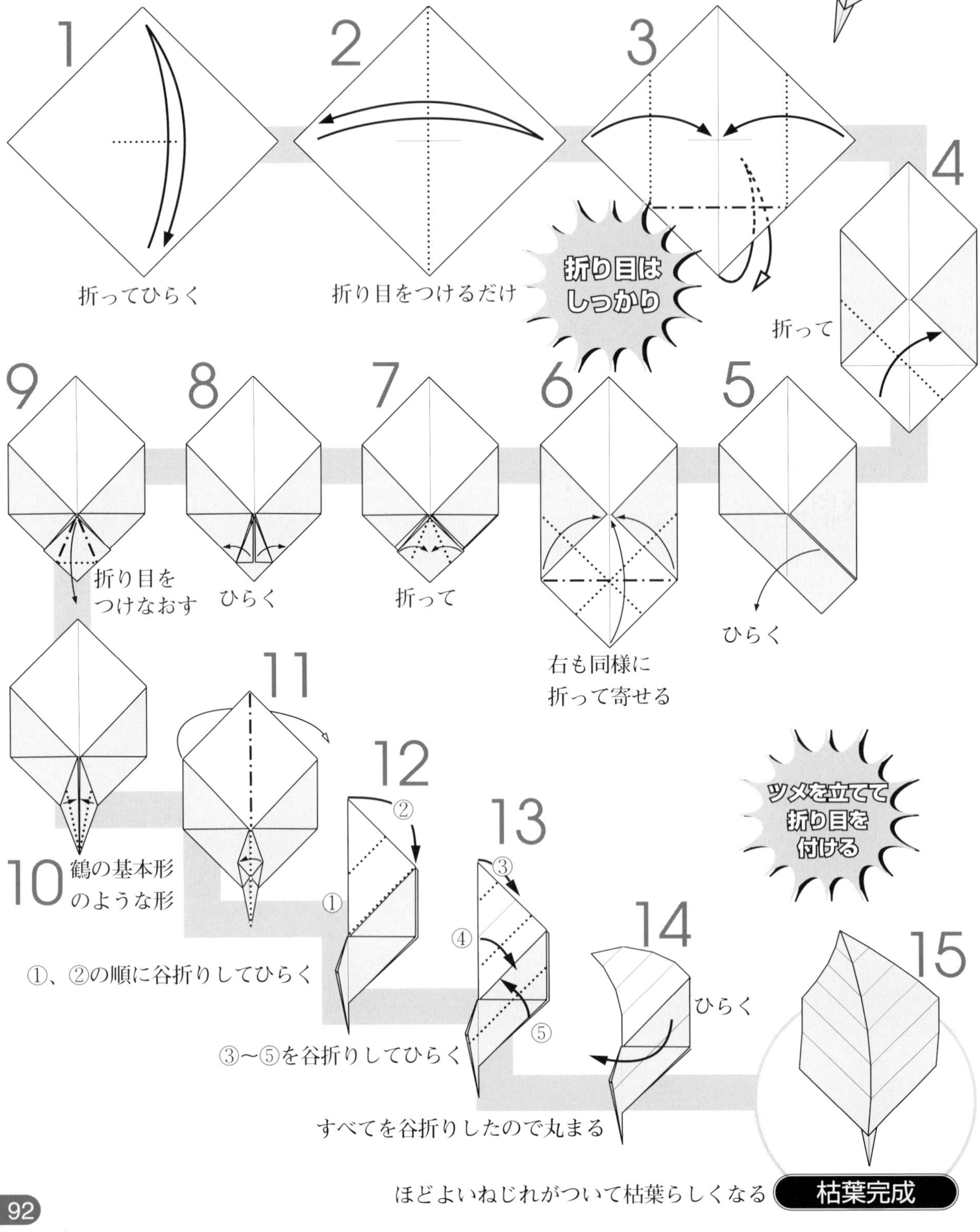

1
折ってひらく
2
折り目をつけるだけ
3
折り目はしっかり
4
折って
5
ひらく
6
右も同様に
折って寄せる
7
折って
8
ひらく
9
折り目を
つけなおす
10
鶴の基本形
のような形
11
12
①
②
①、②の順に谷折りしてひらく
13
③
④
⑤
③～⑤を谷折りしてひらく
14
ひらく
すべてを谷折りしたので丸まる
ツメを立てて
折り目を
付ける
15
ほどよいねじれがついて枯葉らしくなる
枯葉完成

「海・浅瀬と深海」の折り方

口絵6～7ページ

ヤリイカ

2枚組です。イカの色は白や茶色と思われていますが、活きたイカは透明で色素細胞が激しく変化するので、口絵写真のような感じです。この質感をだすためにショウワグリムのレーザーカラーおりがみ(リング)で折りました。また、コウイカ(112ページ参照)同様、厚紙を湿らせて折ってもいいでしょう。

紙サイズ
練習用紙　20cm以上
箸置き用紙　7～8cm
湿り折り用紙　厚紙（レザック）
色画用紙は駄目
同サイズの紙を2枚使用

難易度
★★★★★

Step1 イカの胴体を折る

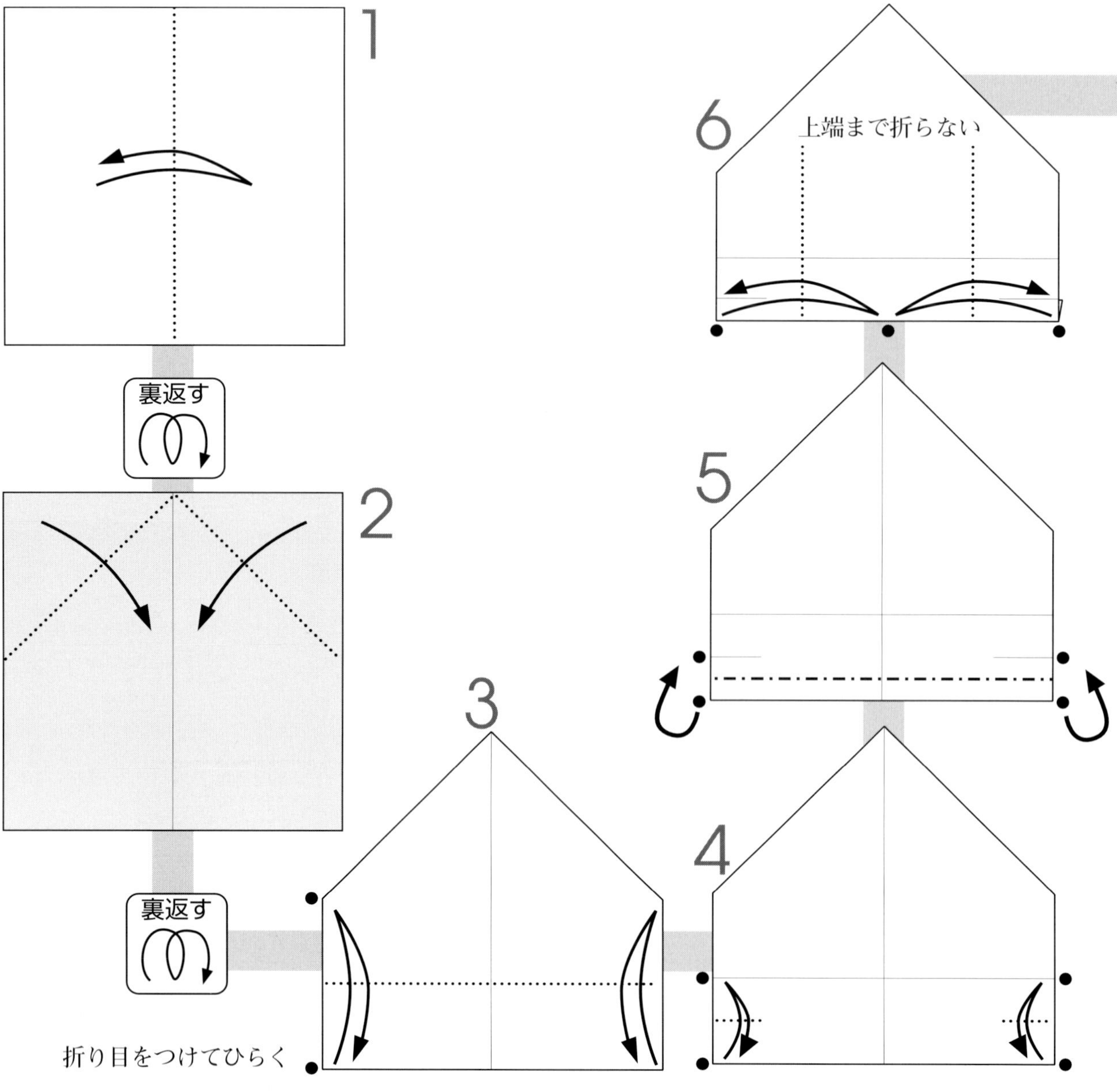

1
裏返す
2
裏返す
折り目をつけてひらく
3
4
5
6
上端まで折らない

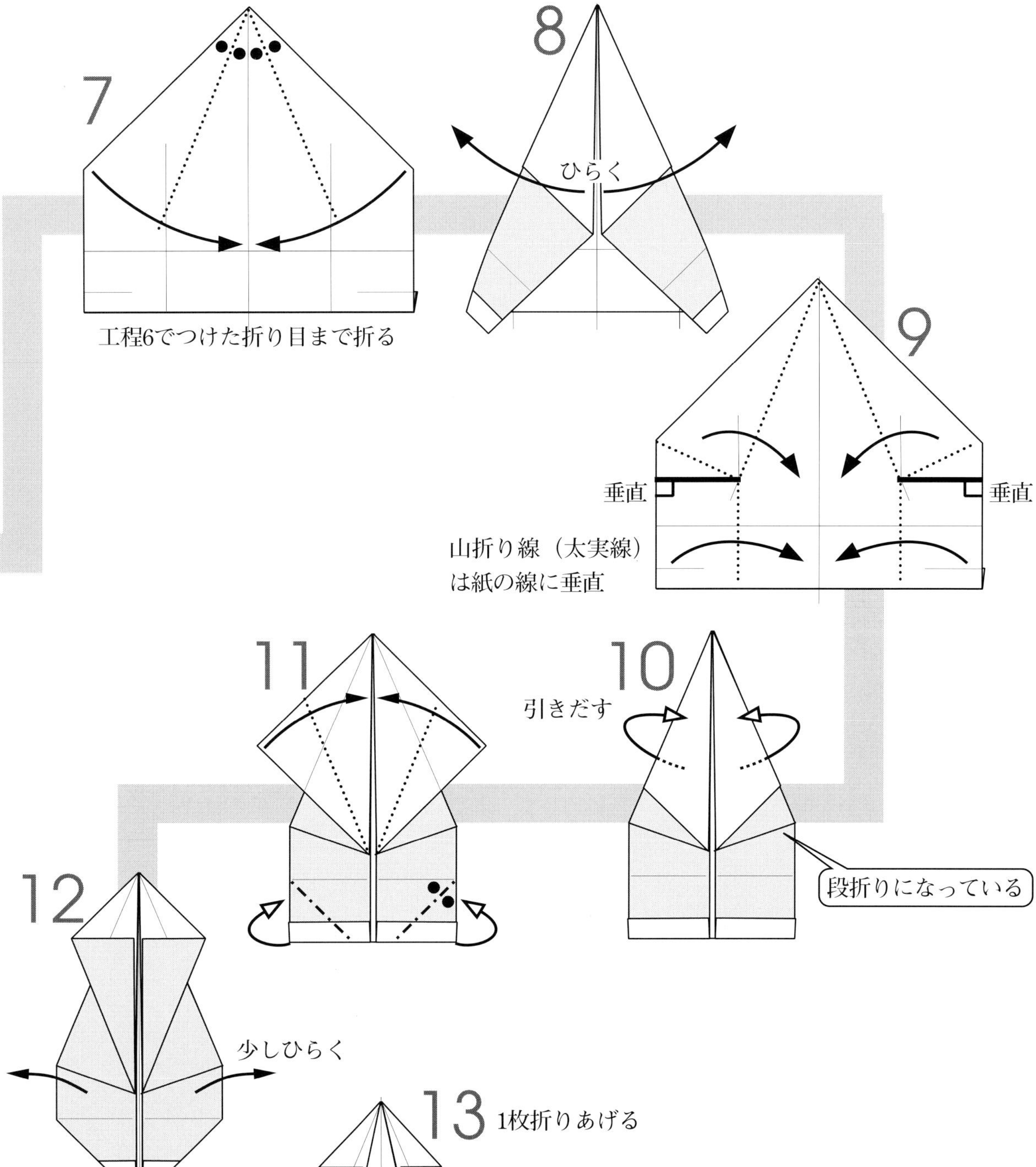
7
工程6でつけた折り目まで折る
8
ひらく
9
垂直
垂直
山折り線（太実線）
は紙の線に垂直
10
引きだす
段折りになっている
11
12
少しひらく

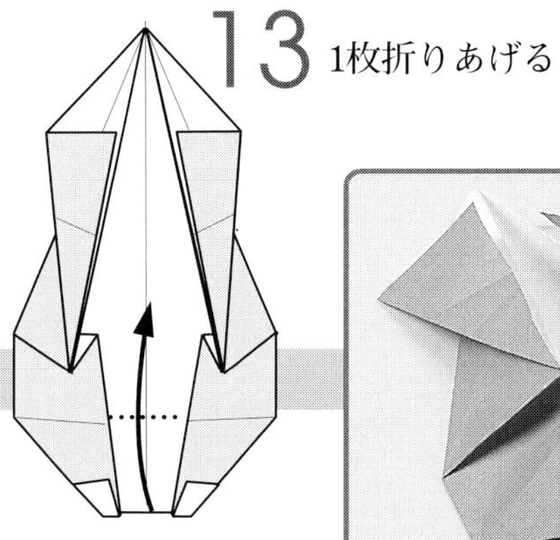
13
1枚折りあげる

下の1枚を中に折りあげる

次ページへ

14

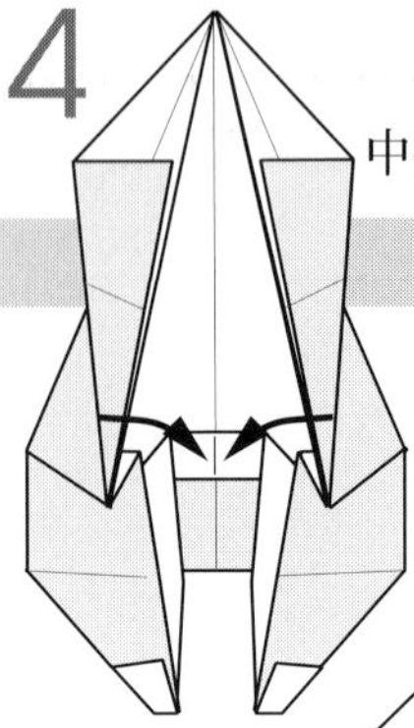

中央のすき間を閉じる

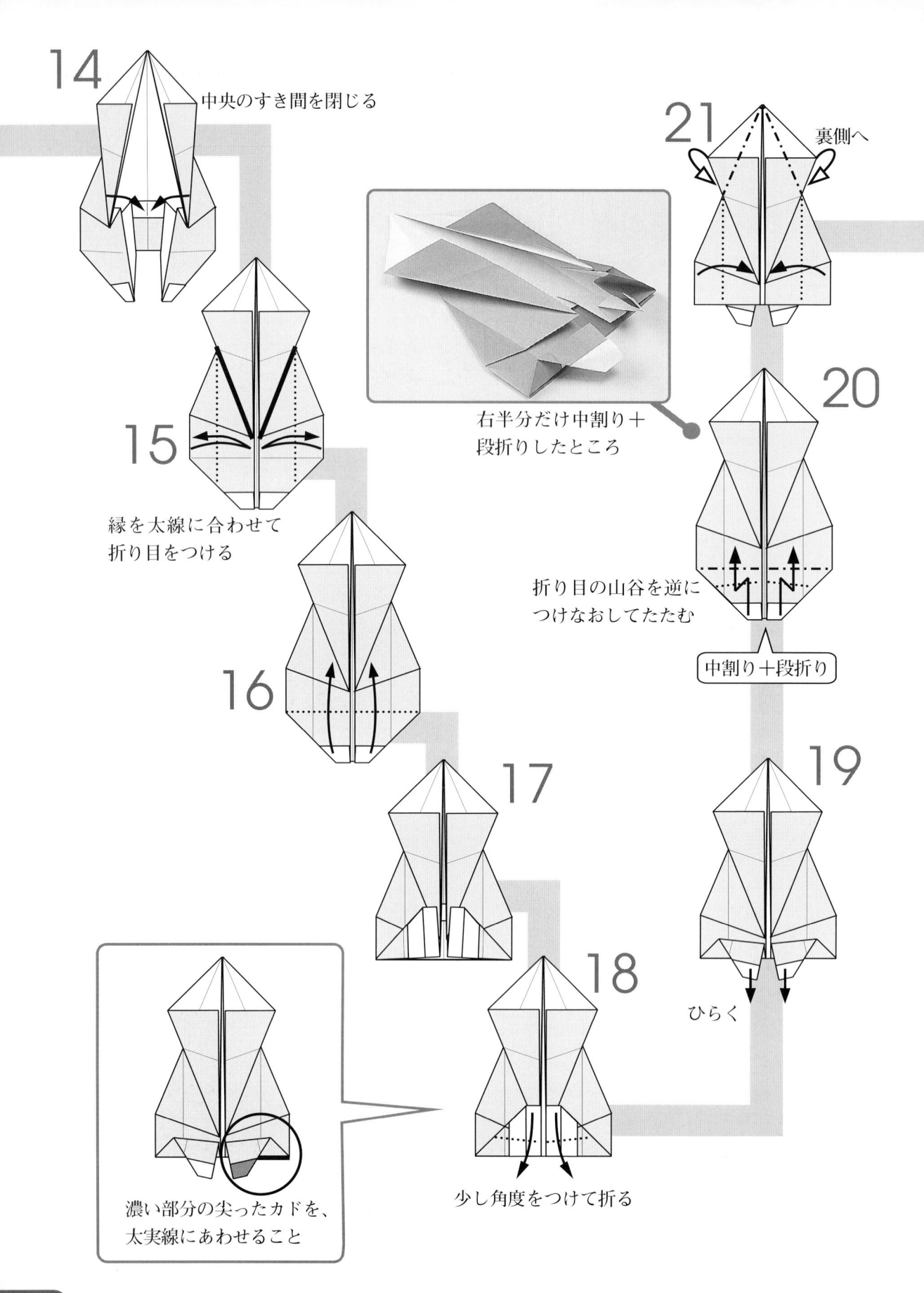

15

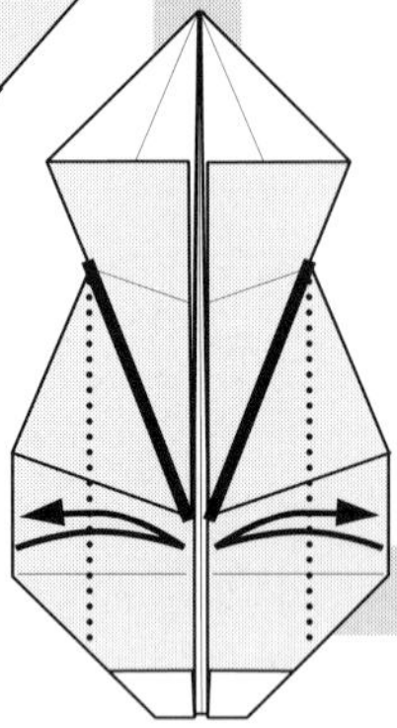

縁を太線に合わせて
折り目をつける

16

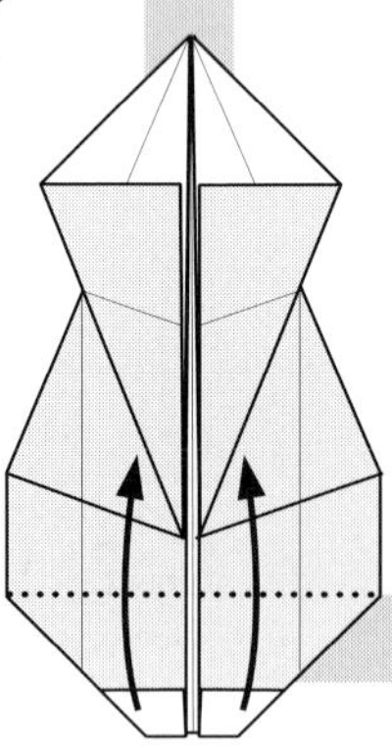

17

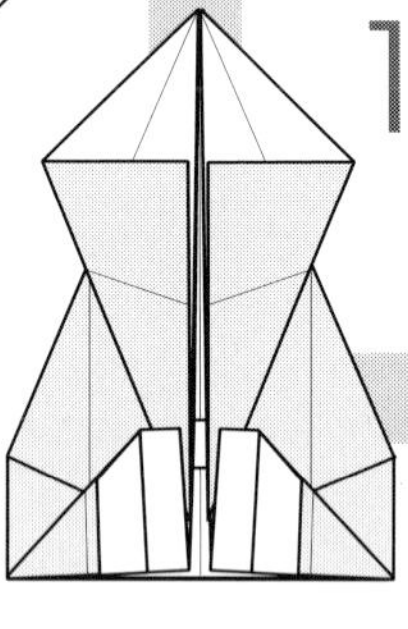

18

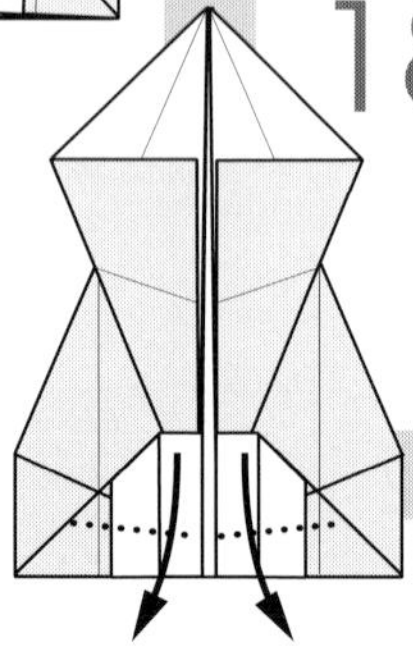

少し角度をつけて折る

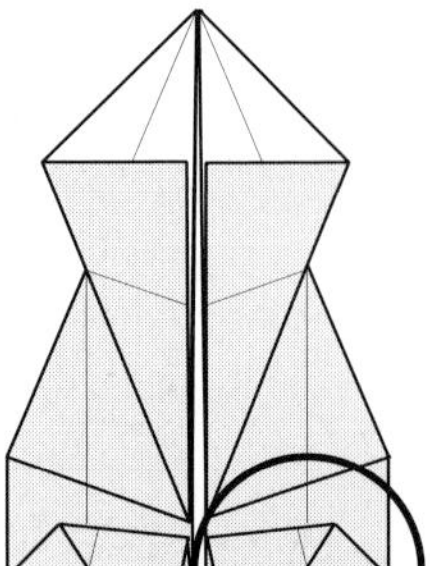

濃い部分の尖ったカドを、
太実線にあわせること

19

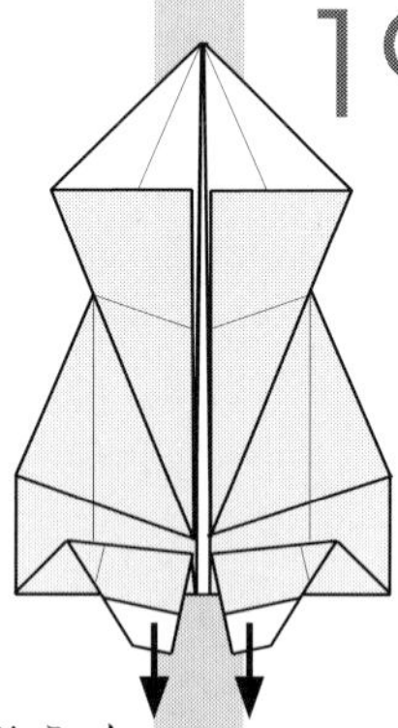

ひらく

20

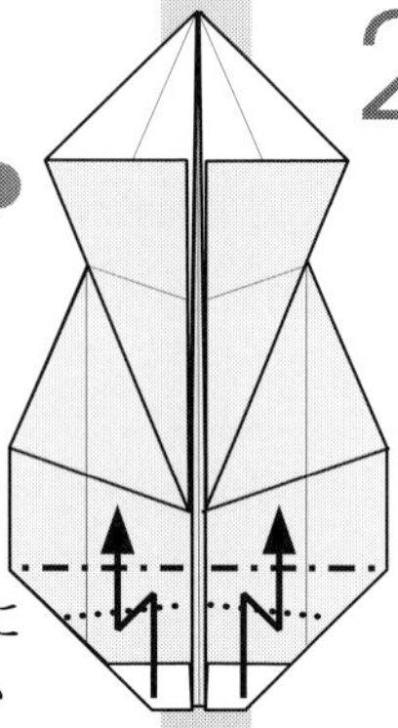

折り目の山谷を逆に
つけなおしてたたむ

中割り＋段折り

右半分だけ中割り＋
段折りしたところ

21

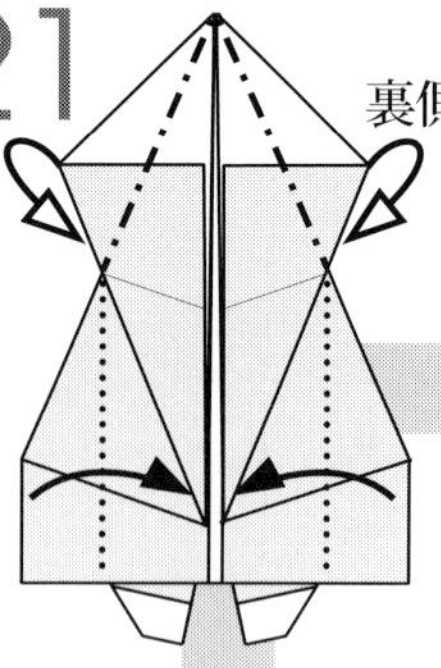

裏側へ

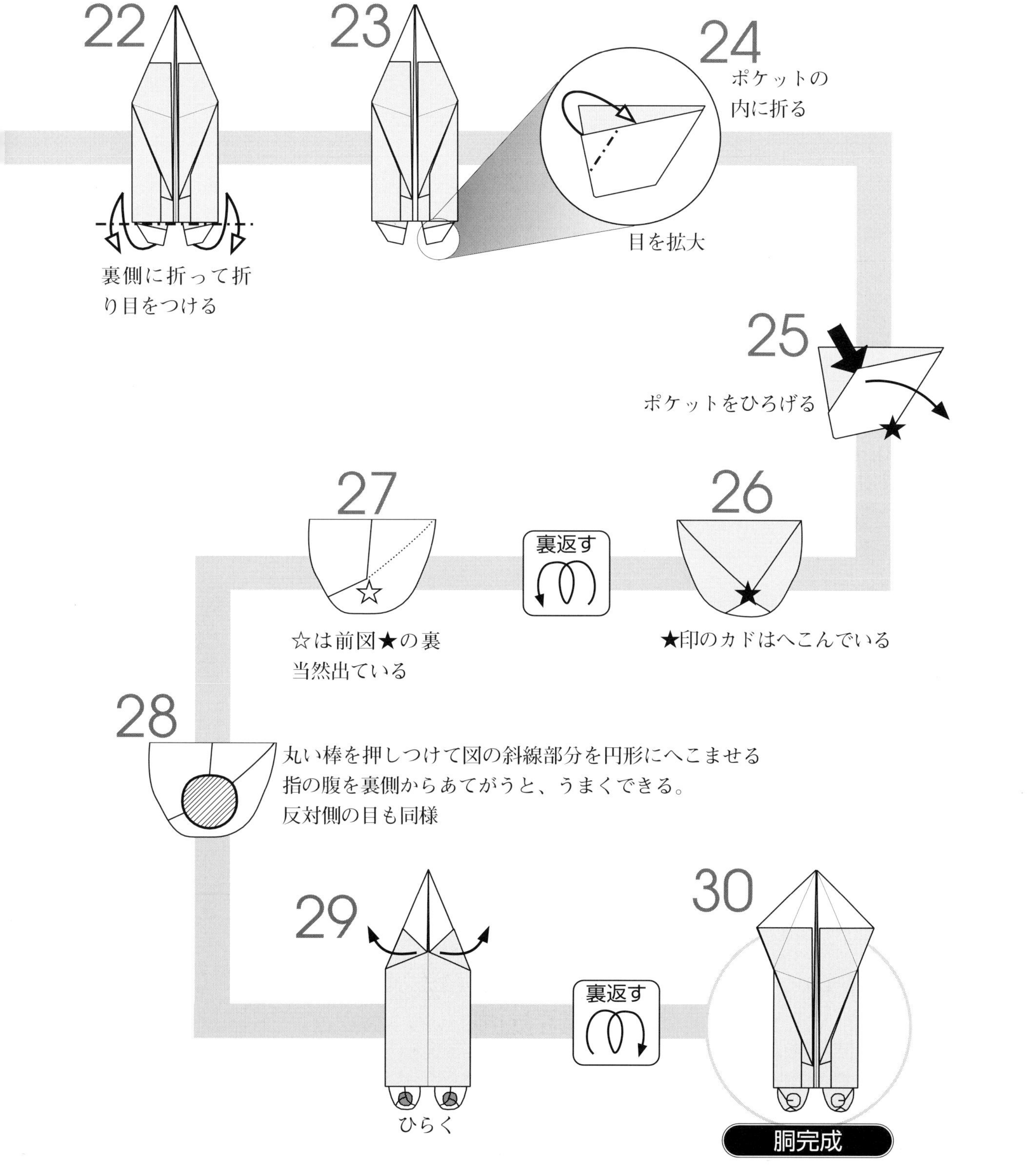
22
裏側に折って折り目をつける
23
24
ポケットの内に折る
目を拡大
25
ポケットをひろげる
26
★印のカドはへこんでいる
裏返す
27
☆は前図★の裏当然出ている
28
丸い棒を押しつけて図の斜線部分を円形にへこませる
指の腹を裏側からあてがうと、うまくできる。
反対側の目も同様
29
ひらく
裏返す
30
胴完成

Step2 イカの足を折る

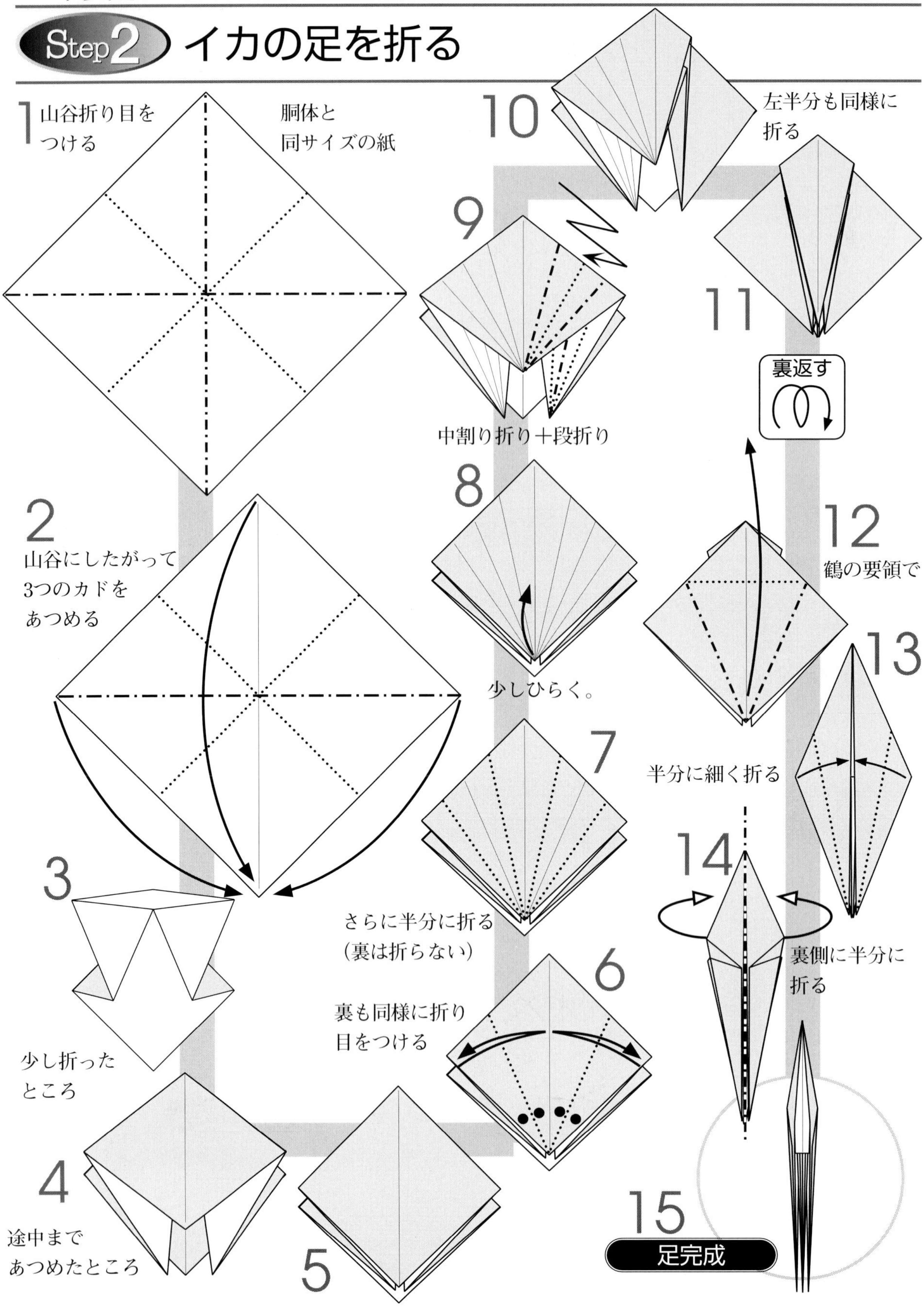
1
山谷折り目をつける
胴体と同サイズの紙
2
山谷にしたがって3つのカドをあつめる
3
少し折ったところ
4
途中まであつめたところ
5
6
裏も同様に折り目をつける
7
さらに半分に折る（裏は折らない）
8
少しひらく。
9
中割り折り＋段折り
10
左半分も同様に折る
11
裏返す
12
鶴の要領で
13
半分に細く折る
14
裏側に半分に折る
15
足完成

Step3 胴と足を組み合わせる

97ページ工程30から続く

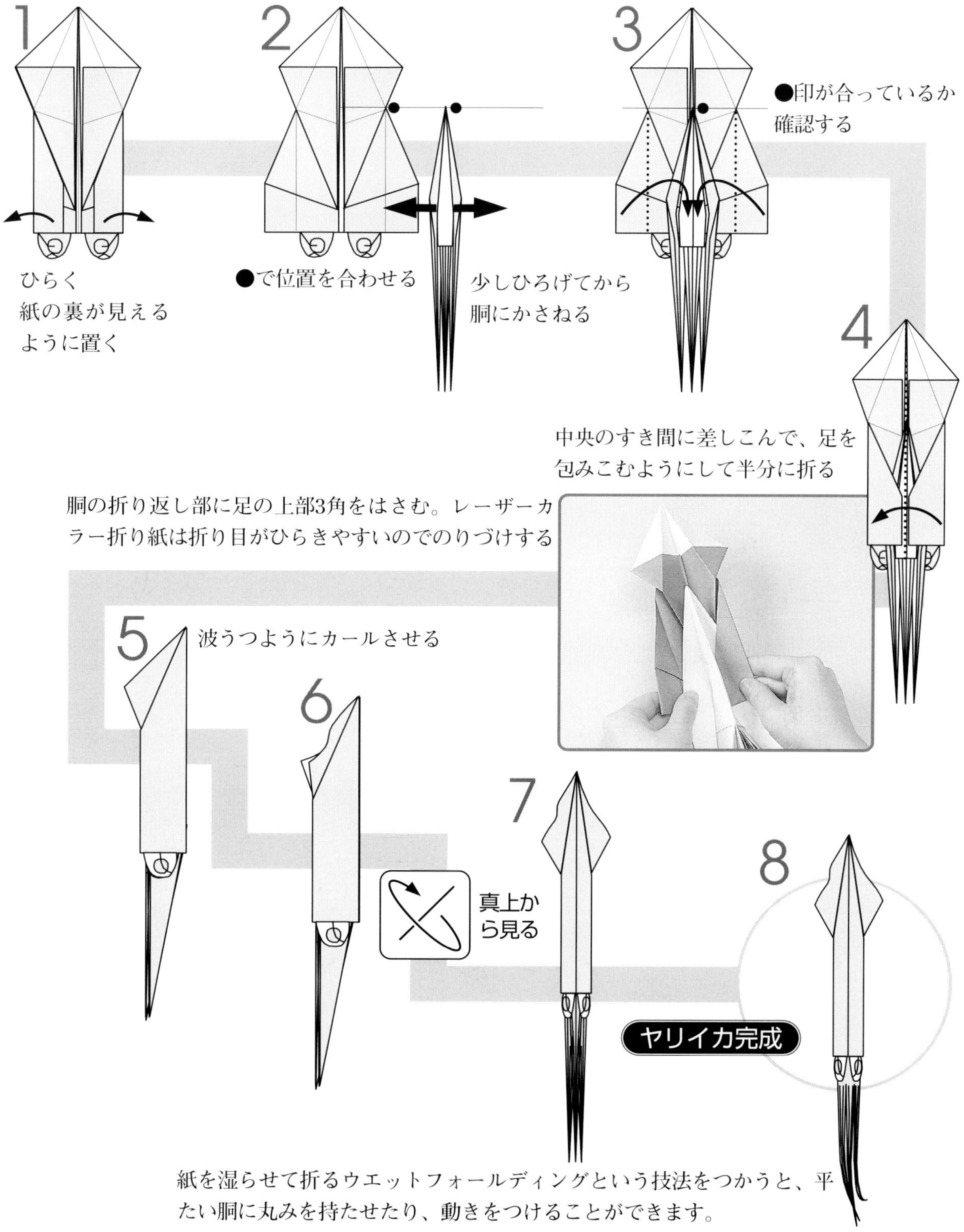
1
ひらく
紙の裏が見える
ように置く
2
●で位置を合わせる
少しひろげてから
胴にかさねる
3
●印が合っているか
確認する
4
中央のすき間に差しこんで、足を
包みこむようにして半分に折る
胴の折り返し部に足の上部3角をはさむ。レーザーカラー折り紙は折り目がひらきやすいのでのりづけする
5
波うつようにカールさせる
6
真上から見る
7
8
ヤリイカ完成

紙を湿らせて折るウエットフォールディングという技法をつかうと、平たい胴に丸みを持たせたり、動きをつけることができます。

ゴンズイ

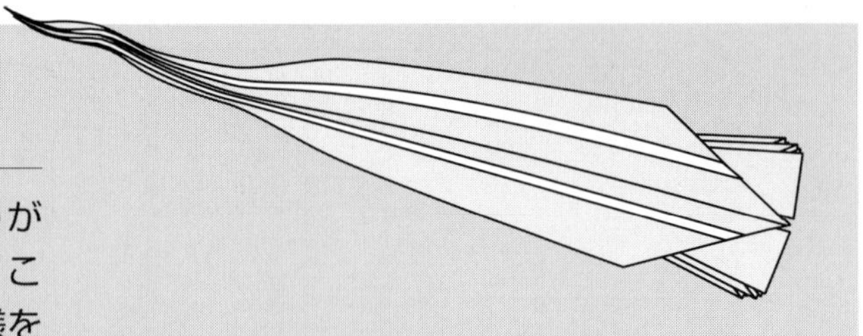

カドを正確に合わせて折っていっても、重なりが増すにつれて、ずれが目立つようになります。この作品はそのずれを利用したもので、しま模様をずれによって表現しました。口絵の作品は黒と黄緑の紙を2枚重ねて折ったものです。

難易度 ★★

練習用紙　15cm以上
口絵作品　普通の色紙（15cm）
　　　　　黒と黄緑2枚重ね

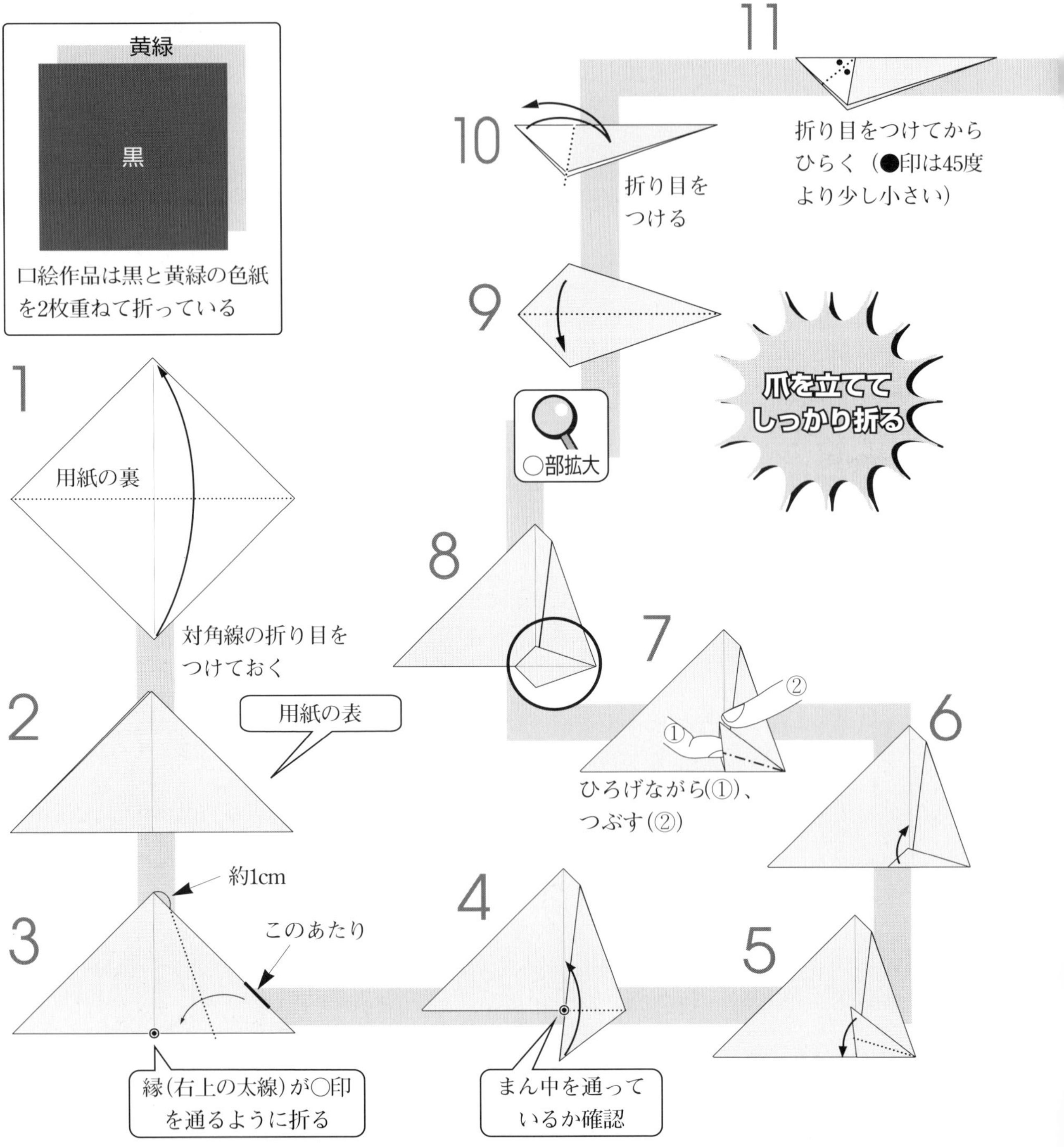

黄緑
黒
口絵作品は黒と黄緑の色紙を2枚重ねて折っている
1
用紙の裏
対角線の折り目をつけておく
2
用紙の表
3
約1cm
このあたり
縁(右上の太線)が○印を通るように折る
4
まん中を通っているか確認
5
6
7
①
②
ひろげながら(①)、つぶす(②)
8
○部拡大
9
爪を立ててしっかり折る
10
折り目をつける
11
折り目をつけてからひらく（●印は45度より少し小さい）

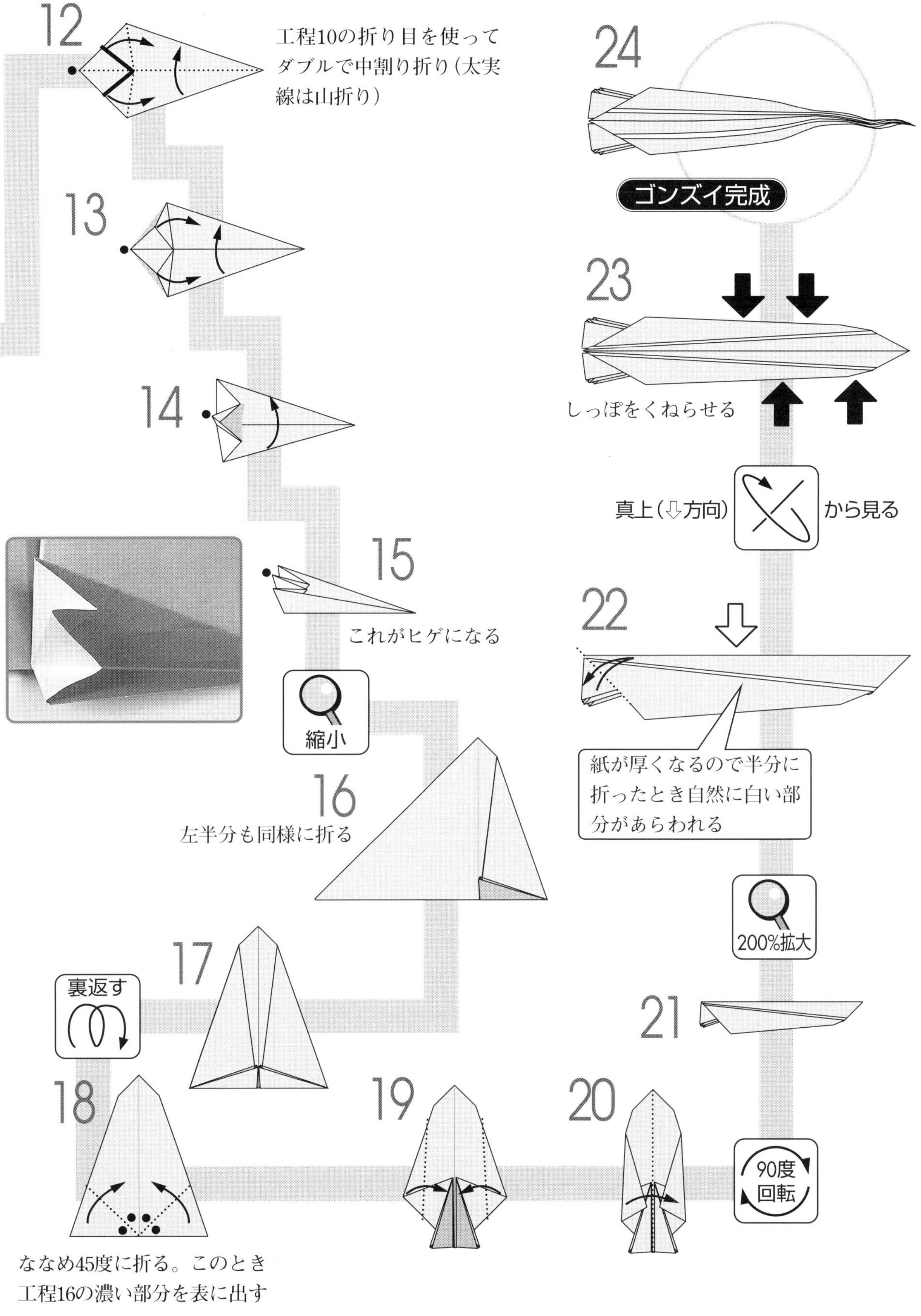
12
工程10の折り目を使って
ダブルで中割り折り（太実
線は山折り）
13
14
15
これがヒゲになる
縮小
16
左半分も同様に折る
17
裏返す
18
ななめ45度に折る。このとき
工程16の濃い部分を表に出す
19
20
90度
回転
21
200%拡大
22
紙が厚くなるので半分に
折ったとき自然に白い部
分があらわれる
真上（⇩方向）
から見る
23
しっぽをくねらせる
24
ゴンズイ完成

まき貝

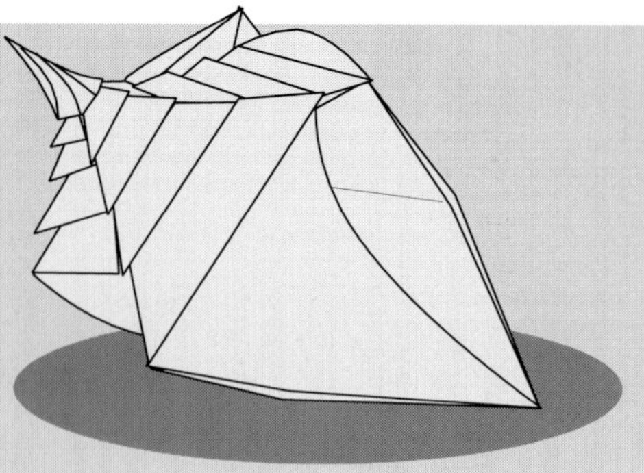

折り鶴を折るとき、途中にできるひし形を「鶴の基本形」といいます。鶴の基本形には4つのカドがありますが、これらをらせんに折りたたんでまき貝の「まき」を表現しました。
折り紙をはじめて30年。この間、たくさんの作品を考えだしてきましたが、このまき貝は桜玉と並んで筆者自身がもっとも「折り紙らしい」と感じているものです。

難易度 ★★★★☆

練習用紙　20cm以上
標準用紙

Step 1 鶴の基本形を折る

鶴の基本形の普通の折り方は、木(38ページ参照)で説明したので、ここでは正確かつ効率的な折り方を紹介します。

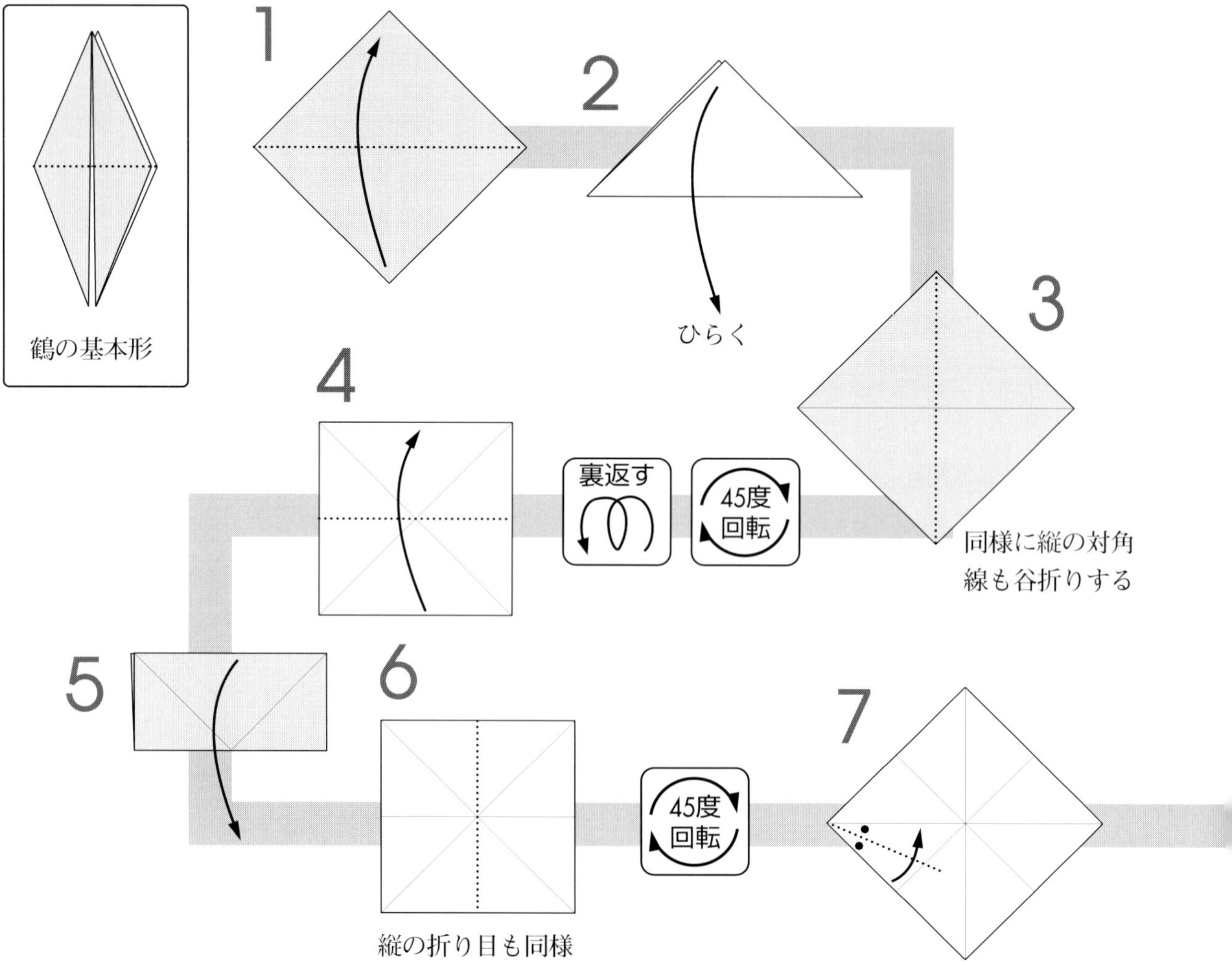

鶴の基本形
1
2
ひらく
3
同様に縦の対角線も谷折りする
4
裏返す
45度回転
5
6
縦の折り目も同様
45度回転
7

8

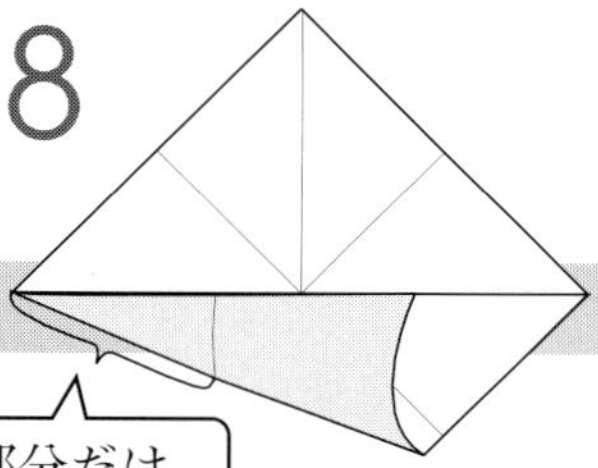

この部分だけ
折り目をつける

9

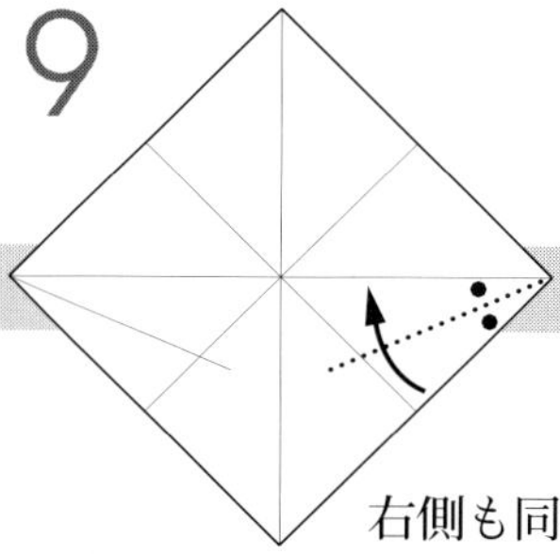

右側も同様

10

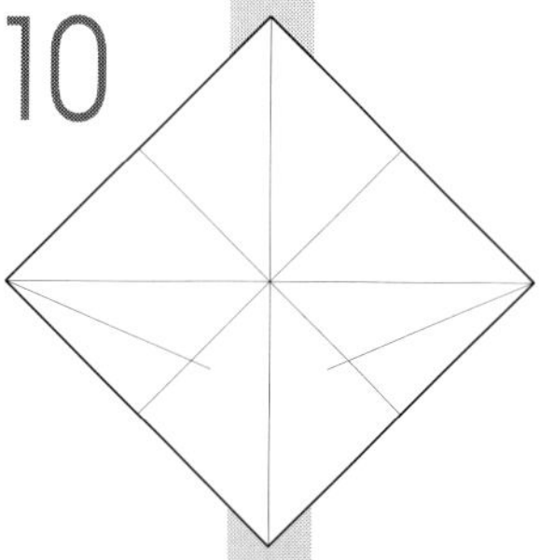

90度
回転

11

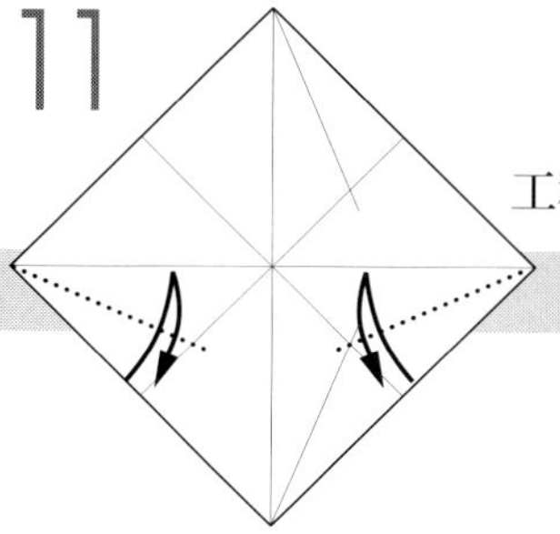

工程7〜10を3回繰りかえす

12

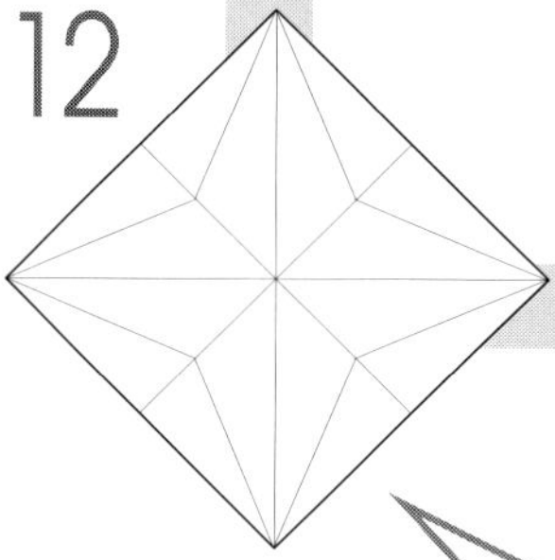

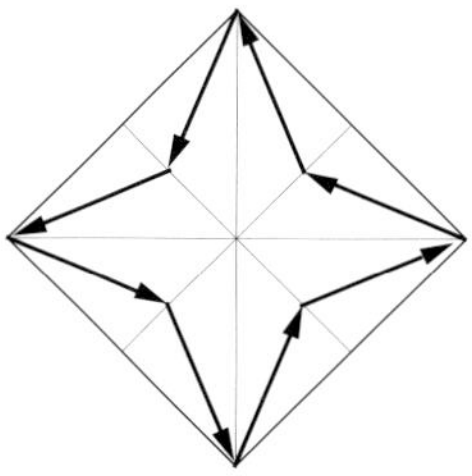

4角星の折り目が
もれなくついてい
るか、一筆書きで
確認

13

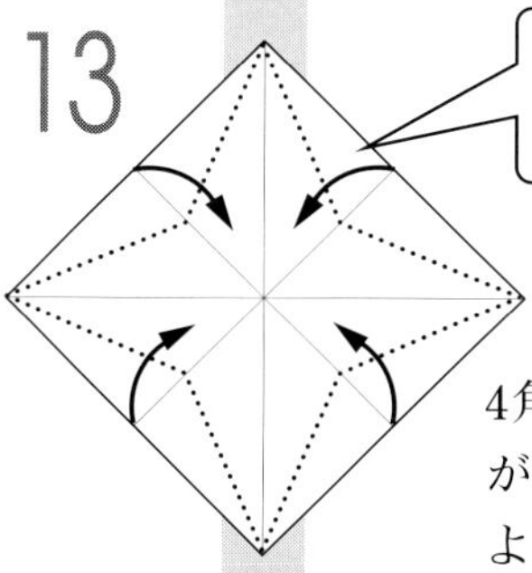

折り目にそってそろそろと
まとめる感じ

4角星を谷折りしな
がら、工程14、15の
ようにまとめる

14

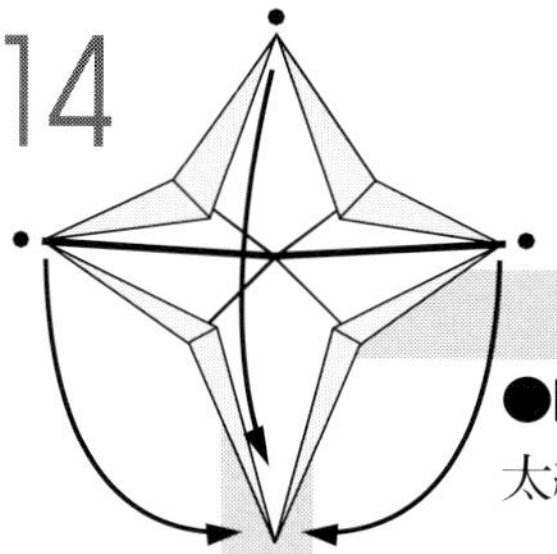

●印のカドを集める
太線は山折り

15

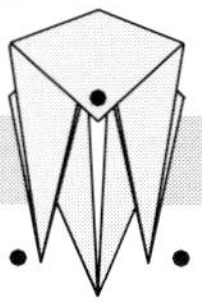

途中

16

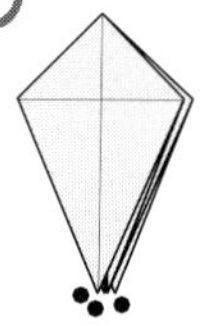

完成

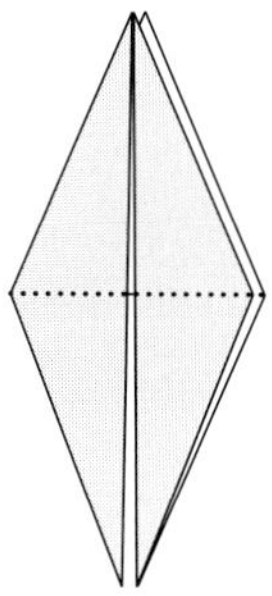

まき貝のための
工程は16で完了
ですが、カドを
上げると鶴の基
本形になります

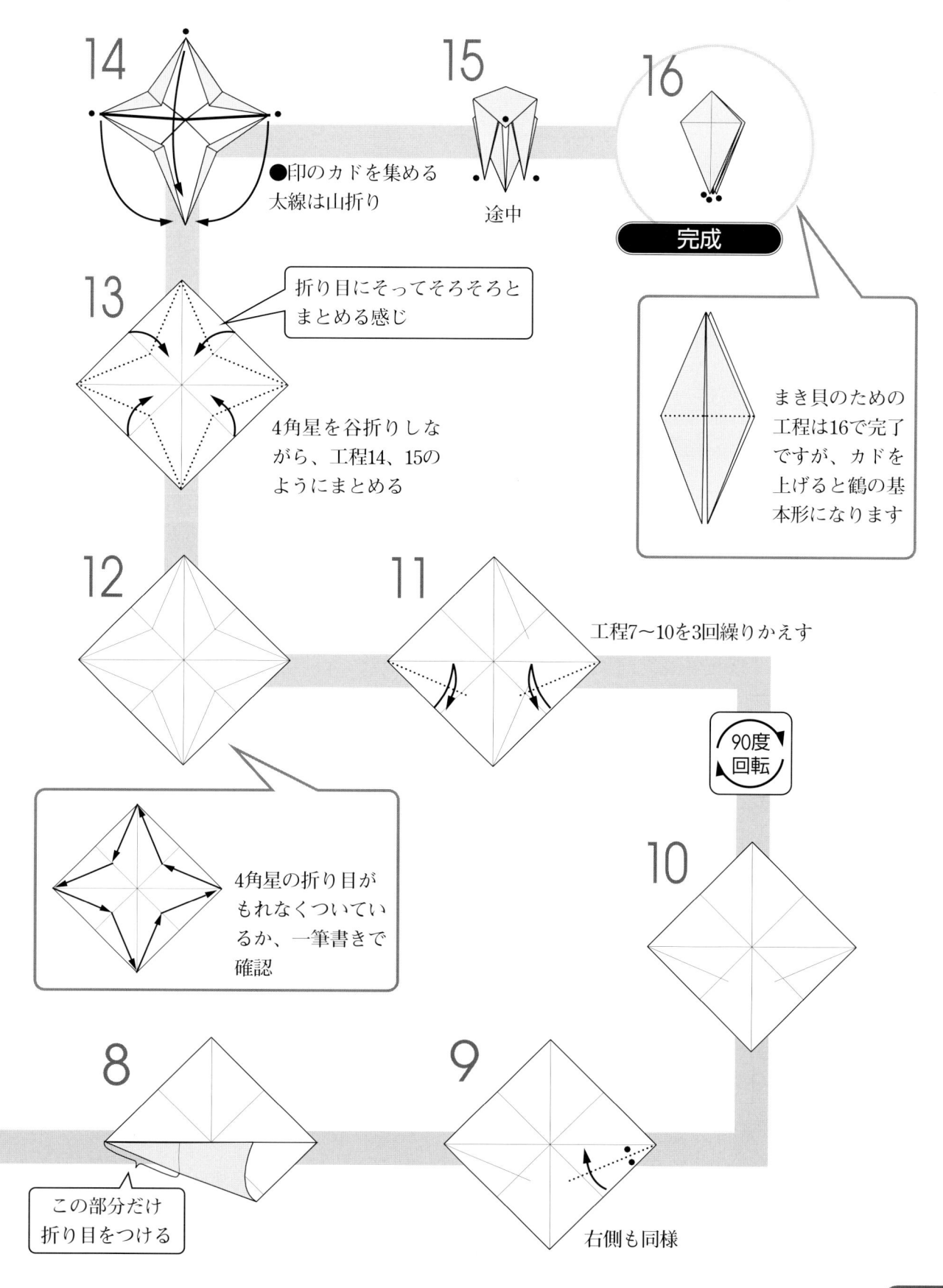

Step2 らせんを折ってまき貝にする

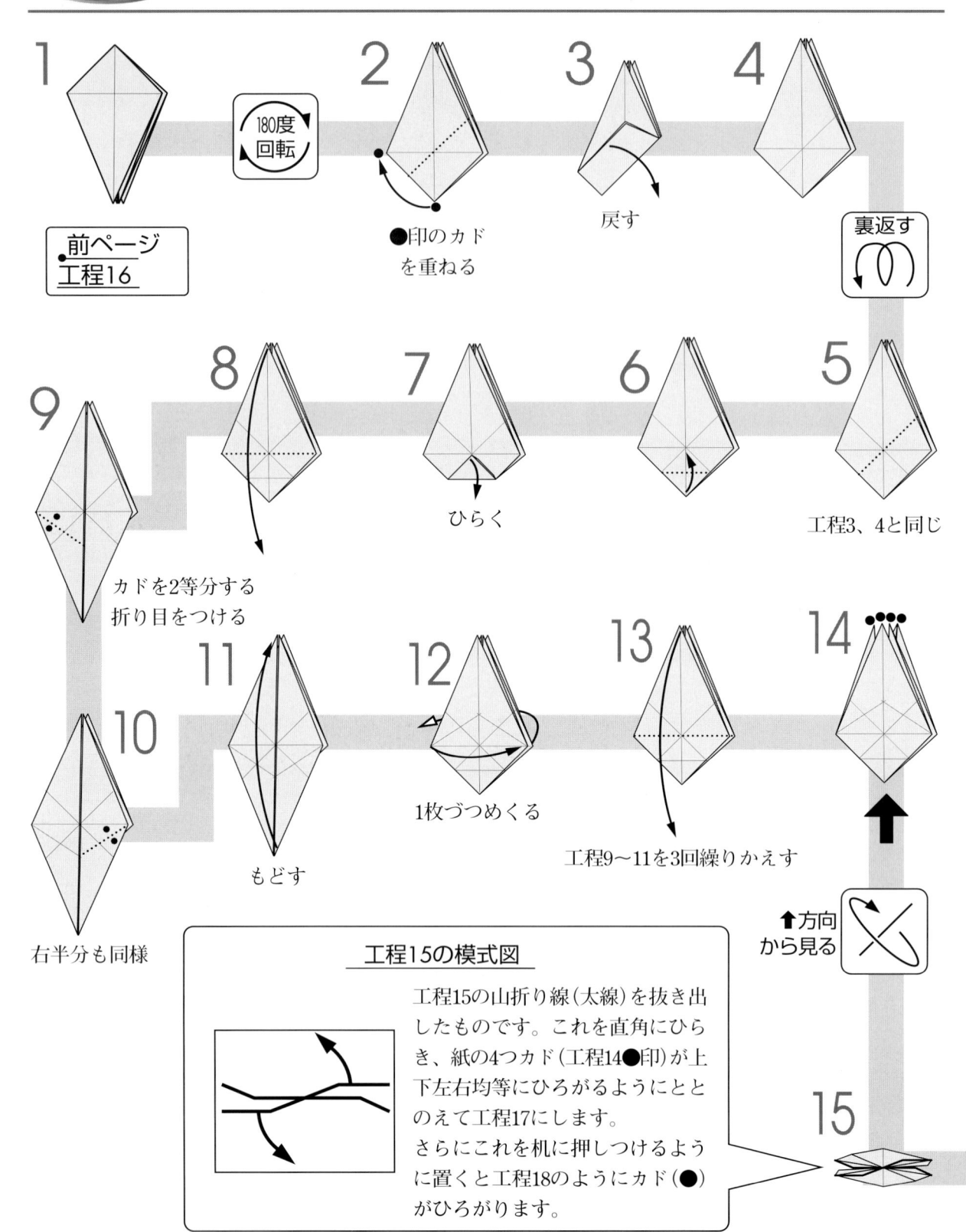

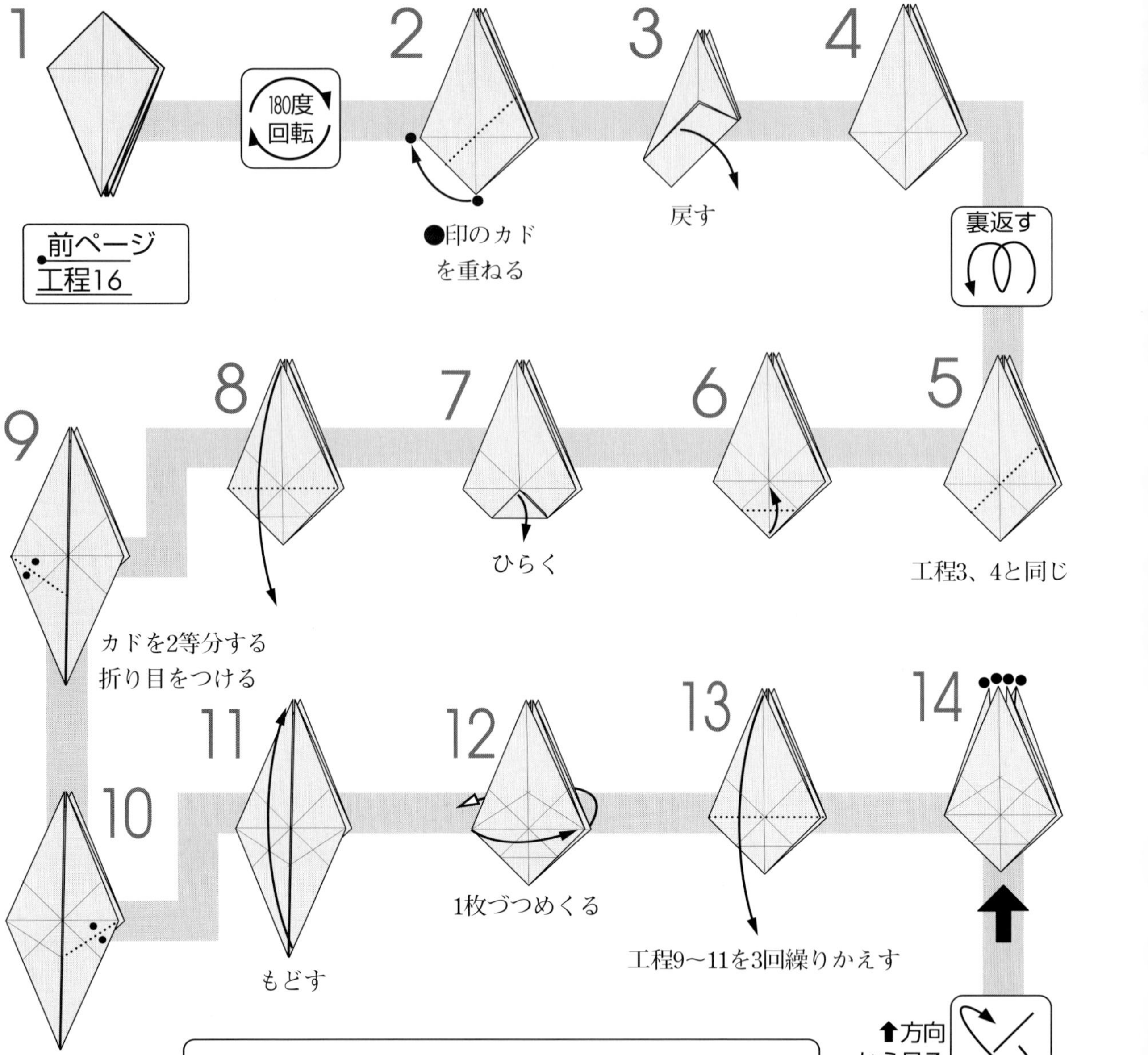
1
前ページ工程16
180度
回転
2
●印のカドを重ねる
3
戻す
4
裏返す
5
工程3、4と同じ
6
7
ひらく
8
9
カドを2等分する折り目をつける
10
右半分も同様
11
もどす
12
1枚づつめくる
13
工程9〜11を3回繰りかえす
14
⬆方向から見る

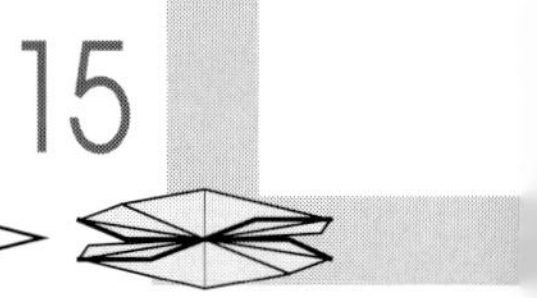
15

工程15の模式図

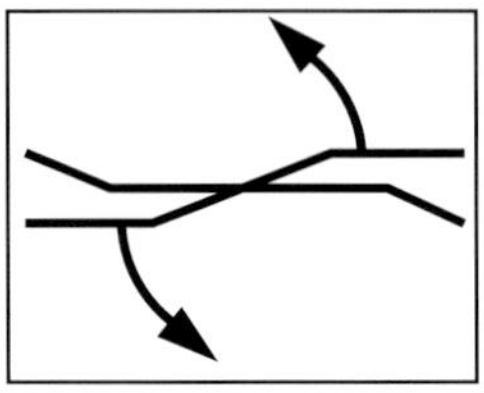

工程15の山折り線（太線）を抜き出したものです。これを直角にひらき、紙の4つカド（工程14●印）が上下左右均等にひろがるようにととのえて工程17にします。
さらにこれを机に押しつけるように置くと工程18のようにカド（●）がひろがります。

16

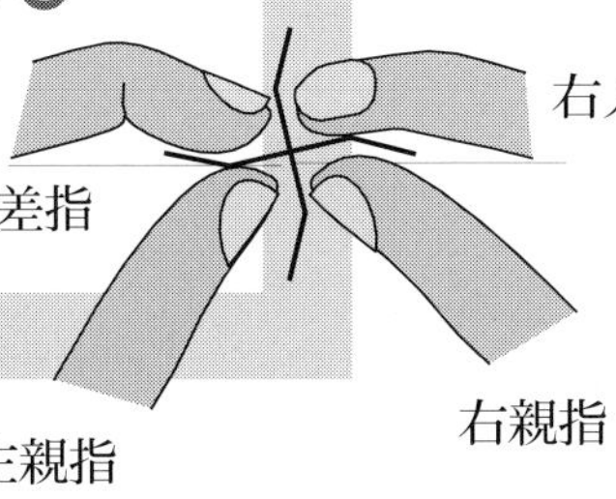
右人差指
左人差指
左親指
右親指

17

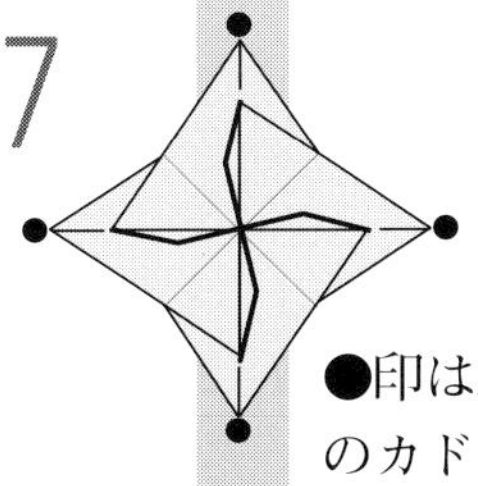

●印は工程14
のカド

18

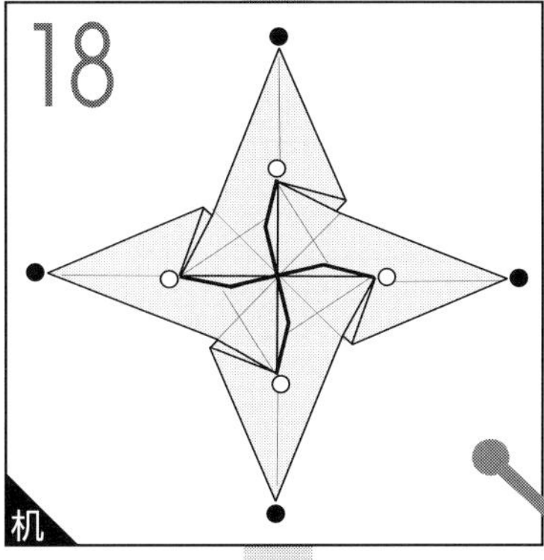
机

19

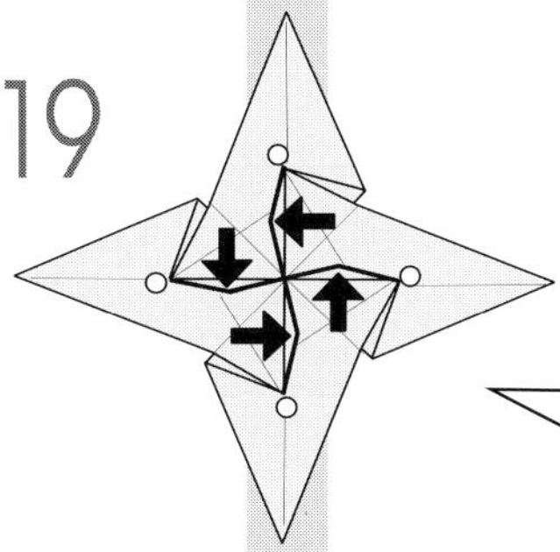

指の使い方

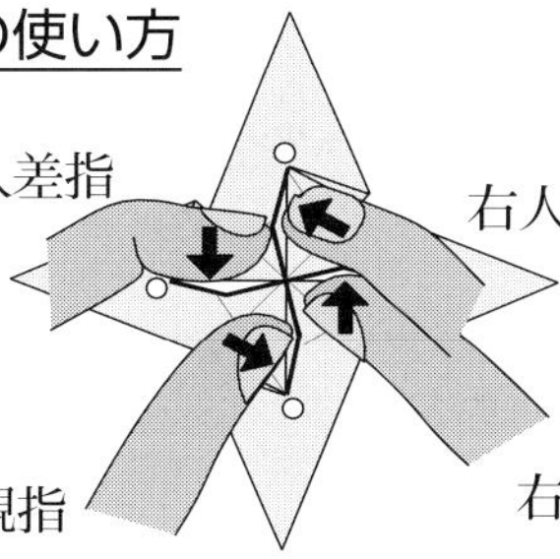
左人差指
右人差指
左親指
右親指

紙中央に正方形をつくる作業。○印のカドが浮きあがらないよう注意しながら4つのひだを倒すと、中央がつぶれてきます。工程7の折り目を利用しながら平たくします

20

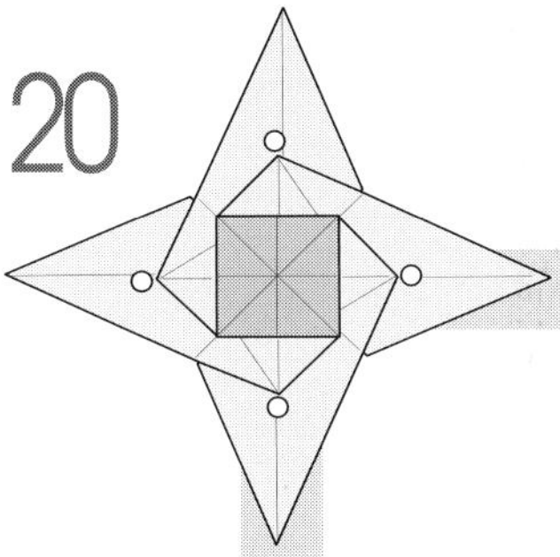

裏返す

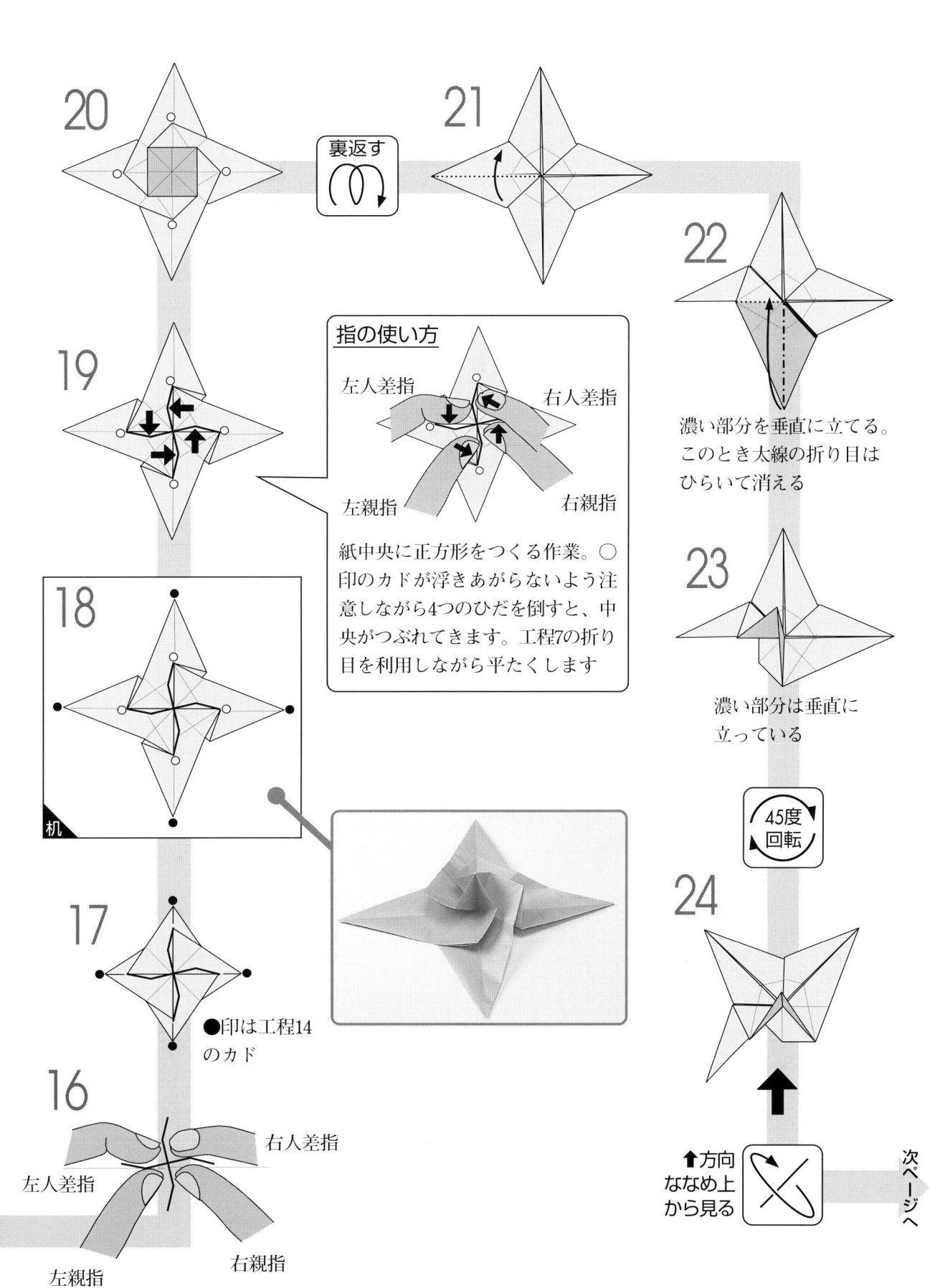

21

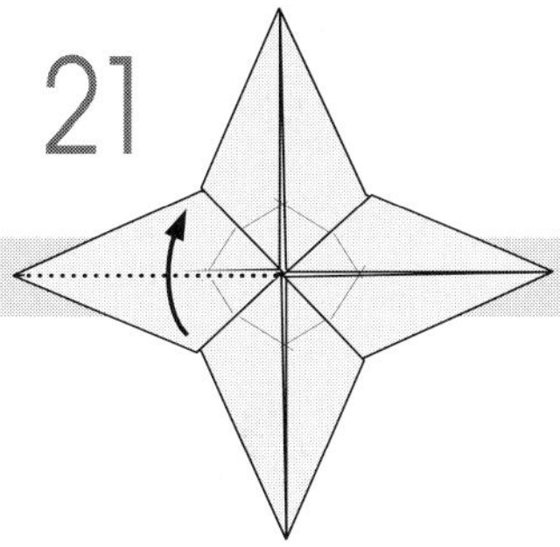

22

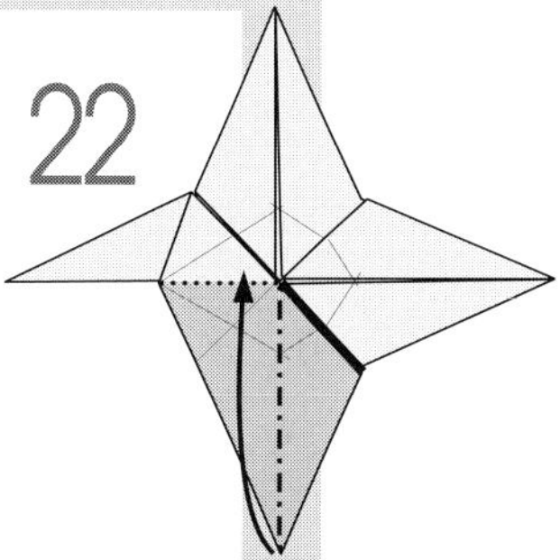

濃い部分を垂直に立てる。このとき太線の折り目はひらいて消える

23

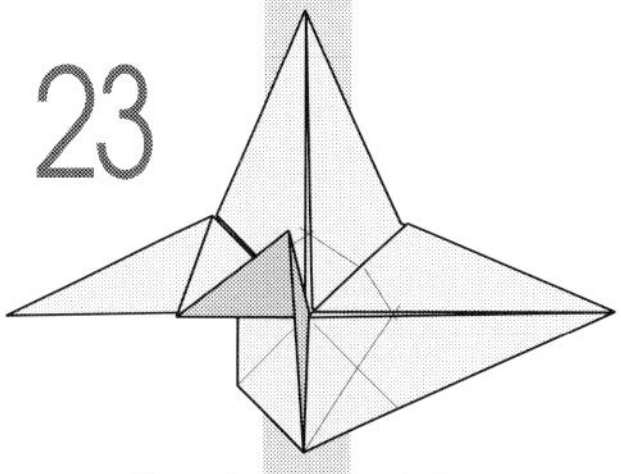

濃い部分は垂直に立っている

45度
回転

24

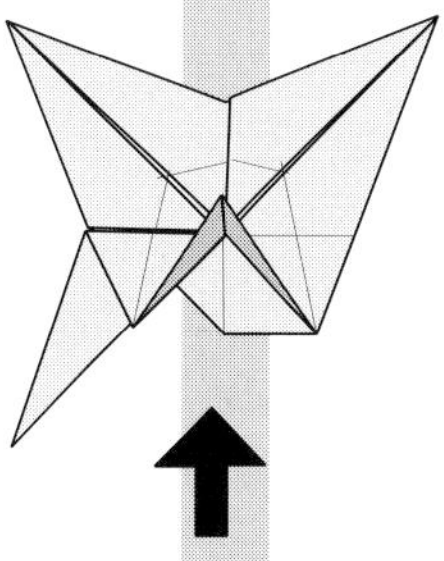

⬆方向
ななめ上
から見る

次ページへ

25

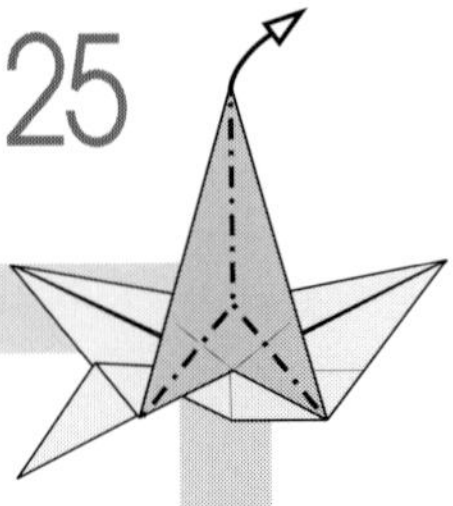

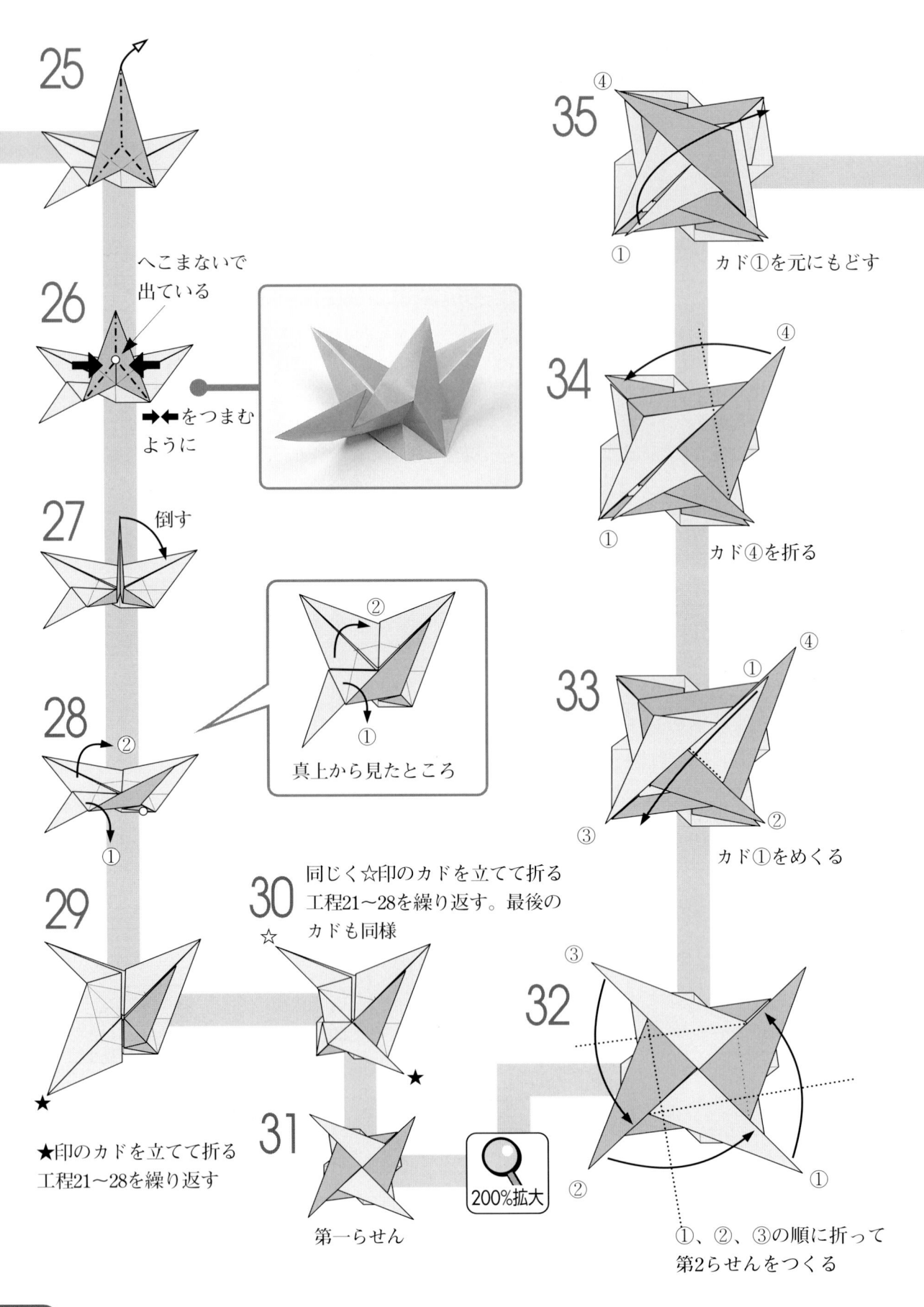

26

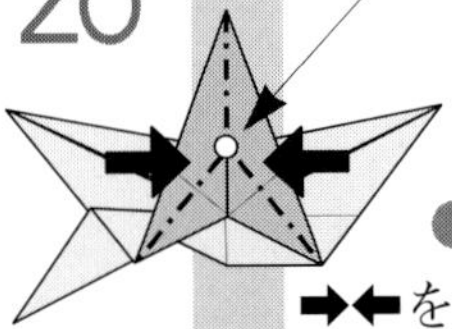

へこまないで
出ている

➡⬅をつまむ
ように

27

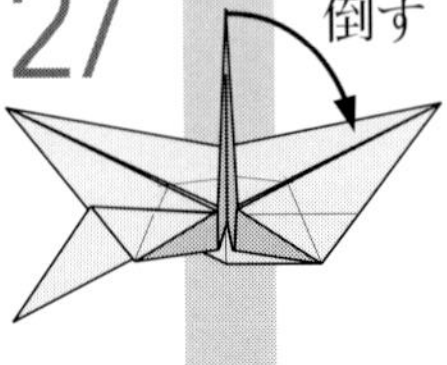

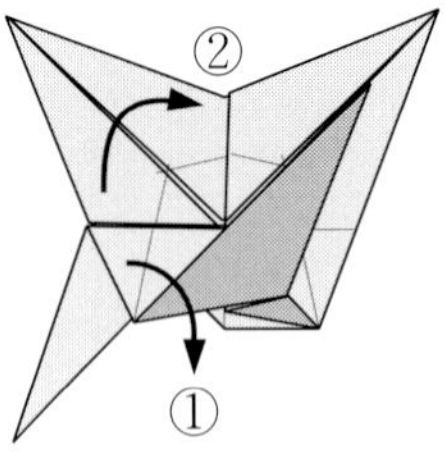

真上から見たところ

28

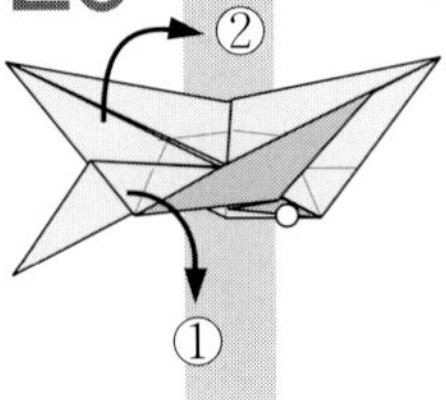

29

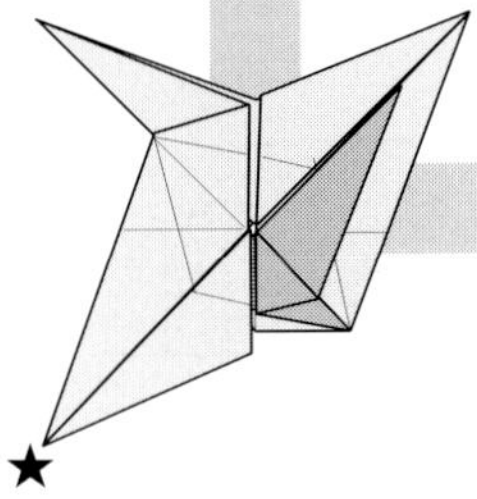

★印のカドを立てて折る
工程21～28を繰り返す

30

同じく☆印のカドを立てて折る
工程21～28を繰り返す。最後の
カドも同様

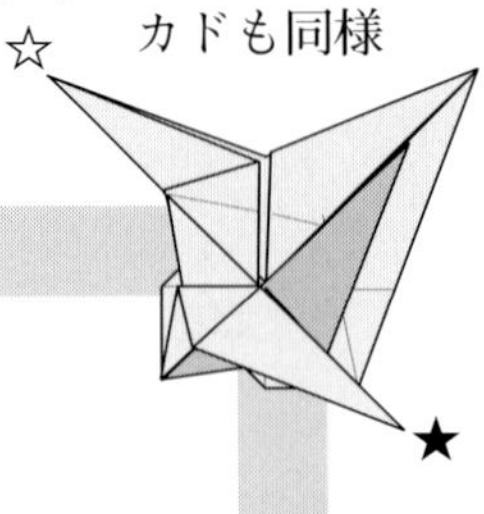

31

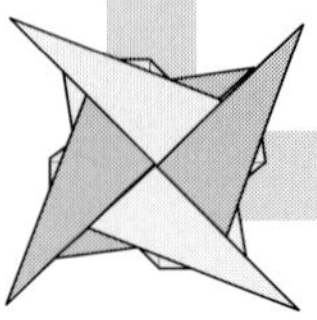

第一らせん

200%拡大

32

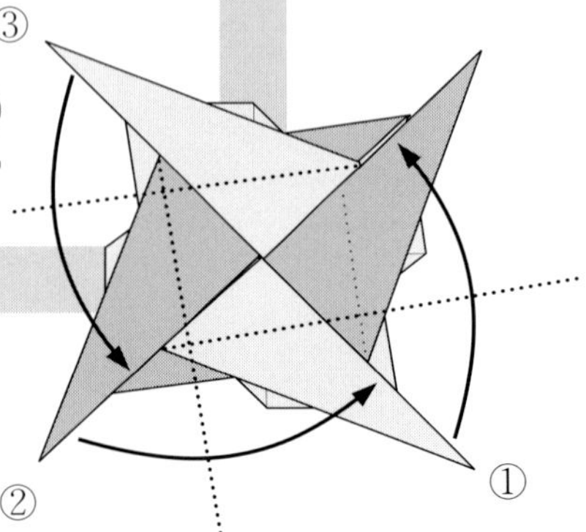

①、②、③の順に折って
第2らせんをつくる

33

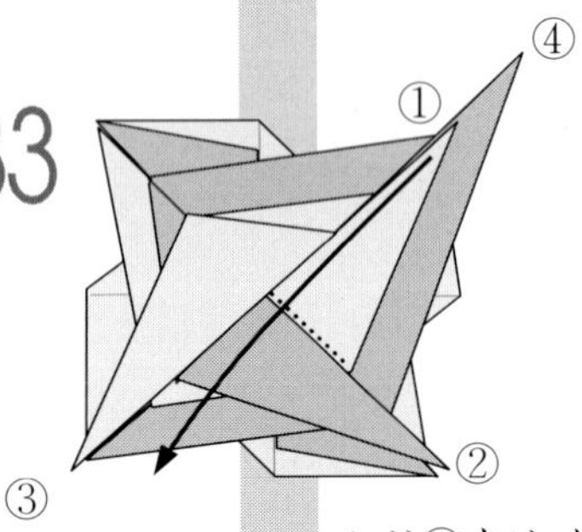

カド①をめくる

34

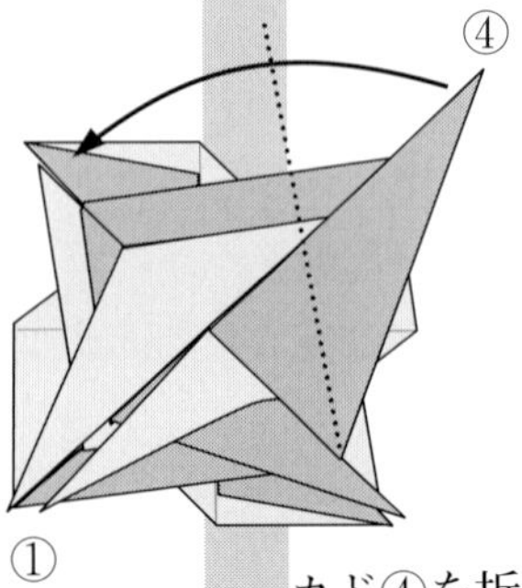

カド④を折る

35

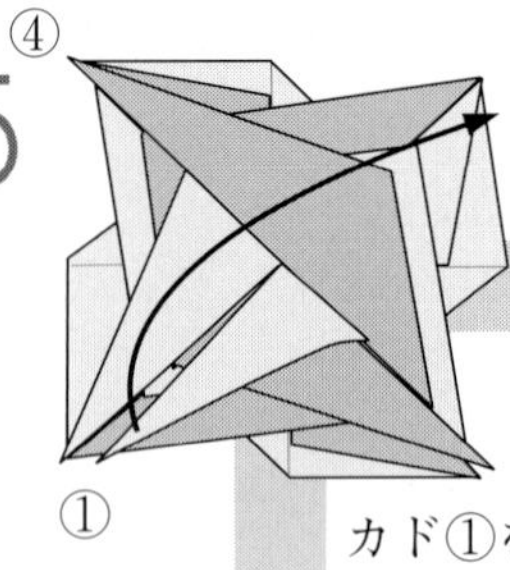

カド①を元にもどす

36 第2らせん折り完了。
工程32～36を繰りかえす

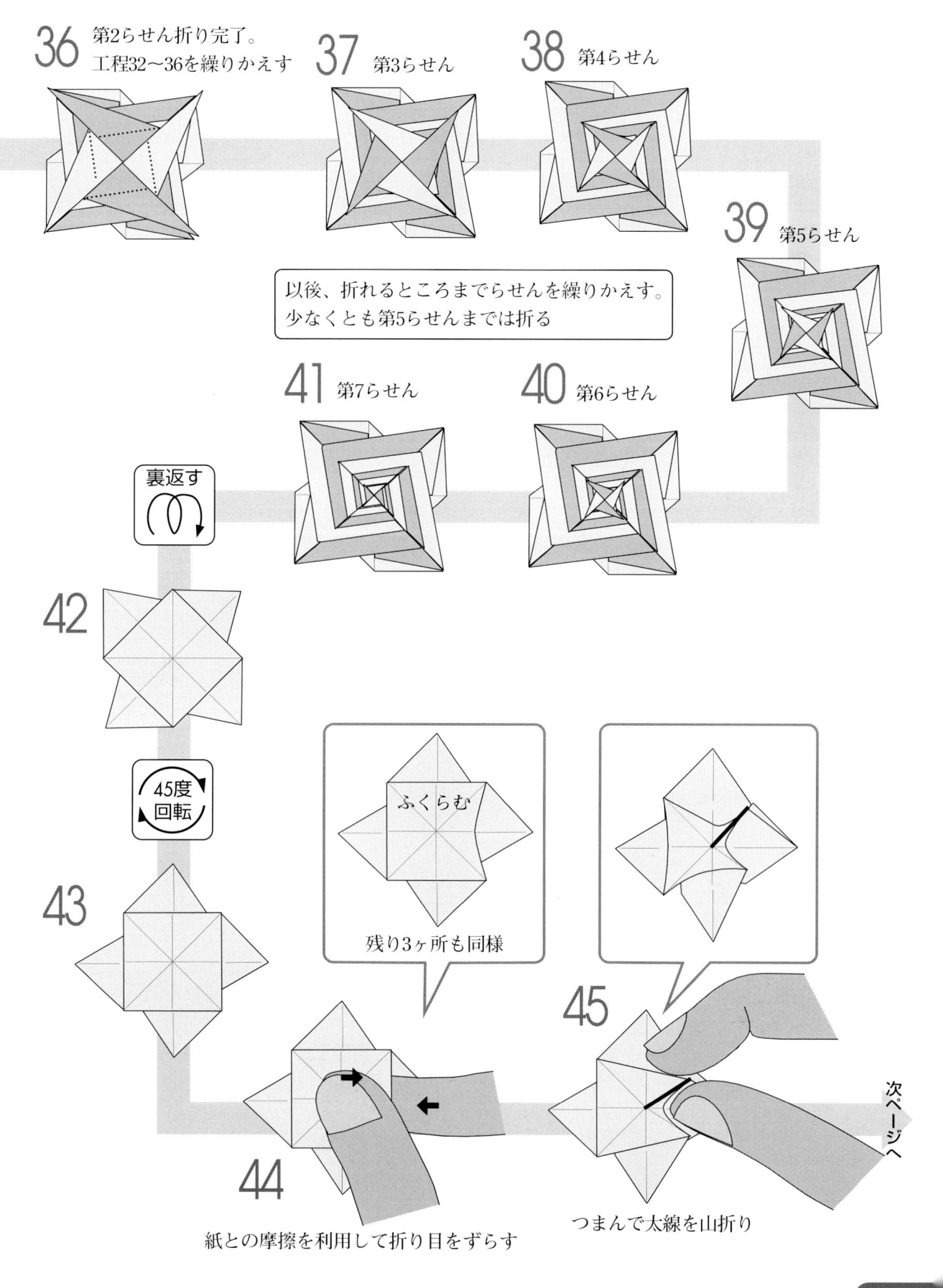

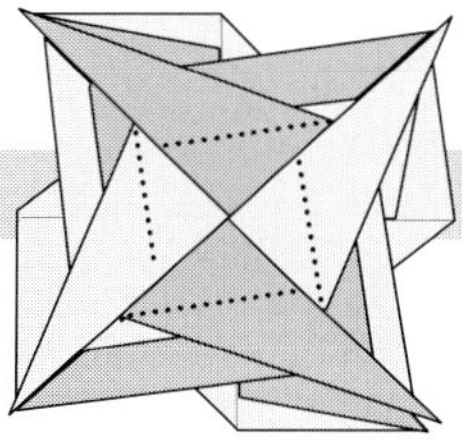

37 第3らせん

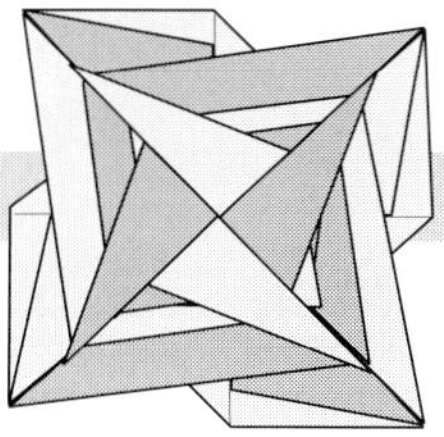

38 第4らせん

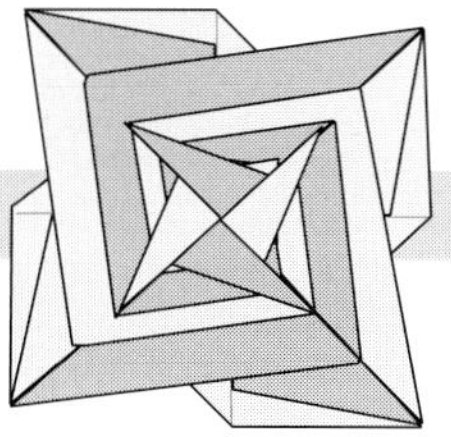

39 第5らせん

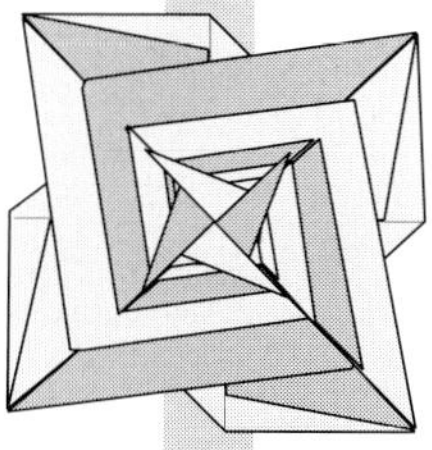

以後、折れるところまでらせんを繰りかえす。
少なくとも第5らせんまでは折る

40 第6らせん

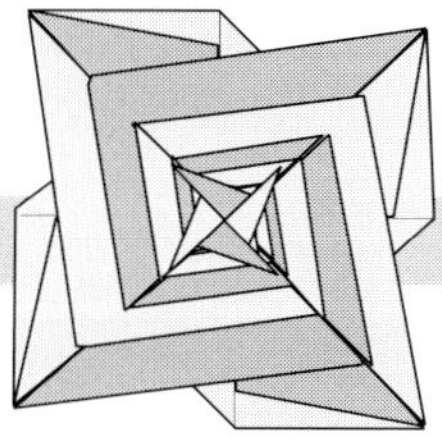

41 第7らせん

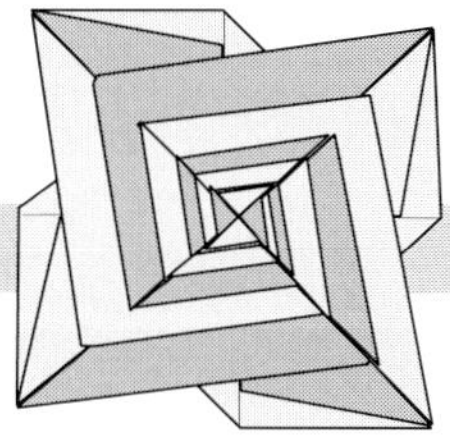

42

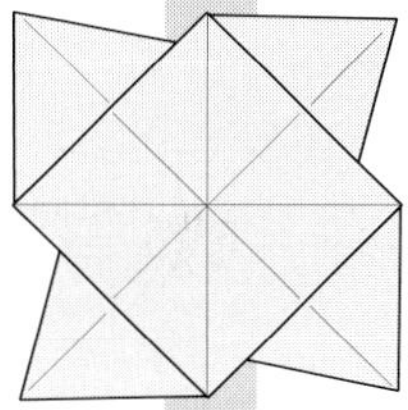

45度回転

43

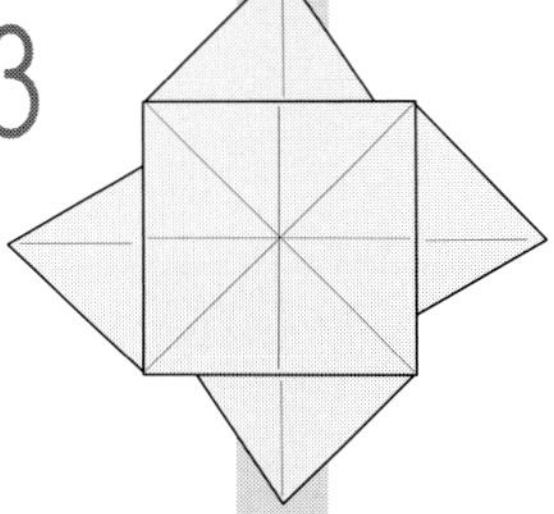

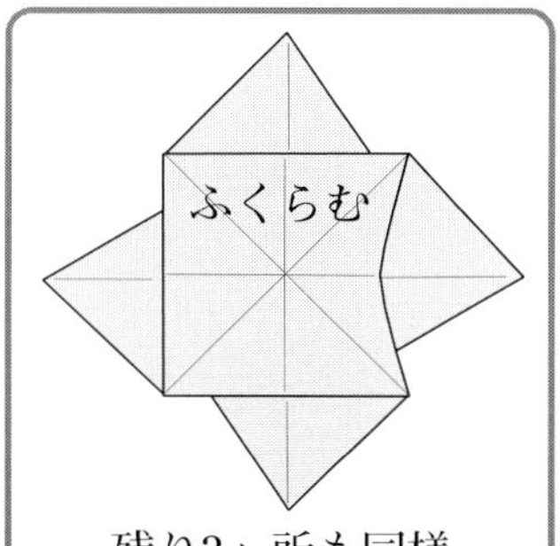

残り3ヶ所も同様

44

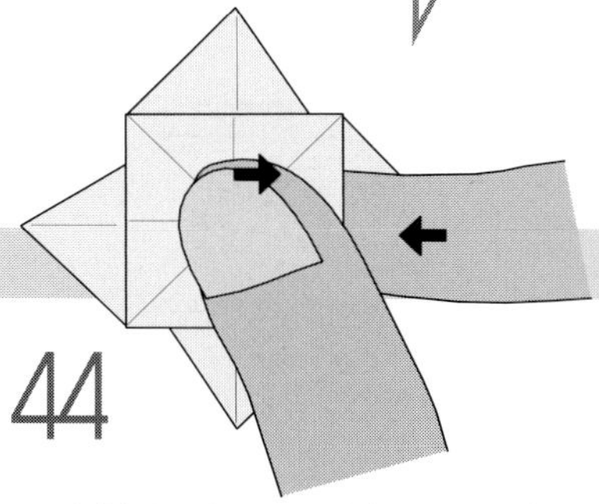

紙との摩擦を利用して折り目をずらす

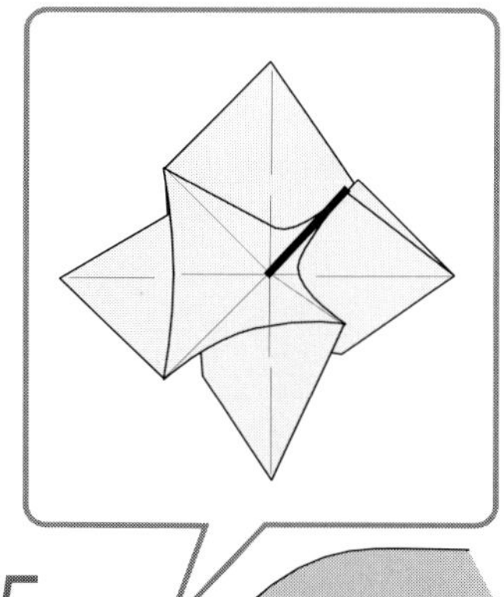

45

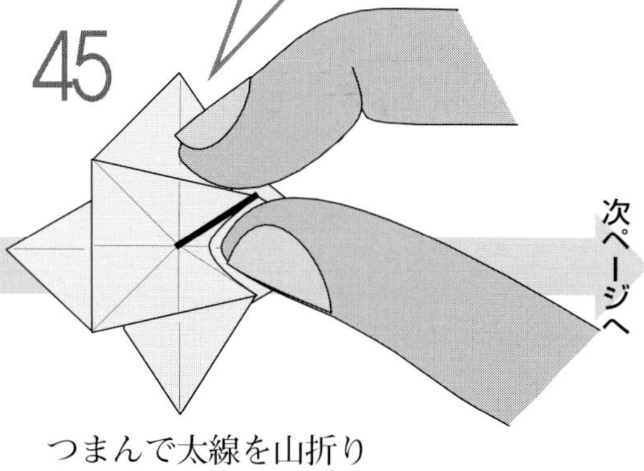

つまんで太線を山折り

次ページへ

46

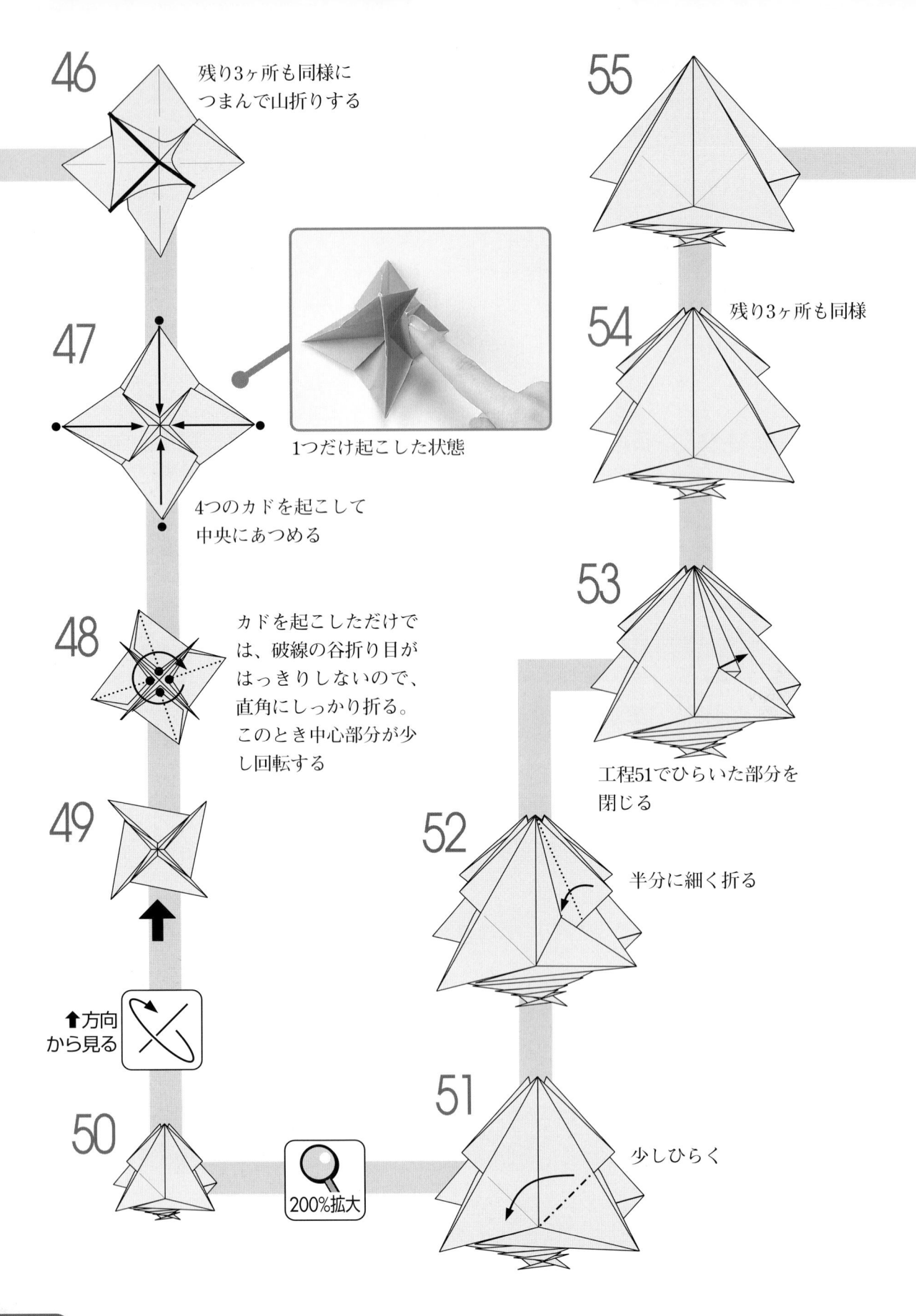

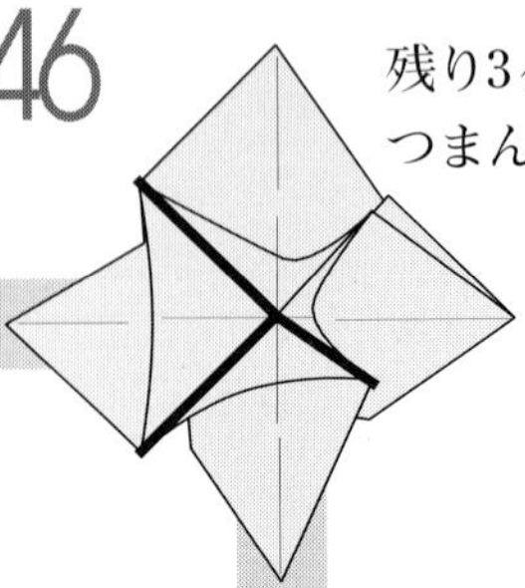

残り3ヶ所も同様につまんで山折りする

47

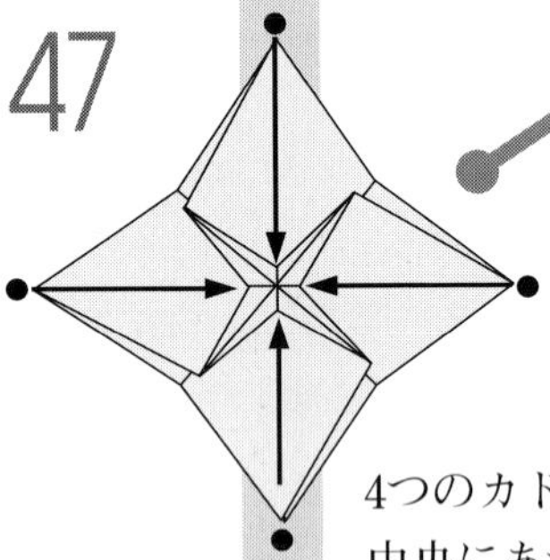

4つのカドを起こして中央にあつめる

1つだけ起こした状態

48

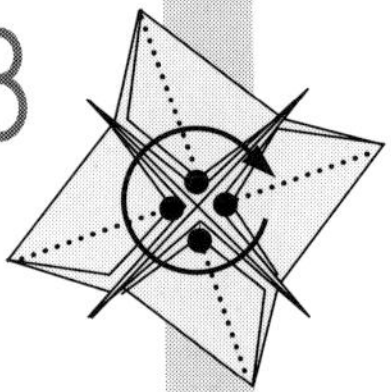

カドを起こしただけでは、破線の谷折り目がはっきりしないので、直角にしっかり折る。このとき中心部分が少し回転する

49

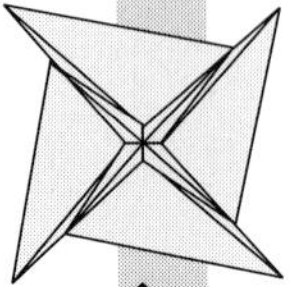

⬆方向から見る

50

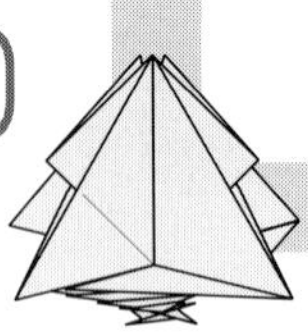

51

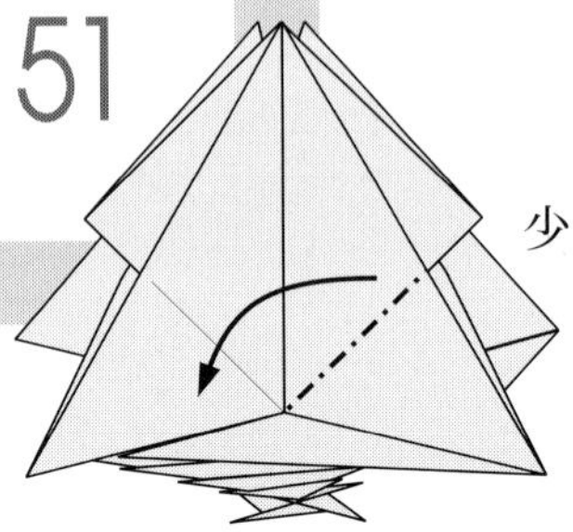

少しひらく

52

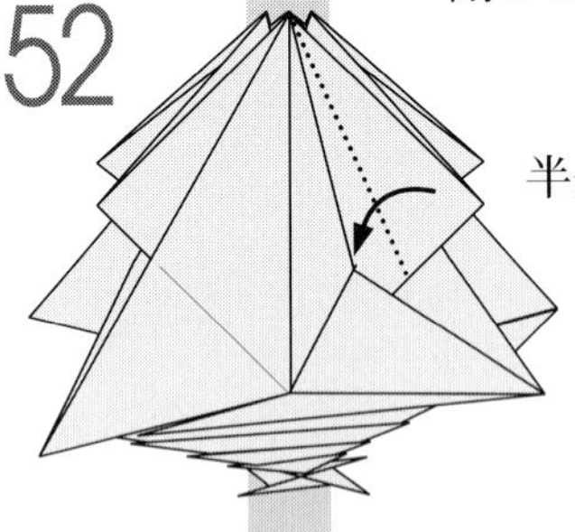

半分に細く折る

53

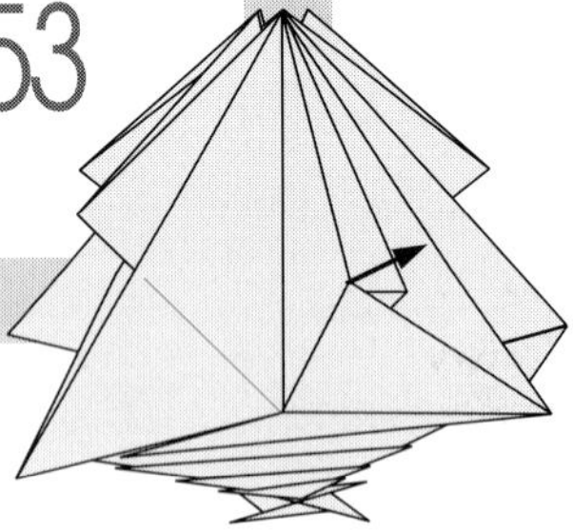

工程51でひらいた部分を閉じる

54

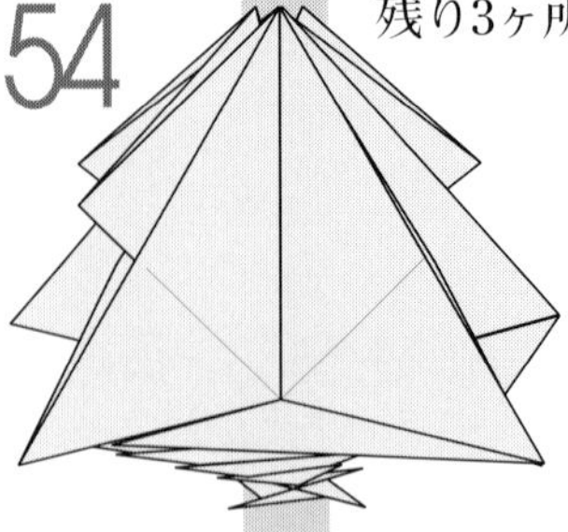

残り3ヶ所も同様

55

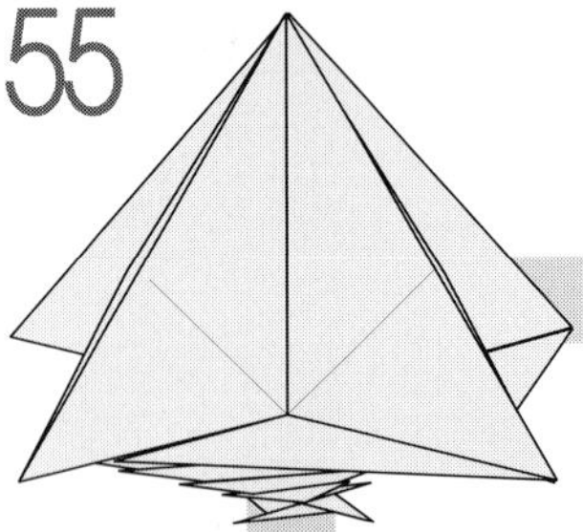

56

180度回転

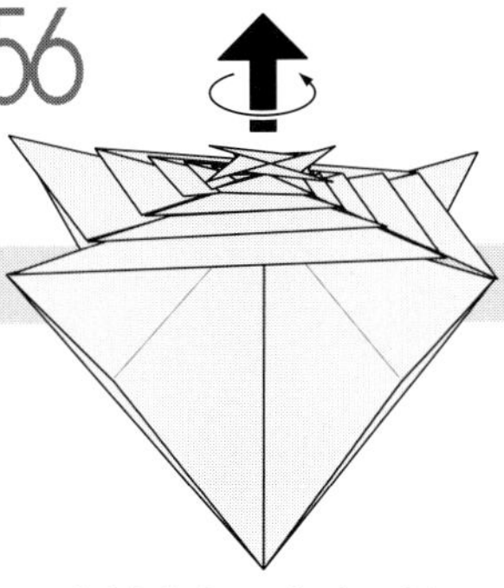

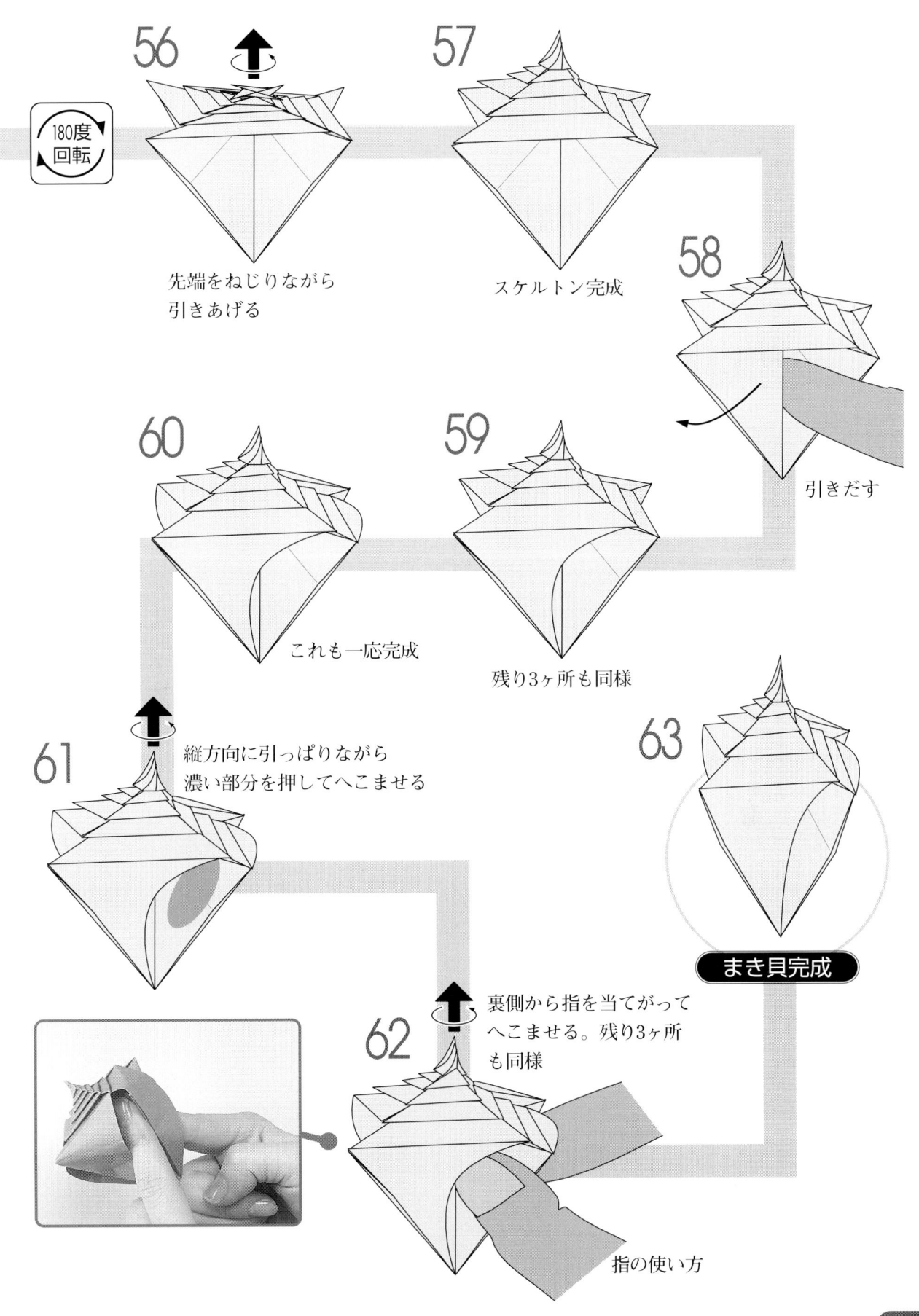

先端をねじりながら
引きあげる

57

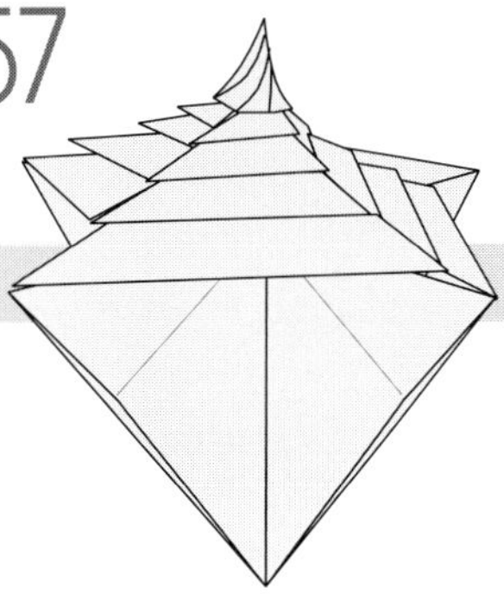

スケルトン完成

58

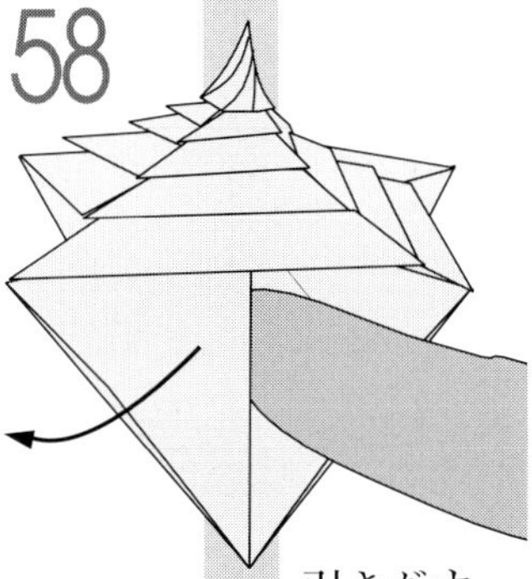

引きだす

59

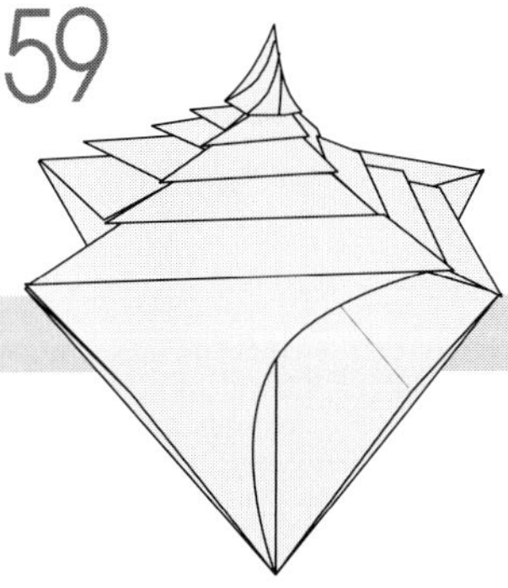

残り3ヶ所も同様

60

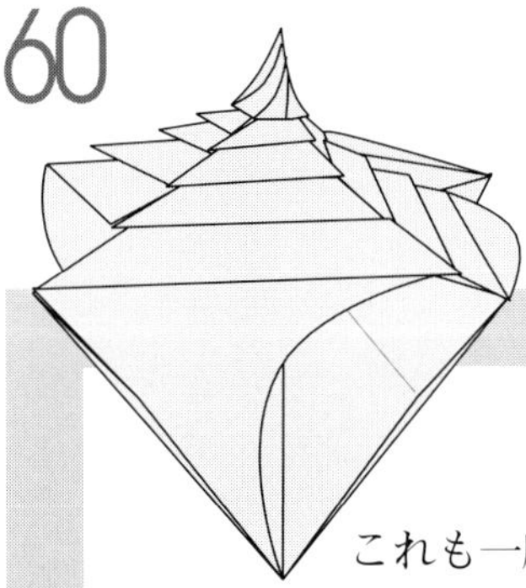

これも一応完成

61

縦方向に引っぱりながら
濃い部分を押してへこませる

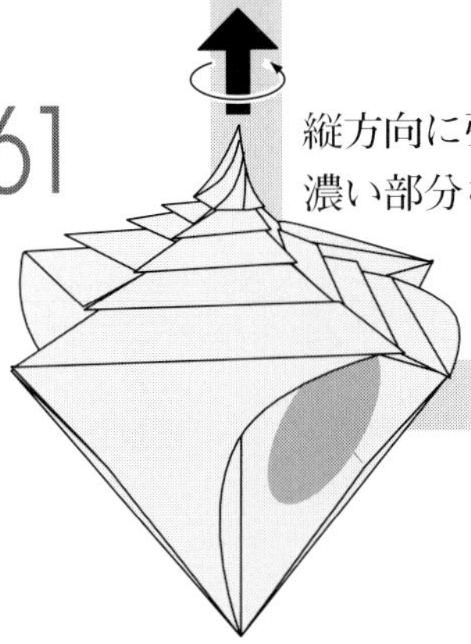

62

裏側から指を当てがって
へこませる。残り3ヶ所
も同様

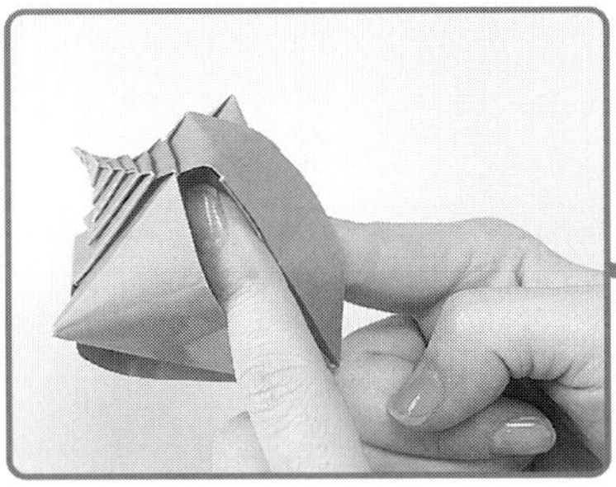

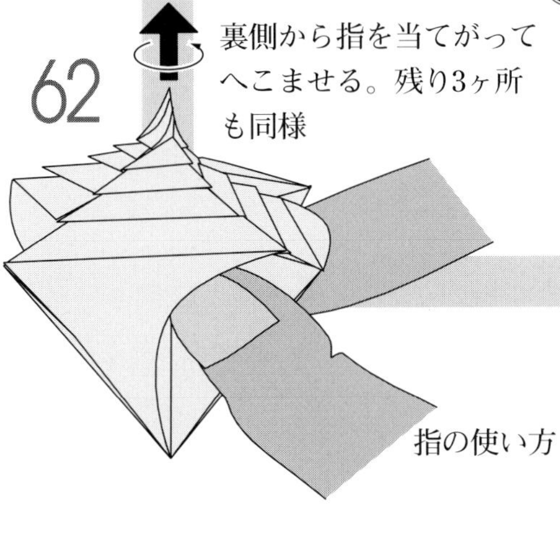

指の使い方

63

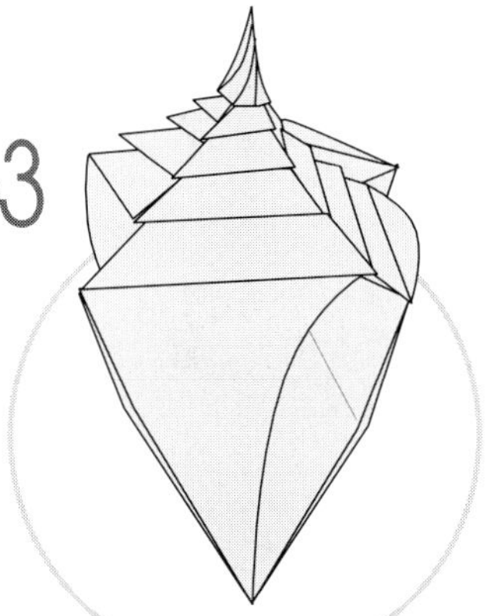

まき貝完成

応用 サザエ

まき貝の4重らせんの1つをほどいて、ふたをつくります。厚い紙で折ると質感が出ます。ふたになるカドを裏返して紙の裏を出すと、ふたの色だけ変えることができます。

難易度
★★★★

練習用紙　20cm以上
湿り折り用紙　厚紙
色画用紙はダメ

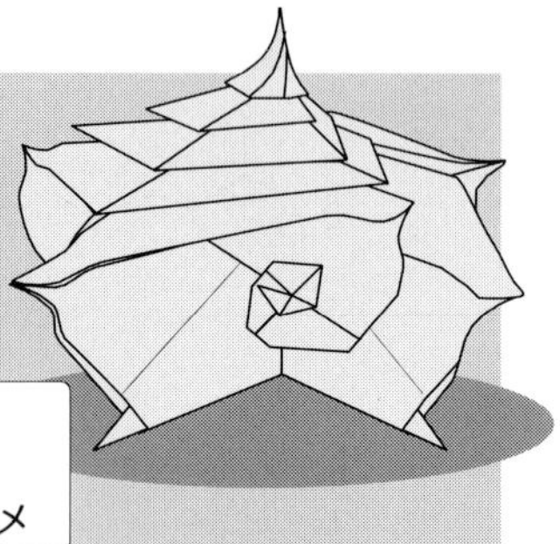

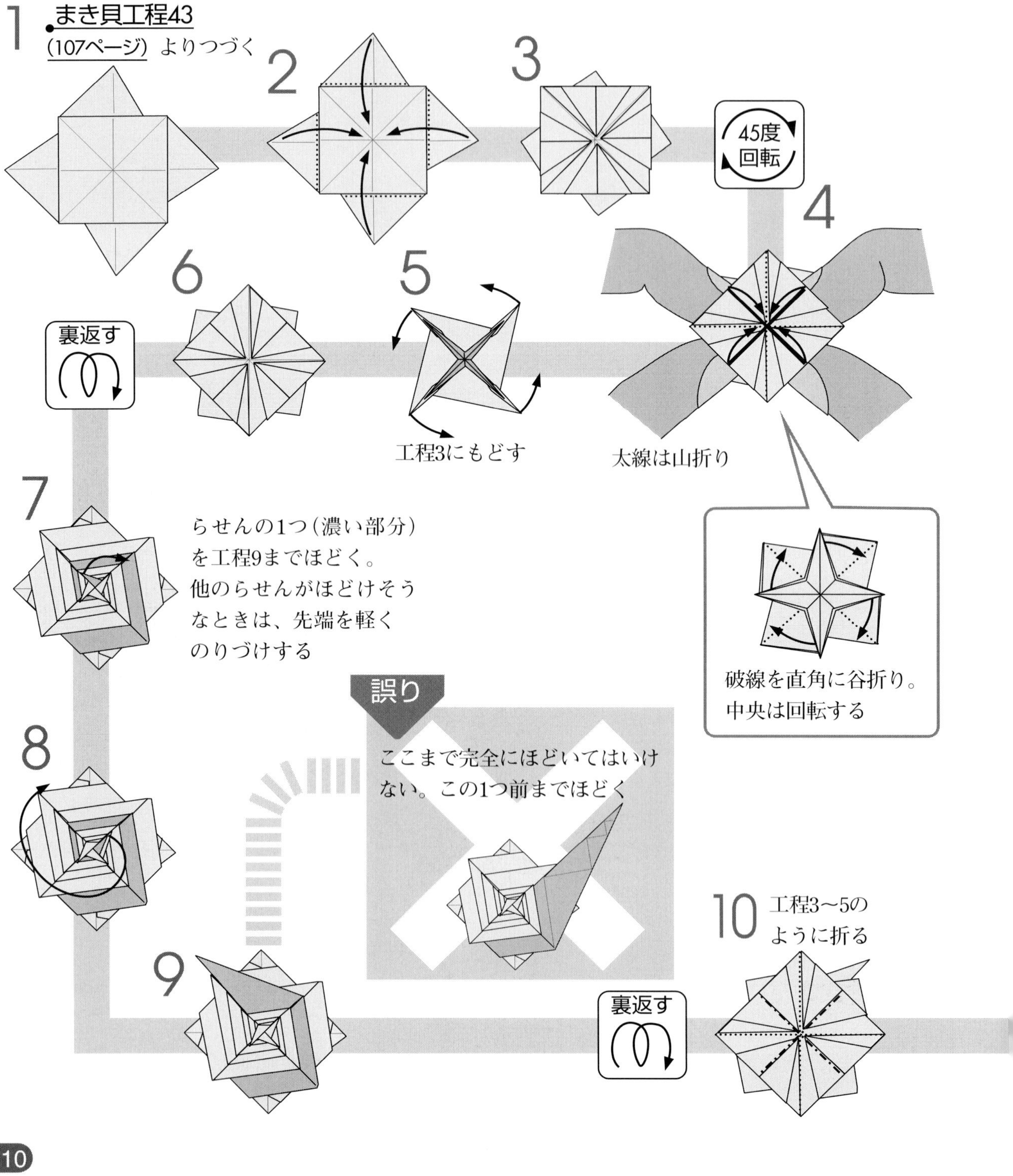

1
まき貝工程43
(107ページ) よりつづく
2
3
45度
回転
4
太線は山折り
破線を直角に谷折り。
中央は回転する
5
工程3にもどす
6
裏返す
7
らせんの1つ(濃い部分)
を工程9までほどく。
他のらせんがほどけそう
なときは、先端を軽く
のりづけする
誤り
ここまで完全にほどいてはいけない。この1つ前までほどく
8
9
裏返す
10
工程3〜5の
ように折る

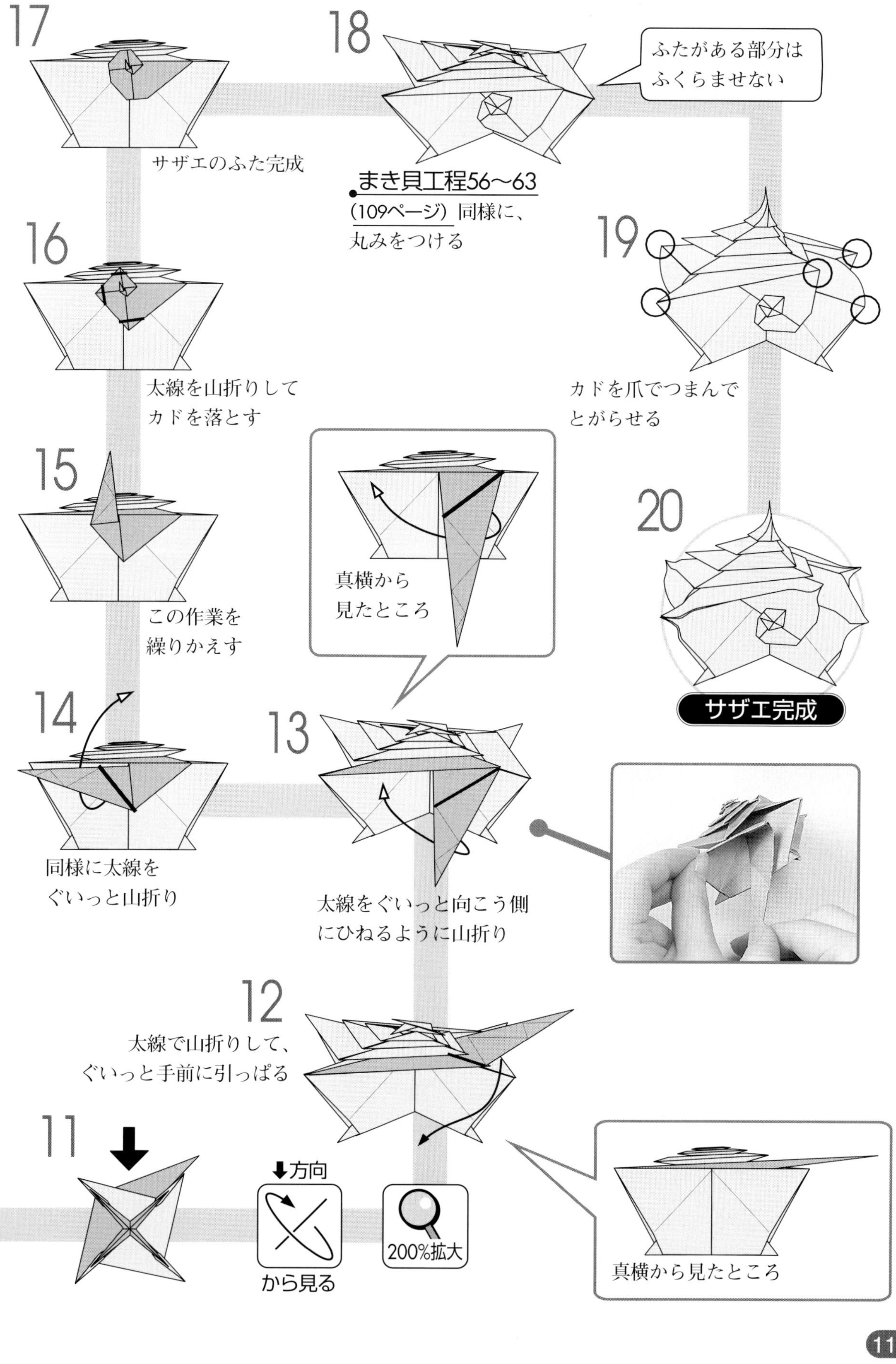
11
↓方向
から見る
200%拡大
12
太線で山折りして、
ぐいっと手前に引っぱる
真横から見たところ
13
太線をぐいっと向こう側
にひねるように山折り
真横から
見たところ
14
同様に太線を
ぐいっと山折り
15
この作業を
繰りかえす
16
太線を山折りして
カドを落とす
17
サザエのふた完成
18
まき貝工程56～63
(109ページ) 同様に、
丸みをつける
ふたがある部分は
ふくらませない
19
カドを爪でつまんで
とがらせる
20
サザエ完成

コウイカ

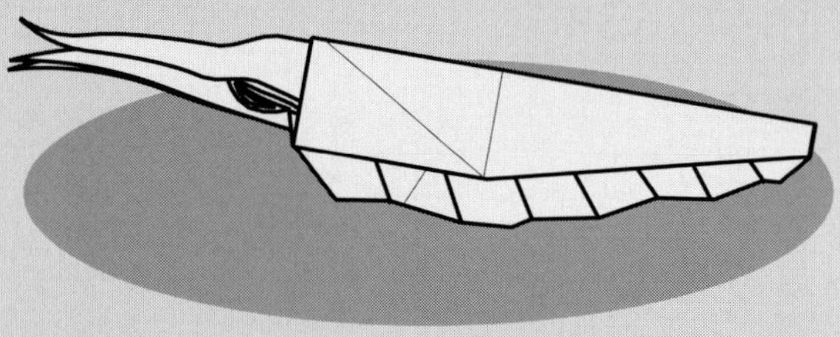

この作品は、電気窯で焼くと磁器になる陶芸紙のために考えたものです。普通の色紙で折るとぺらっとして冴えませんが、厚い紙を湿らせて折るとボリュームがでて良い感じになります。コウイカは頭の良い生き物です。紙を巻くように折って、知性的な目を表現してみました。
陶芸紙の問い合わせは、おりがみ陶芸センターまで(TEL 0956-22-1162)。

難易度
★★★★☆

練習用紙	20cm以上
箸置き用紙	7〜8cm
湿り折り用紙	厚紙(レザック) 色画用紙は駄目

1 縦横ななめ45度に折り目をつけてからざぶとん折りする

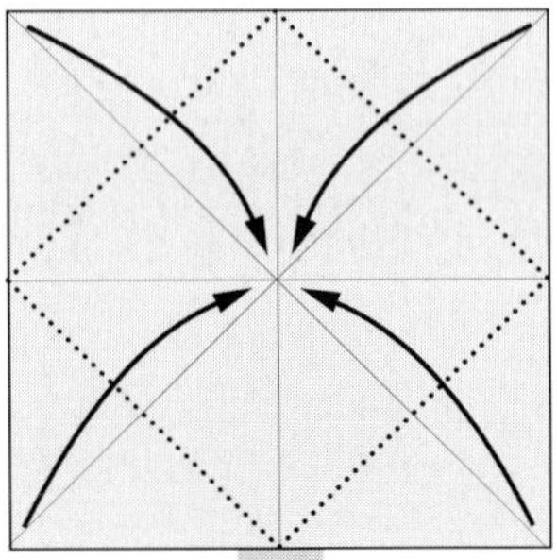

ざぶとん折り

2

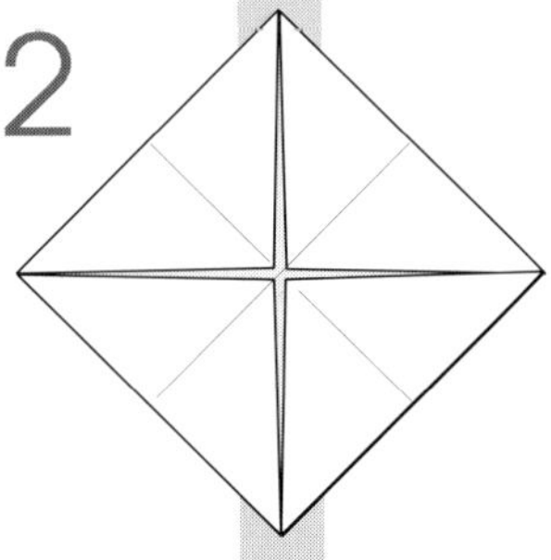

裏返す

3

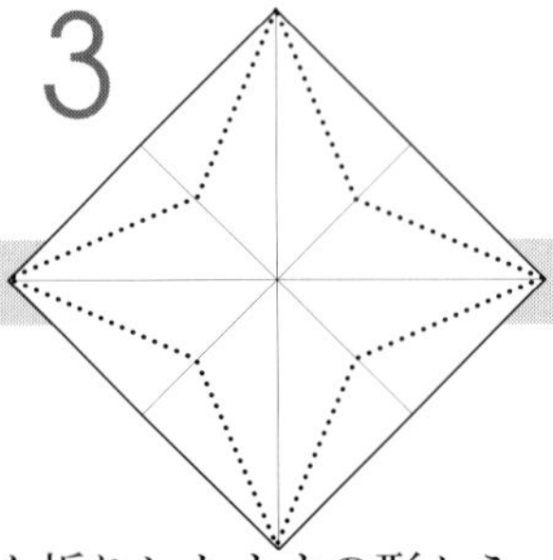

ざぶとん折りしたままの形から、
鶴の基本形 (102〜103ページ)を折る

4

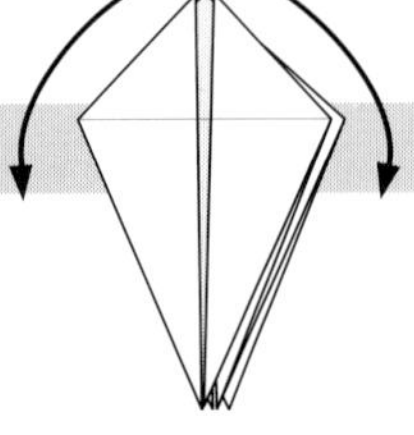

外側の1枚だけめくる。
裏側はめくらない

5

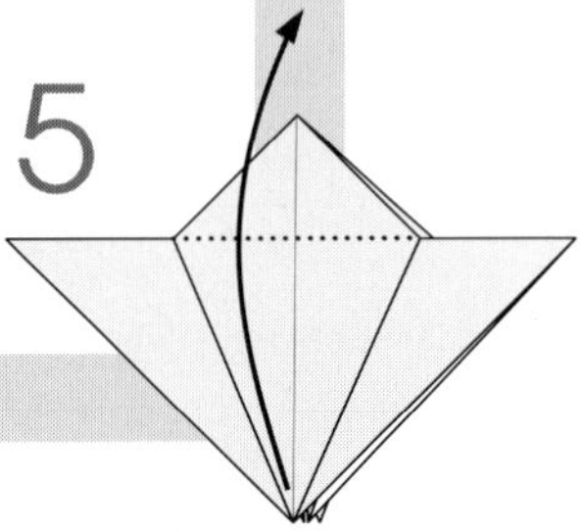

6

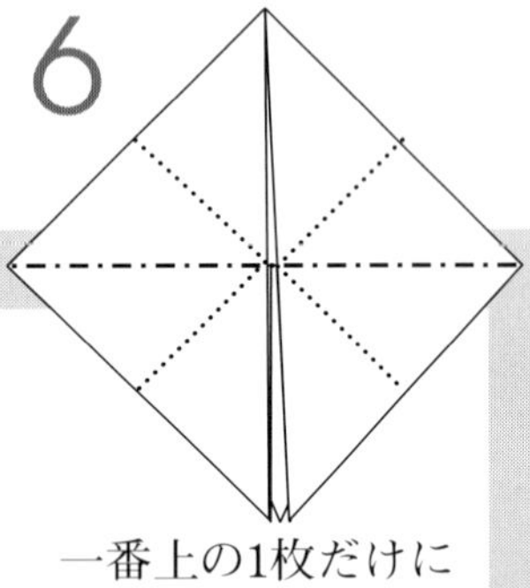

一番上の1枚だけに
折り目をつける

7

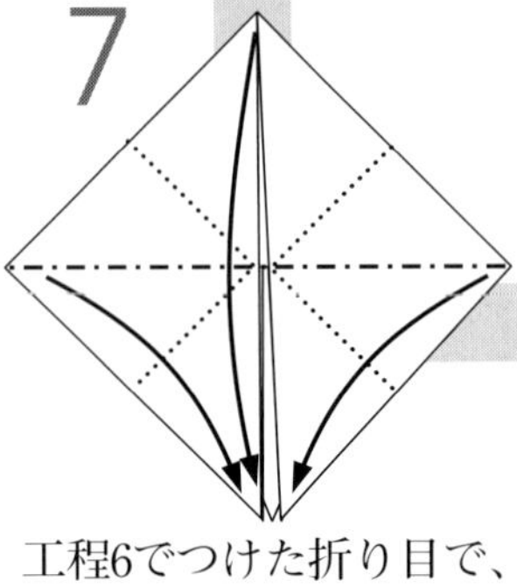

工程6でつけた折り目で、
ヤリイカ工程2〜5 (98ページ)
と同じように折る

8

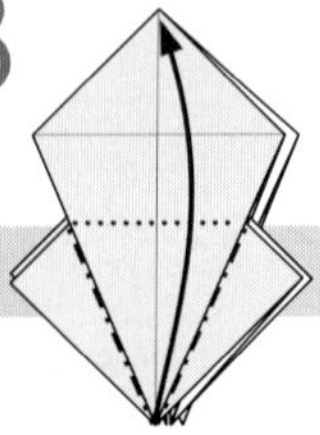

木の幹工程10〜12
(39ページ)のように
折ってひし形をつくる

9

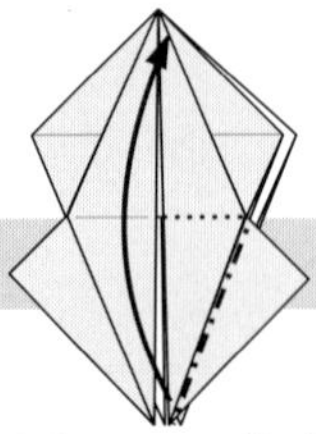

左図のひし形同様
に折る。まずは右
半分

10

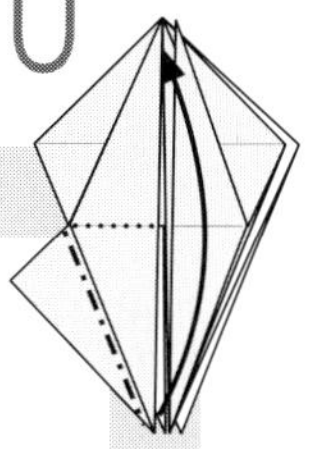

左半分も
同様に折る

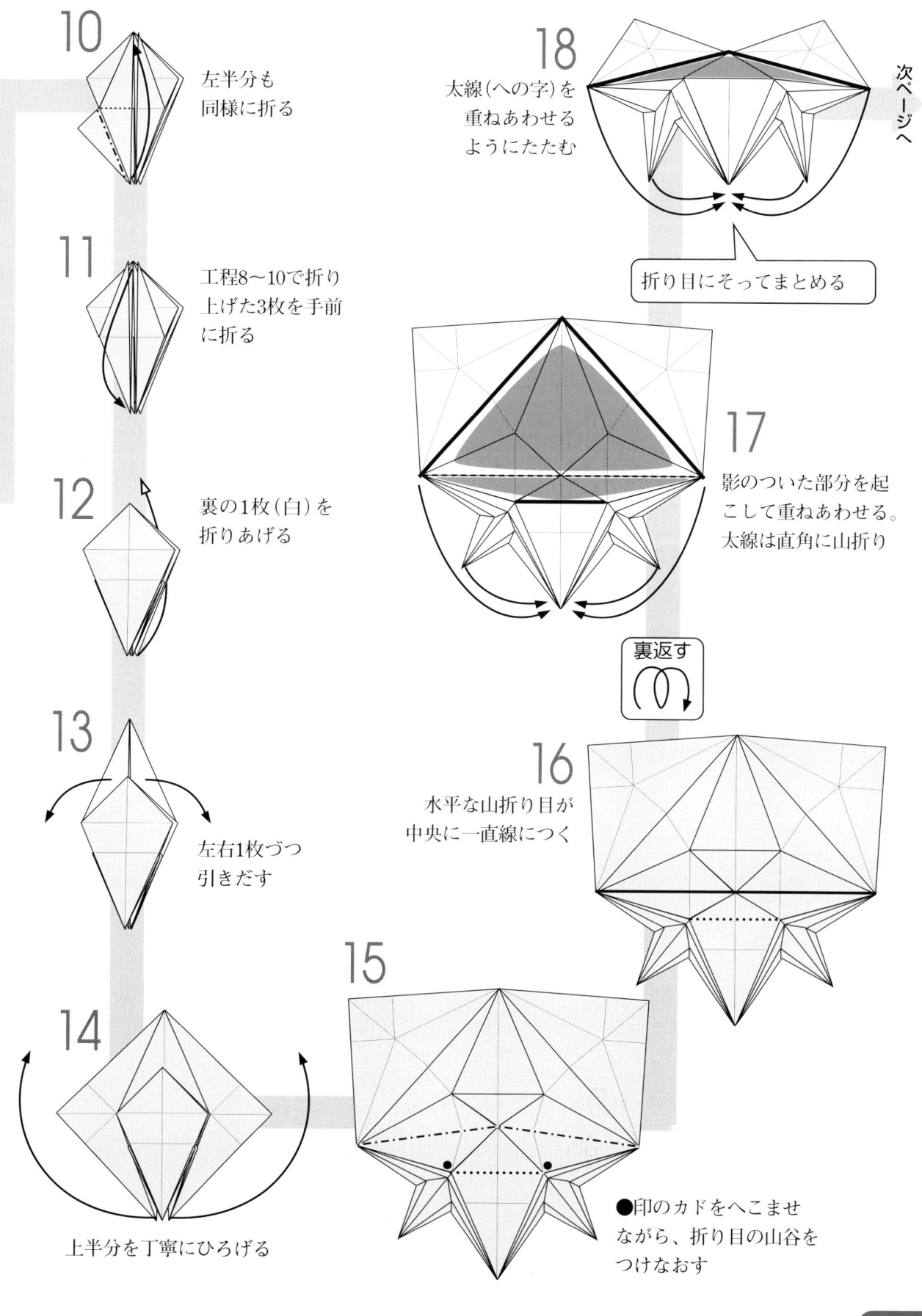

11

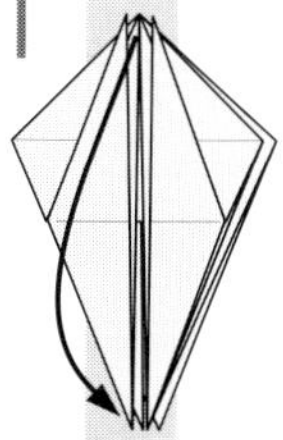

工程8～10で折り
上げた3枚を手前
に折る

12

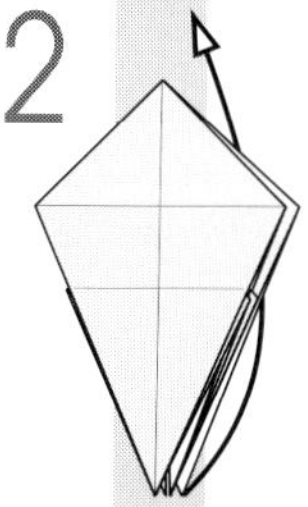

裏の1枚（白）を
折りあげる

13

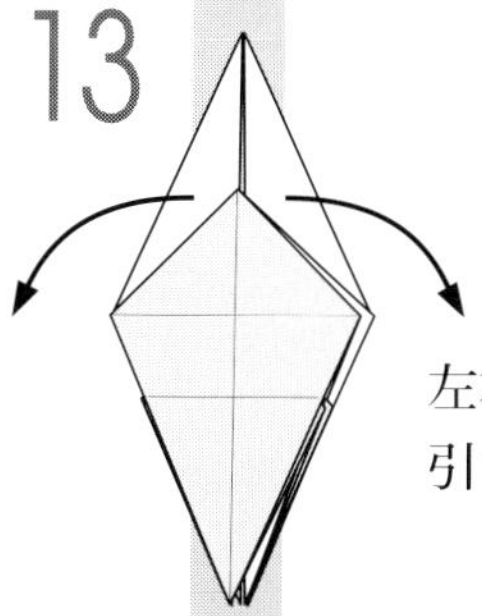

左右1枚づつ
引きだす

14

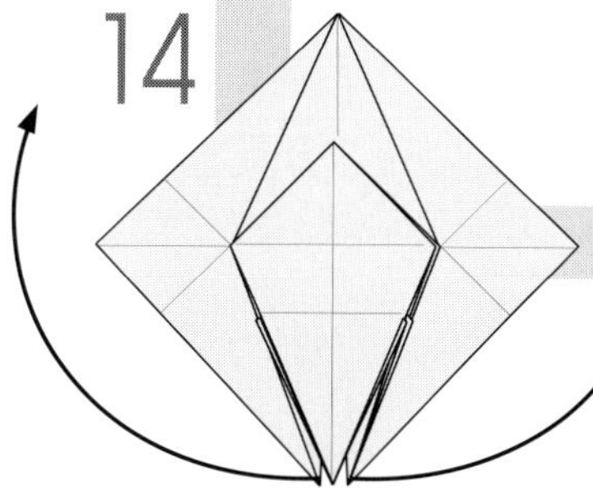

上半分を丁寧にひろげる

15

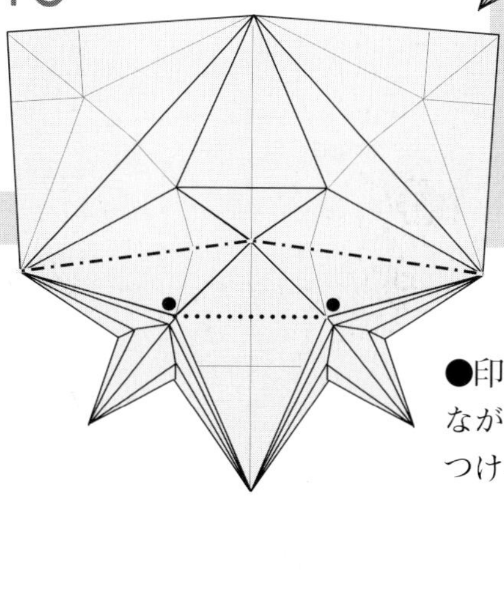

●印のカドをへこませ
ながら、折り目の山谷を
つけなおす

16

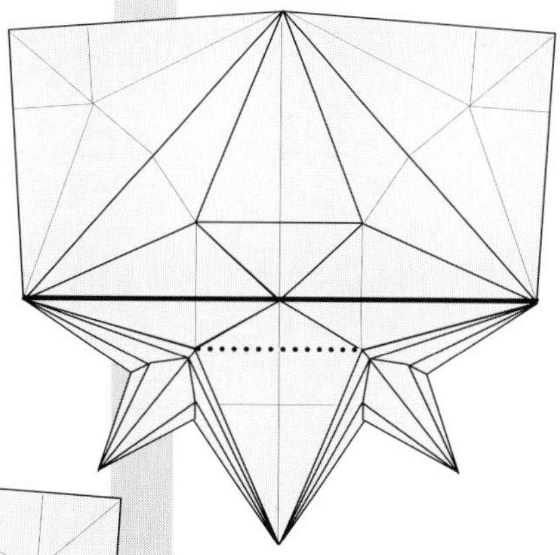

水平な山折り目が
中央に一直線につく

裏返す

17

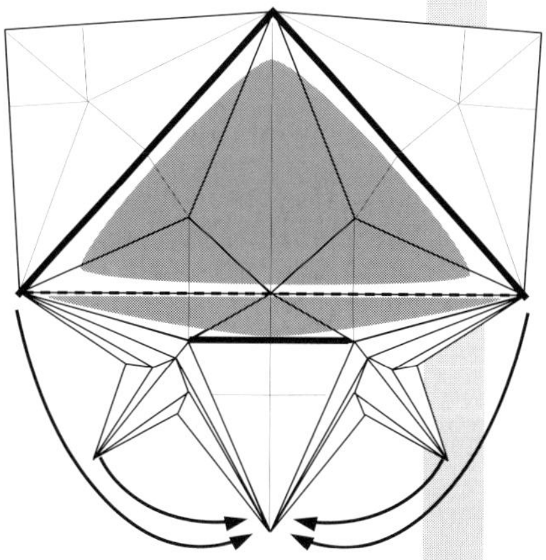

影のついた部分を起
こして重ねあわせる。
太線は直角に山折り

18

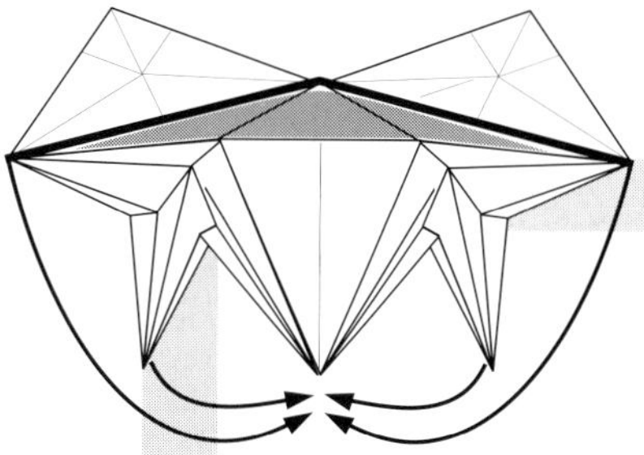

太線（への字）を
重ねあわせる
ようにたたむ

折り目にそってまとめる

次ページへ

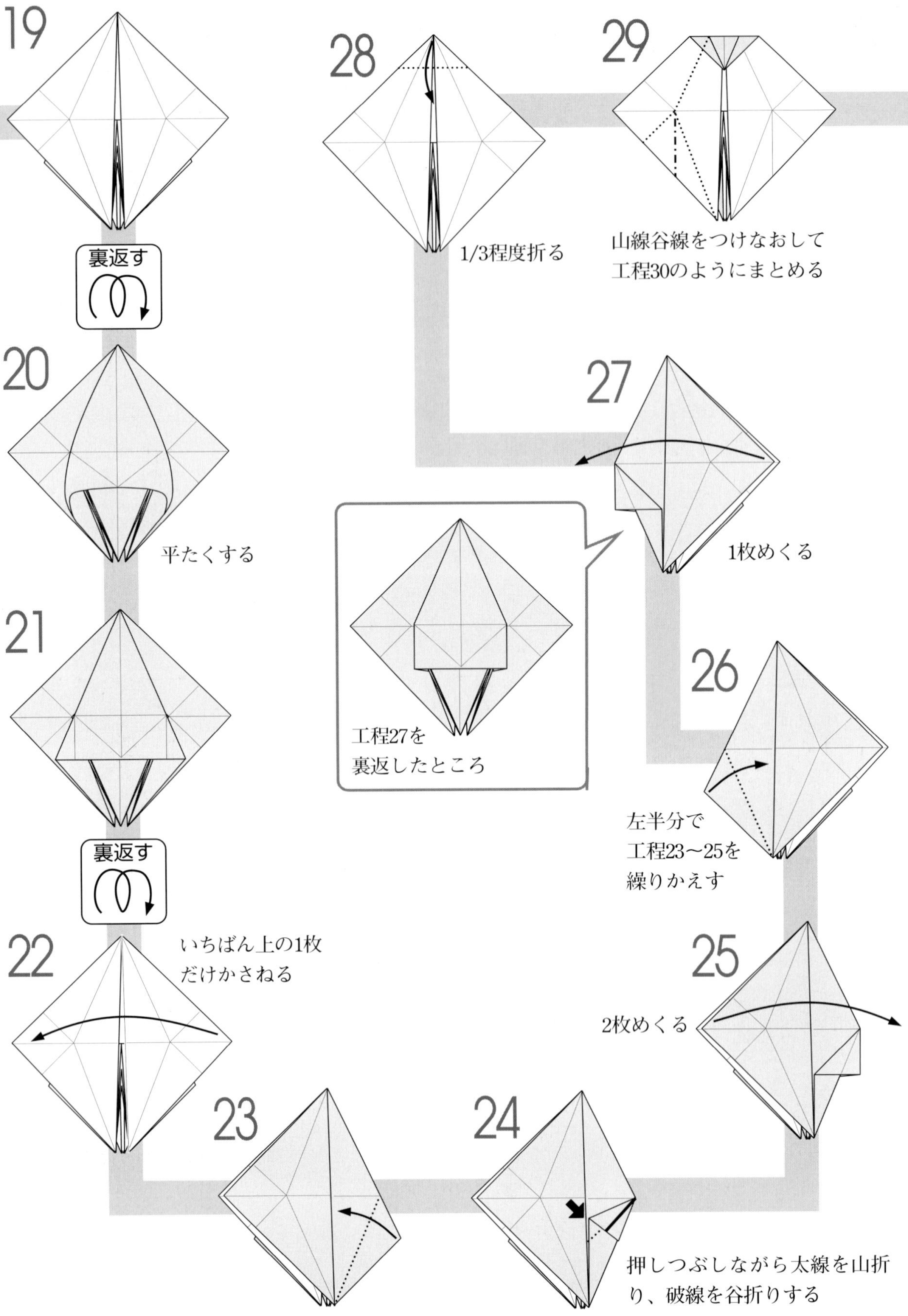
19
裏返す
20
平たくする
21
裏返す
22
いちばん上の1枚
だけかさねる
23
24
押しつぶしながら太線を山折
り、破線を谷折りする
25
2枚めくる
26
左半分で
工程23～25を
繰りかえす
27
1枚めくる
工程27を
裏返したところ
28
1/3程度折る
29
山線谷線をつけなおして
工程30のようにまとめる

30

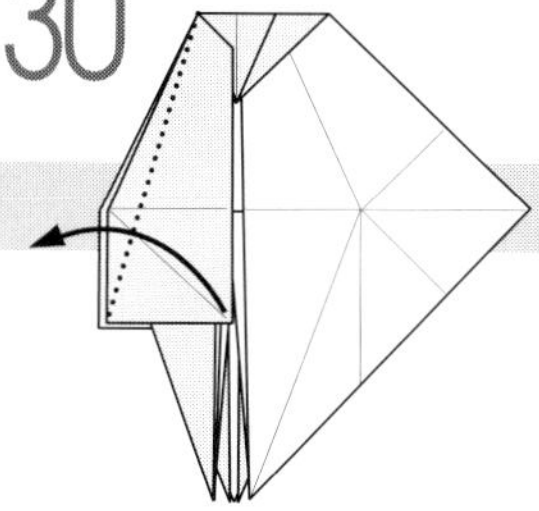

上の1枚だけを
折ってひらく

31

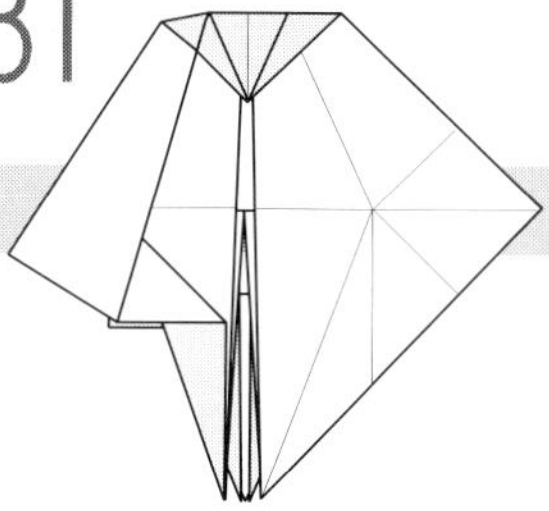

右半分も工程29～30
同様に折る

裏返す

32

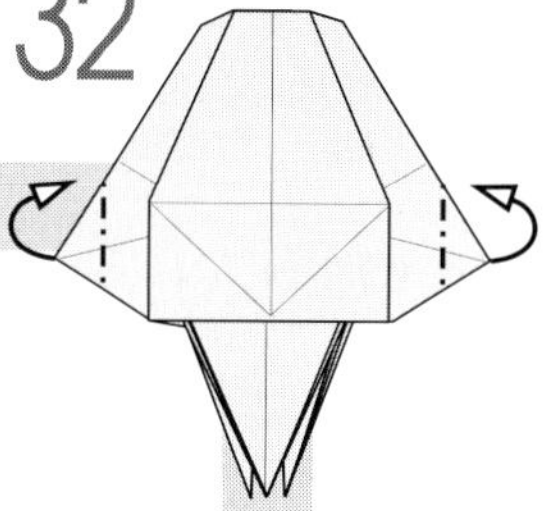

33

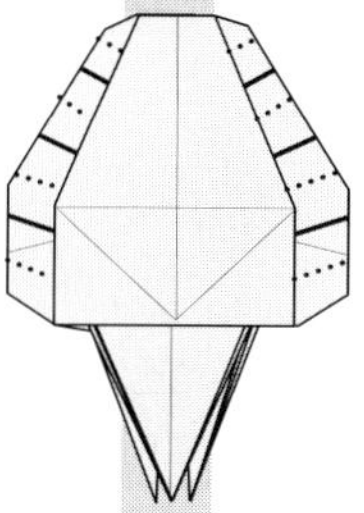

山谷交互に折り目
をつける

34

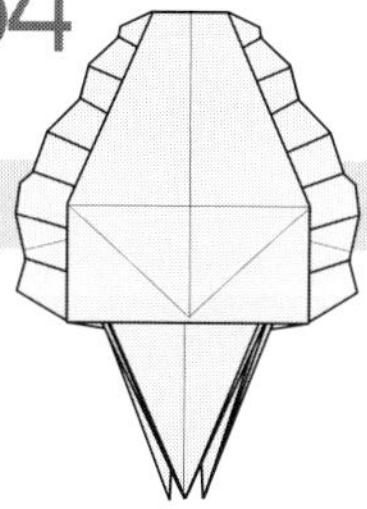

裏返す

35

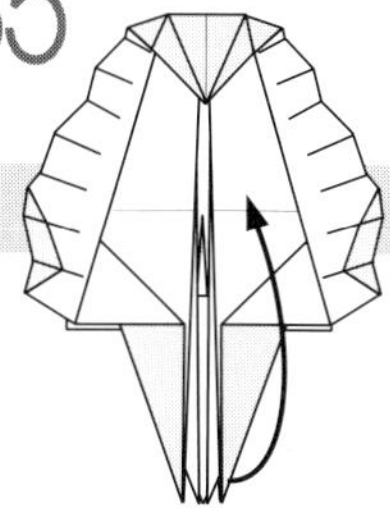

足を1本上げる

36

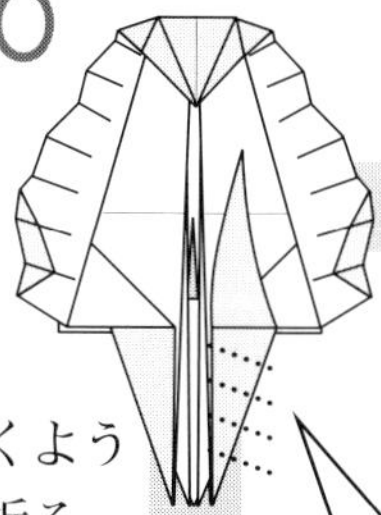

巻くよう
に折る

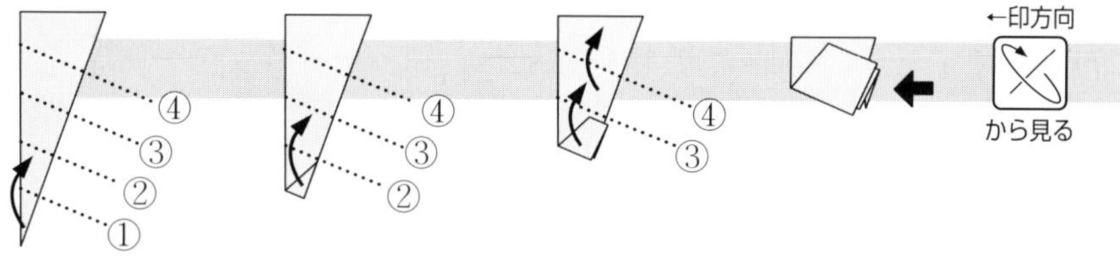

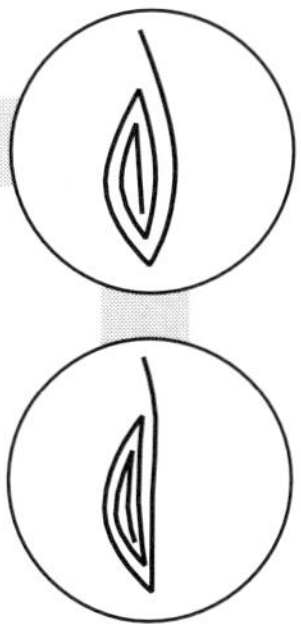

番号順にぺたんぺたんと折りながら、3～4回巻きつけカーブをつけて
目をつくったら、工程35で折りあげた部分をもどす。左側も同様

37

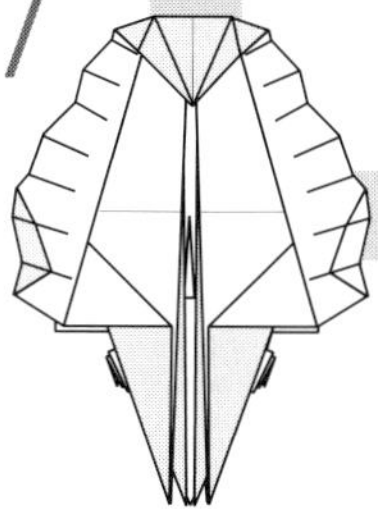

裏返す

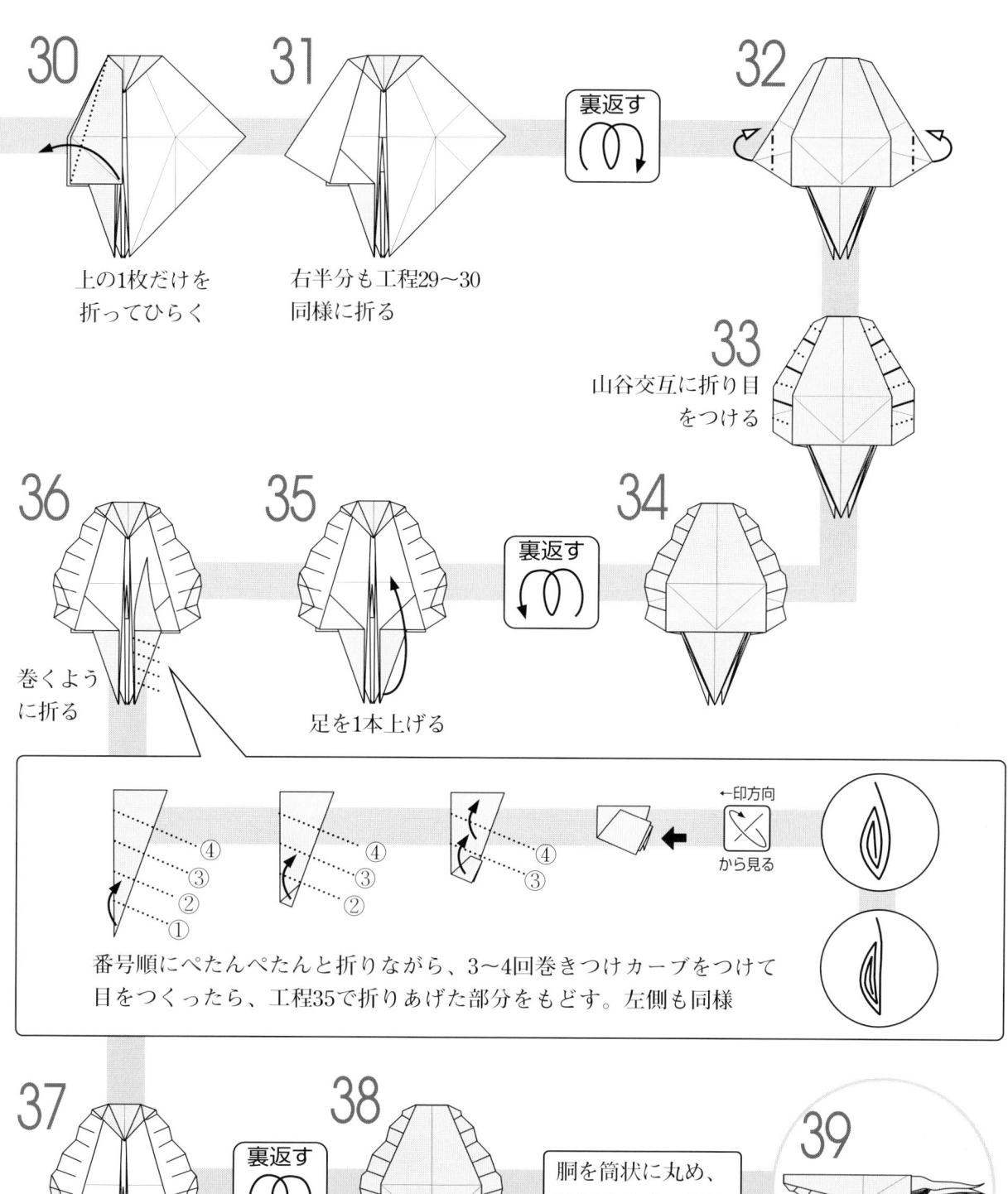

38

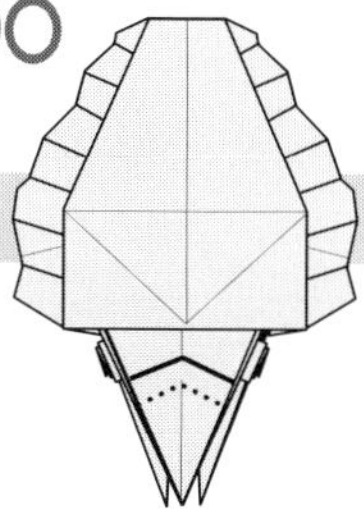

太線は山折り。軽く段折り
してカーブをつける

胴を筒状に丸め、
脚に動きをつける

39

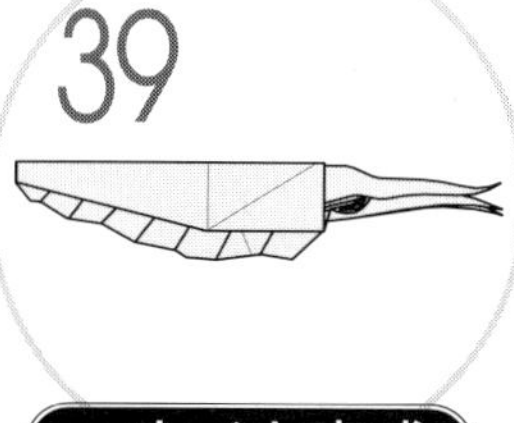

コウイカ完成

サンゴ

モジュールを組みあわせるユニット折り紙です。
氷粒用モジュールに少し手を加えてつくります。

難易度
★★

用紙
（モジュール
1枚につき）

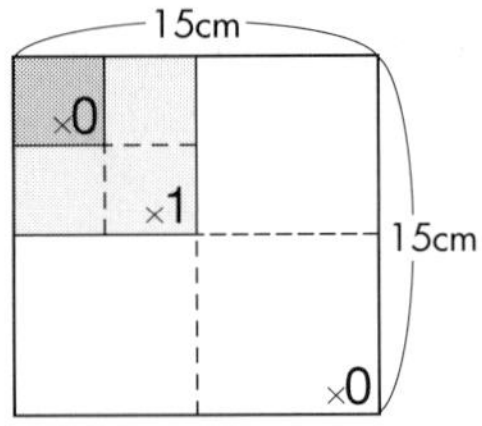

15cm
15cm
×0
×1
×0

Step1 サンゴモジュールΨ（プサイ）を折る

3つに枝分かれするサンゴのモジュールです。モジュール名は、その形になぞらえてギリシャ文字のΨ（プサイ）から名づけました。

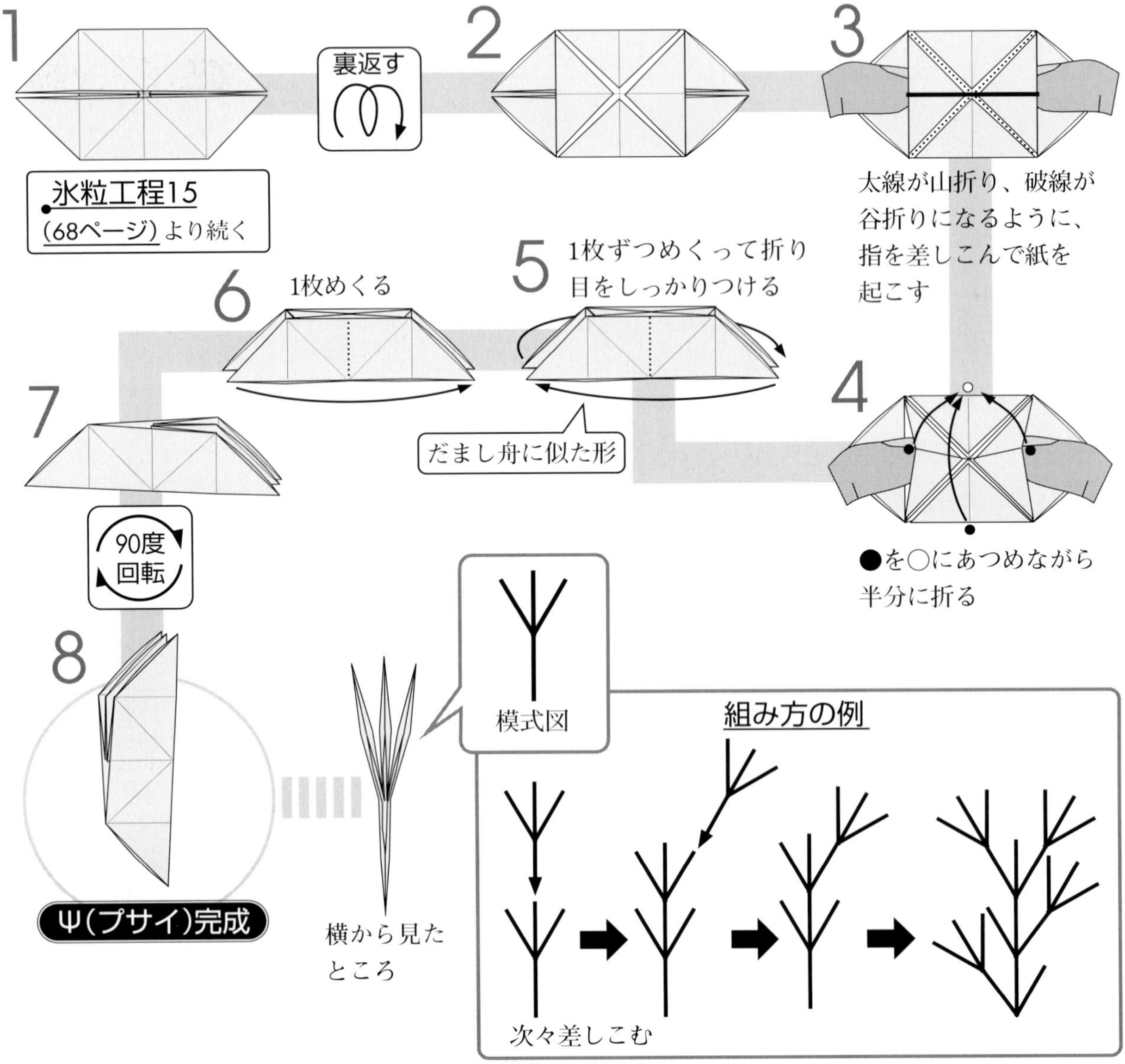

1
氷粒工程15
(68ページ)より続く
裏返す
2
3
太線が山折り、破線が谷折りになるように、指を差しこんで紙を起こす
4
●を○にあつめながら半分に折る
5
1枚ずつめくって折り目をしっかりつける
だまし舟に似た形
6
1枚めくる
7
90度回転
8
Ψ（プサイ）完成
横から見たところ
模式図
組み方の例
次々差しこむ

Step2 サンゴモジュールYを折る

2つに枝分かれするサンゴのモジュールです。前ページのモジュールΨ工程6をひろげたところからはじめます。

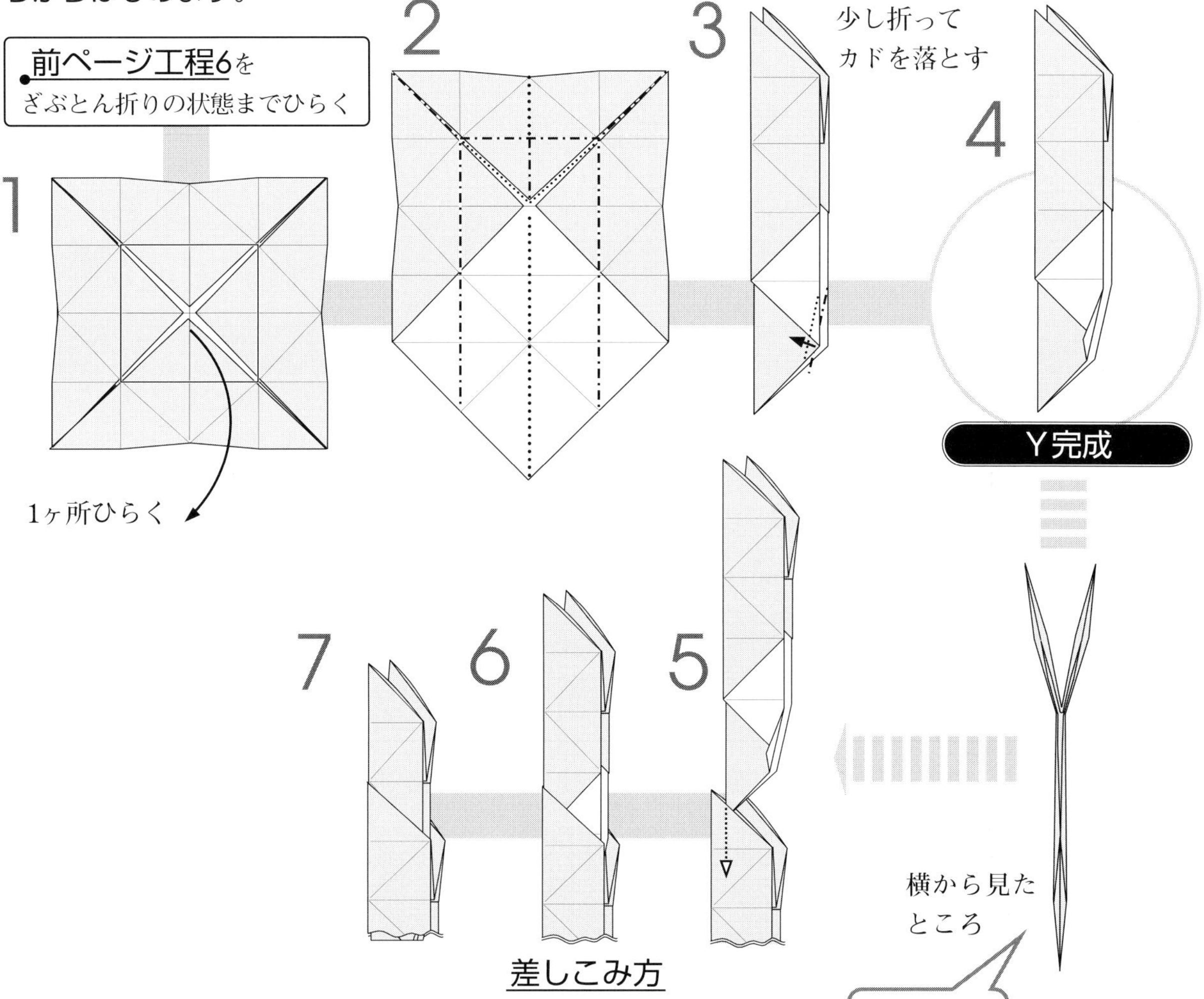
前ページ工程6を
ざぶとん折りの状態までひらく
1
1ヶ所ひらく
2
3
少し折って
カドを落とす
4
Y完成
横から見た
ところ
5
6
7
差しこみ方

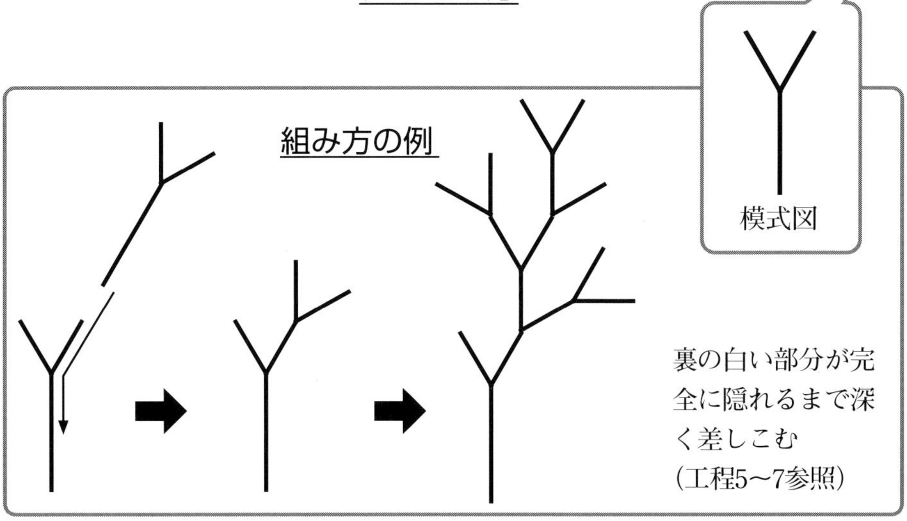
模式図
組み方の例
裏の白い部分が完
全に隠れるまで深
く差しこむ
(工程5～7参照)

Step3 サンゴベースを折る

サンゴを立てるための土台をつくりましょう。Ψ(プサイ)工程6(116ページ)からの続きです。

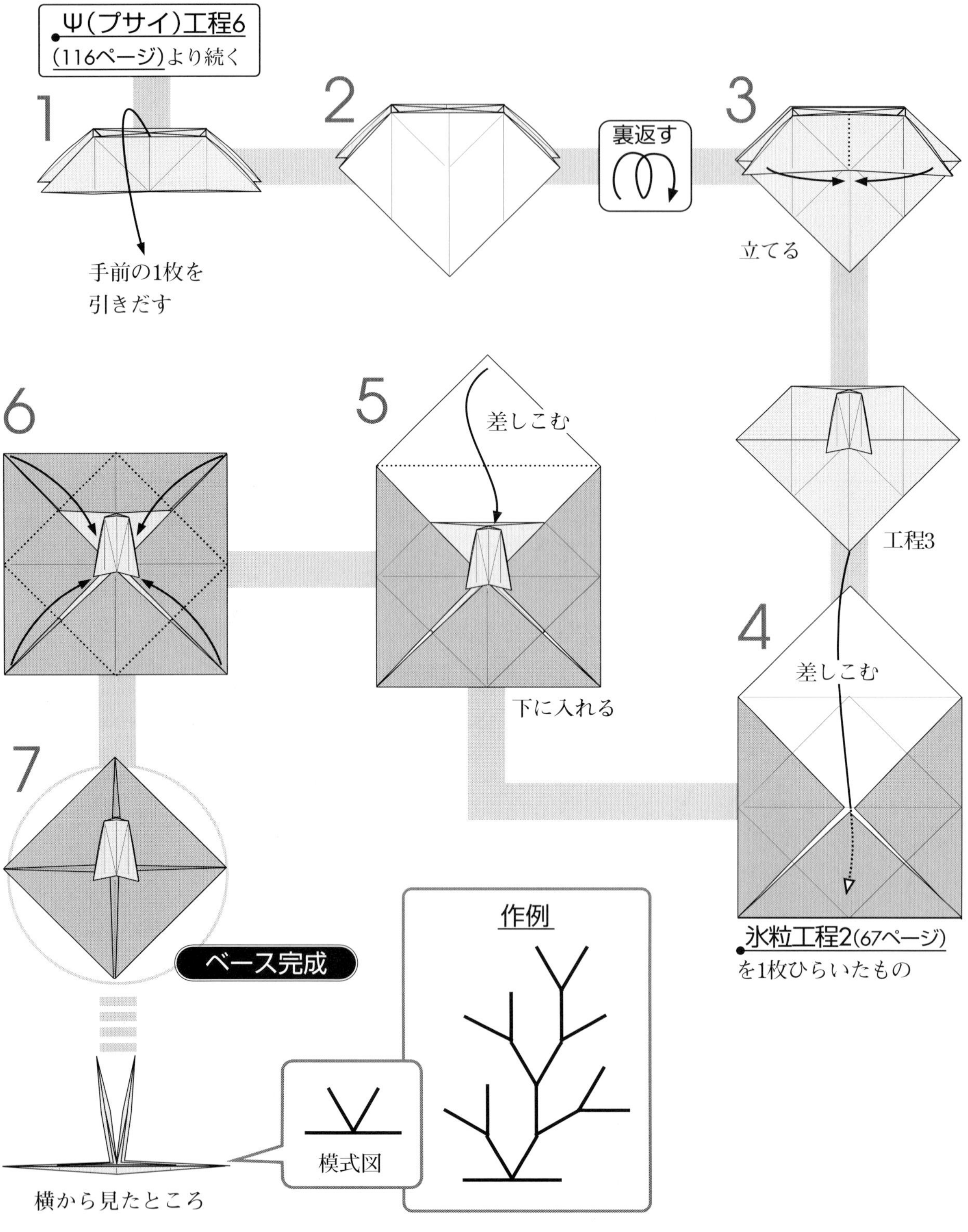
Ψ(プサイ)工程6
(116ページ)より続く
1
手前の1枚を
引きだす
2
裏返す
3
立てる
工程3
4
差しこむ
氷粒工程2(67ページ)
を1枚ひらいたもの
5
差しこむ
下に入れる
6
7
ベース完成
横から見たところ
模式図
作例

応用　サンゴの枝の増やし方

サンゴモジュールの枝の先端を次のように折ると枝が増えます。ここでは、モジュールΨで説明します。モジュールＹの場合も同様です。

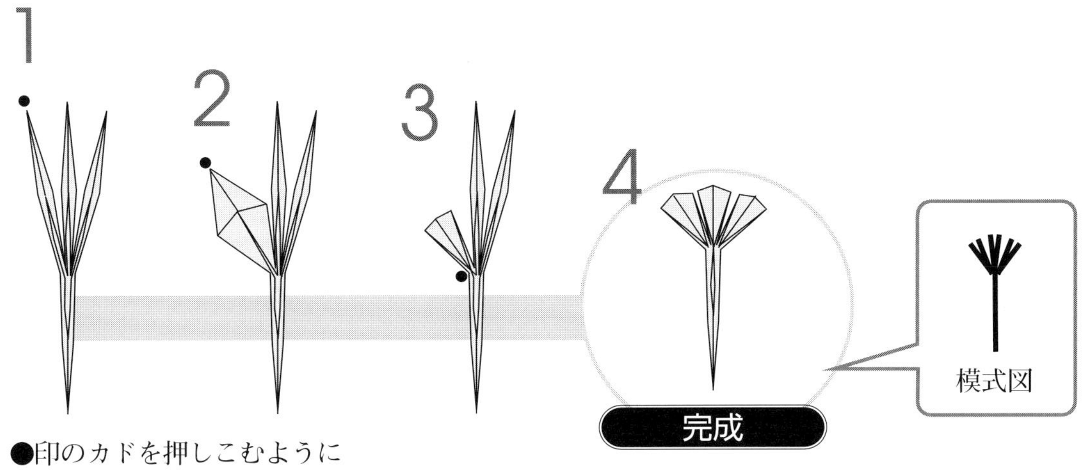

●印のカドを押しこむように
中割り折りする。残り2ヶ所も同様

〈モジュールΨの枝を増やした例〉

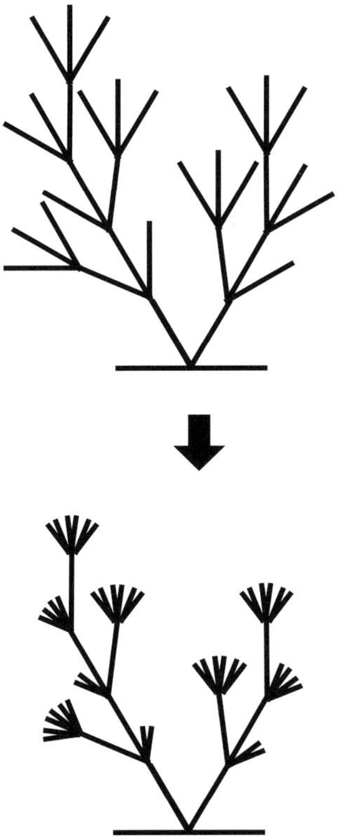

〈モジュールＹの枝を増やした例〉

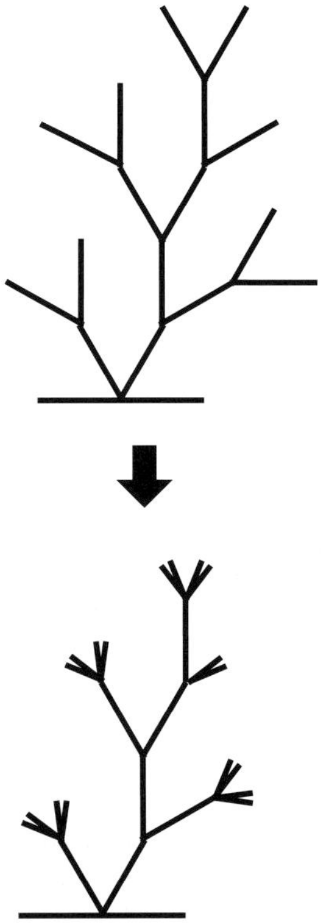

コンブ

難易度 ★

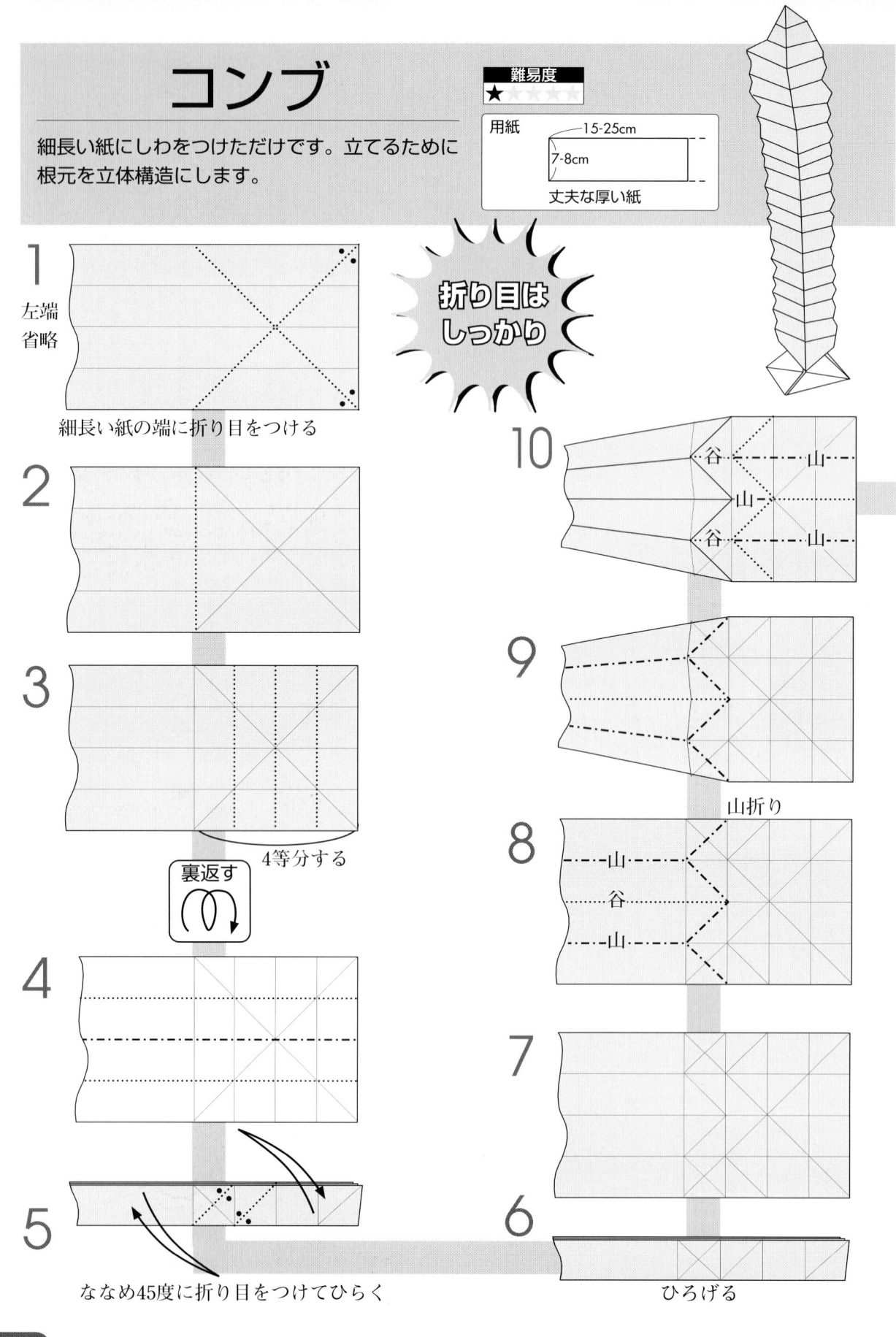

細長い紙にしわをつけただけです。立てるために根元を立体構造にします。

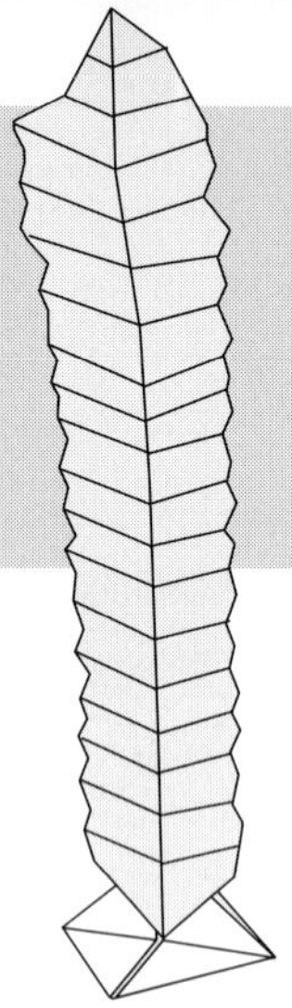

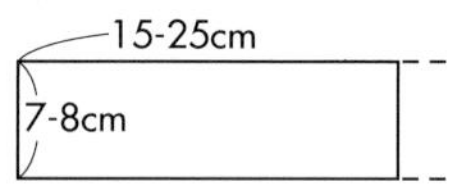

用紙
15-25cm
7-8cm
丈夫な厚い紙

折り目は
しっかり

1

左端
省略

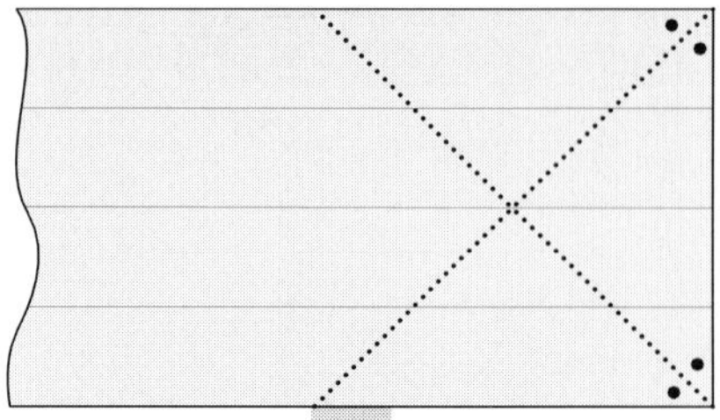

細長い紙の端に折り目をつける

2

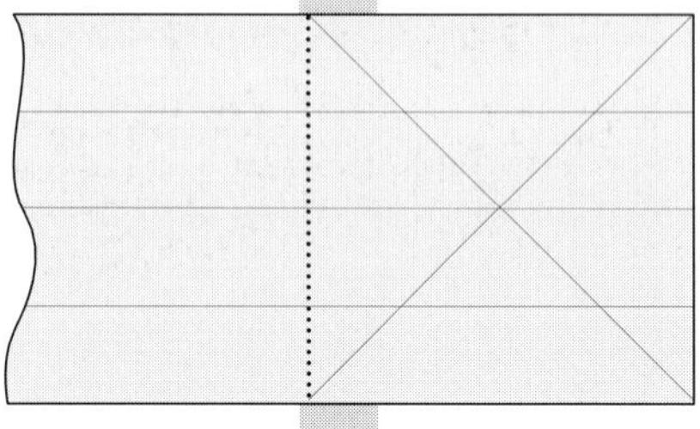

3

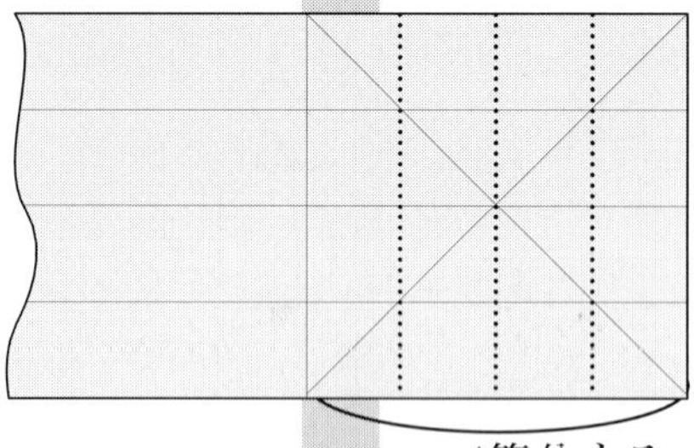

4等分する

裏返す

4

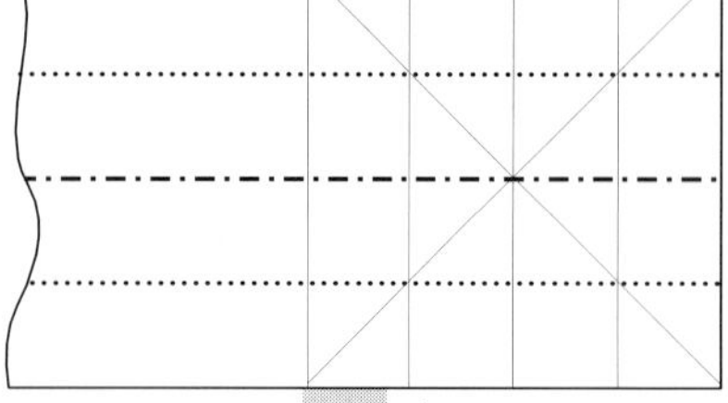

5

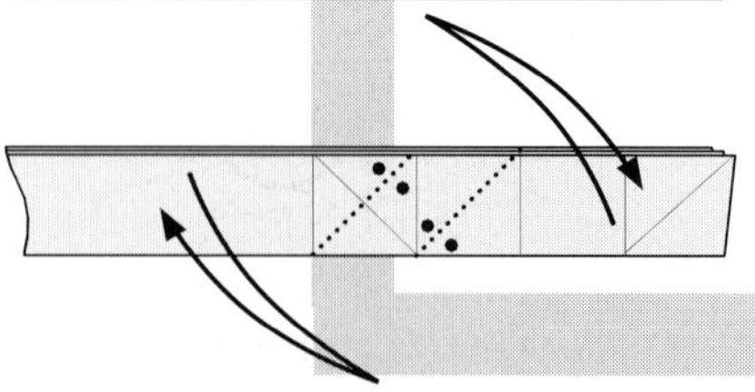

ななめ45度に折り目をつけてひらく

6

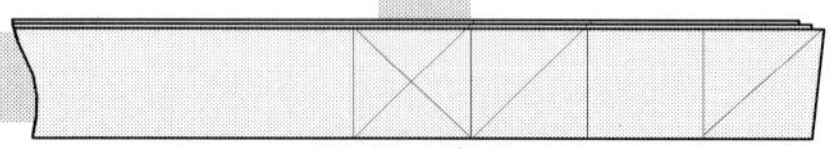

ひろげる

7

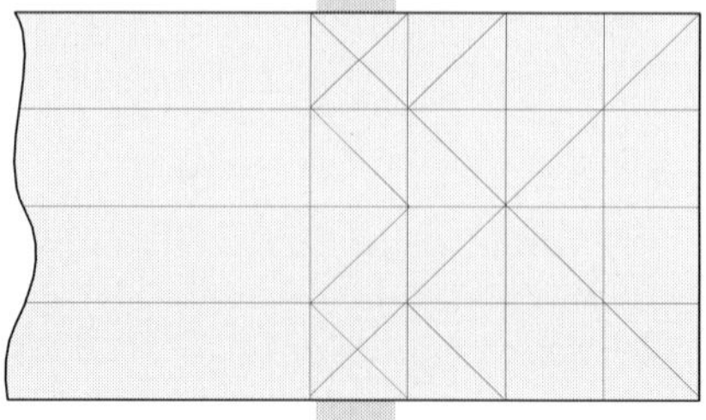

8

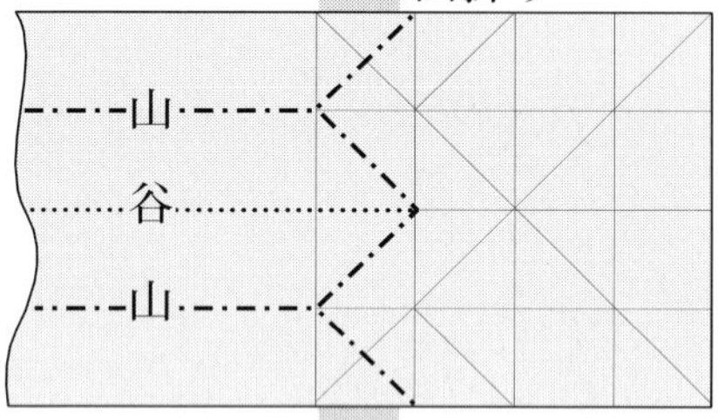

山
谷
山

山折り

9

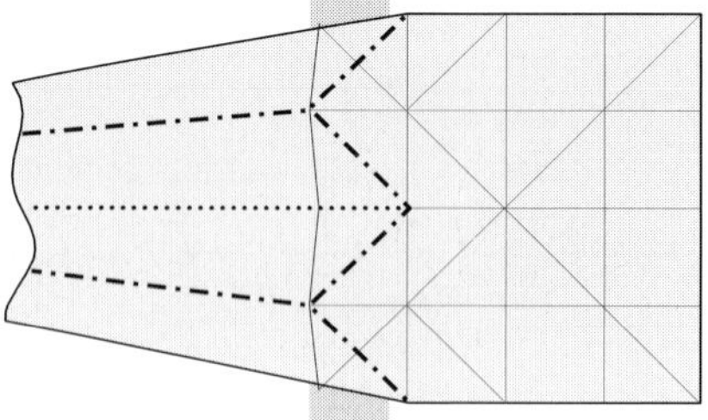

10

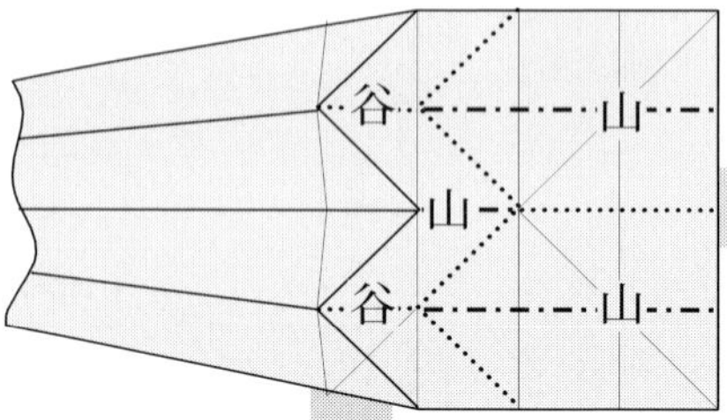

谷
山
山
谷
山

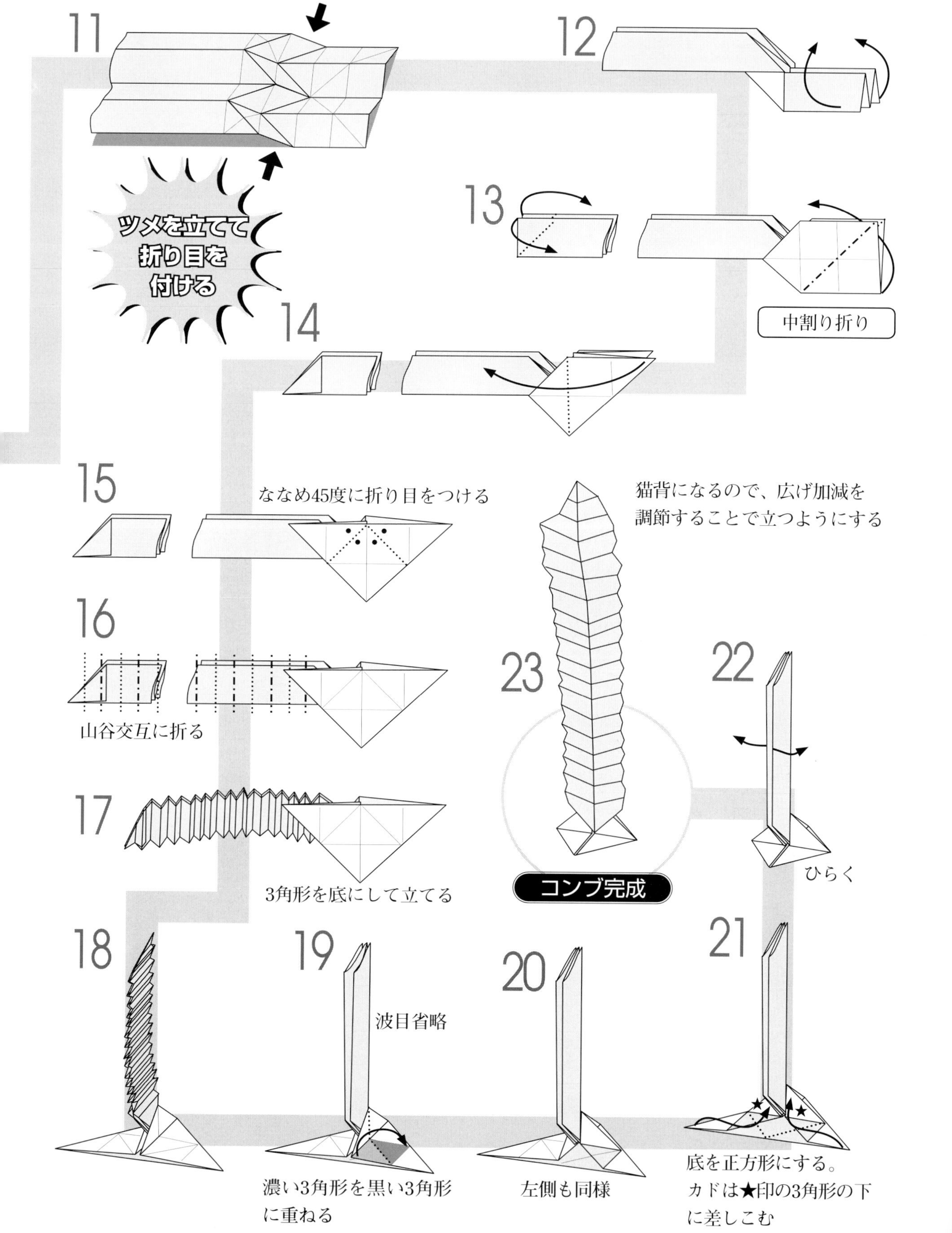
11
ツメを立てて
折り目を
付ける
12
13
中割り折り
14
15
ななめ45度に折り目をつける
16
山谷交互に折る
17
3角形を底にして立てる
18
19
波目省略
濃い3角形を黒い3角形
に重ねる
20
左側も同様
21
底を正方形にする。
カドは★印の3角形の下
に差しこむ
22
ひらく
23
猫背になるので、広げ加減を
調節することで立つようにする
コンブ完成

ワカメ

海流にながされないように岩をしっかりつかむ根の力強さを強調しました。

難易度
★

用紙　15cm程度

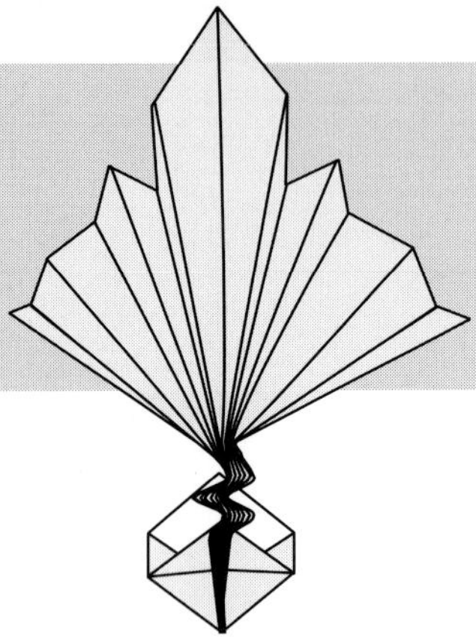

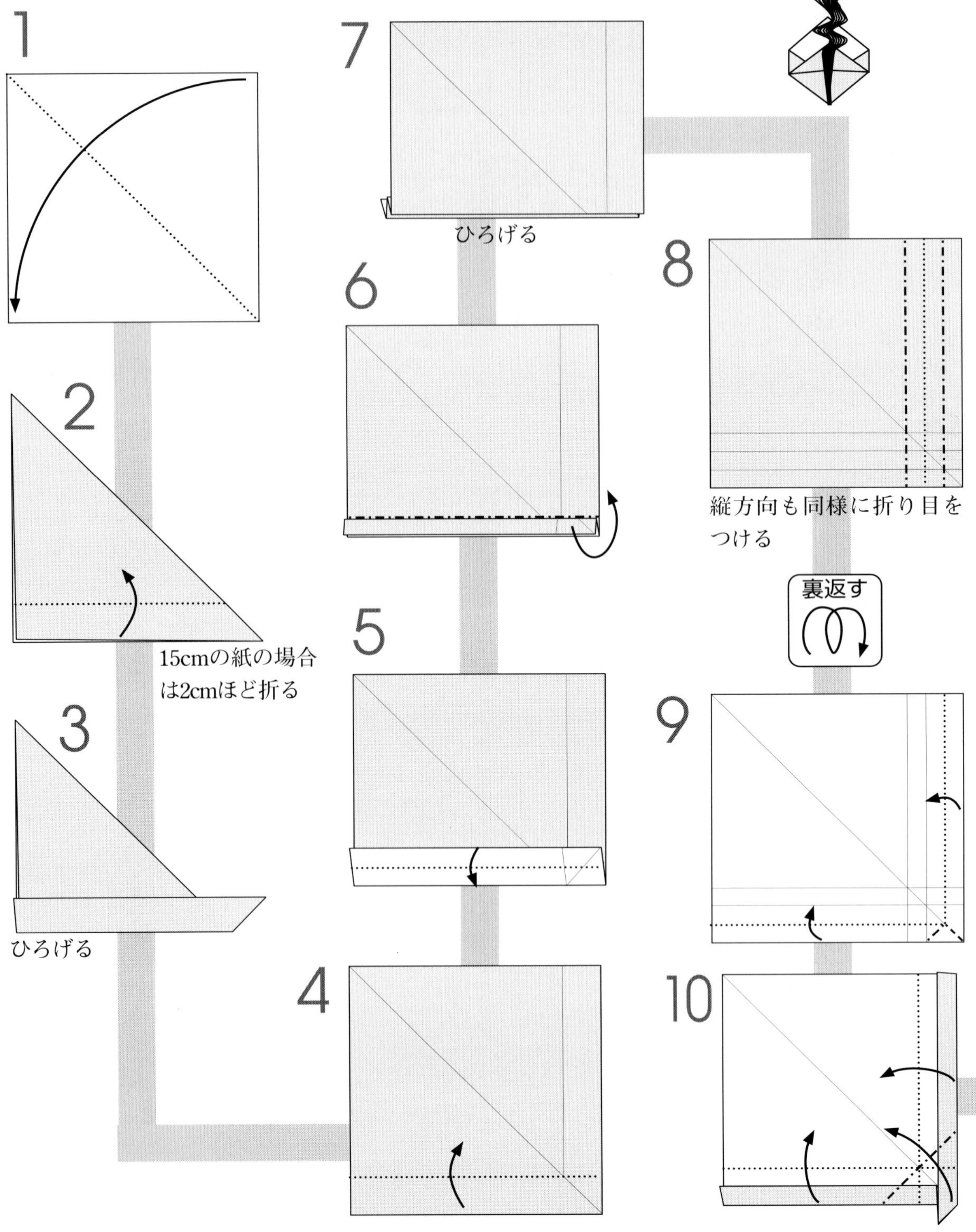
1
2
15cmの紙の場合
は2cmほど折る
3
ひろげる
4
5
6
7
ひろげる
8
縦方向も同様に折り目を
つける
裏返す
9
10

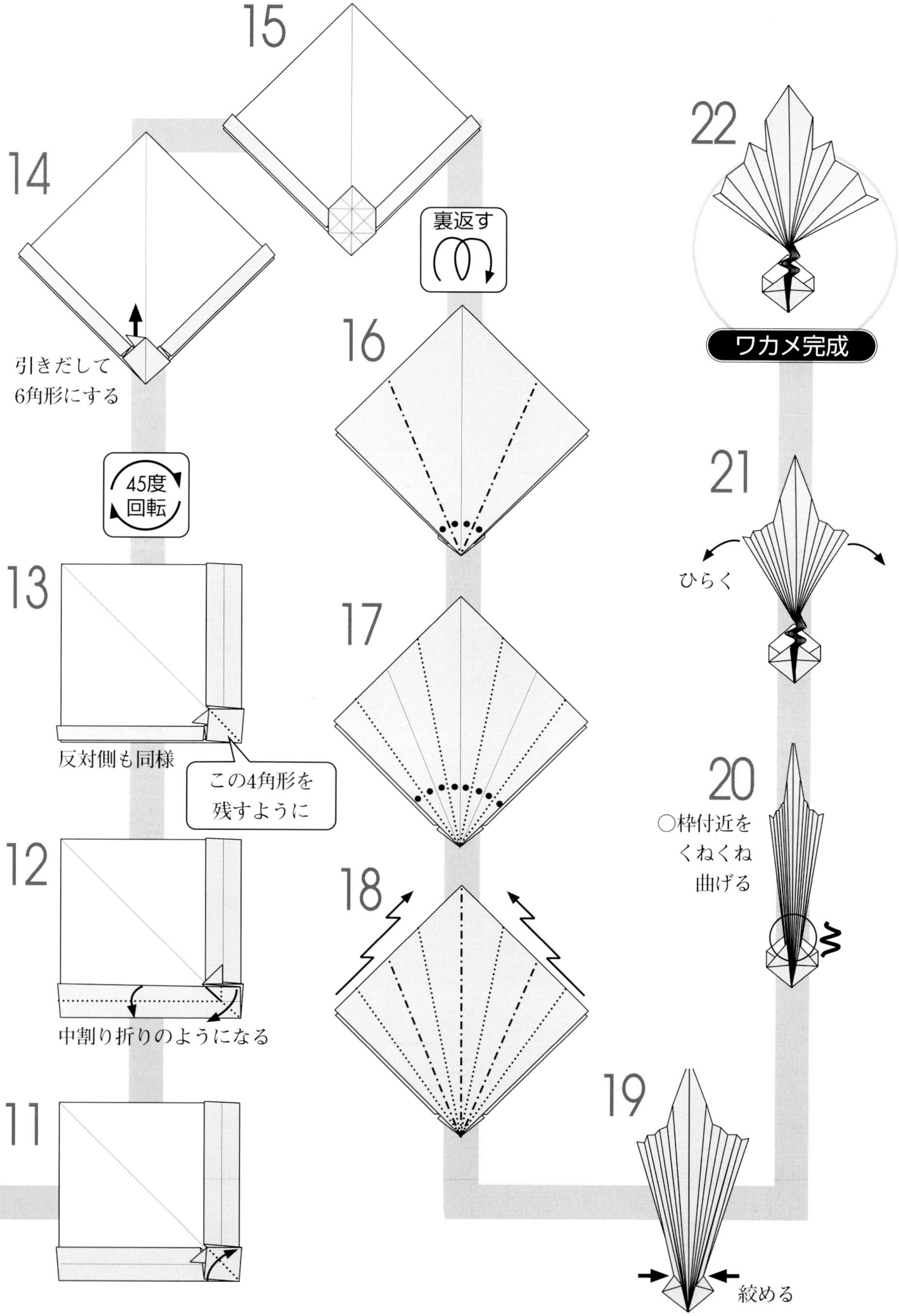

11
12
中割り折りのようになる
13
反対側も同様
この4角形を残すように
45度回転
14
引きだして6角形にする
15
裏返す
16
17
18
19
絞める
20
○枠付近をくねくね曲げる
21
ひらく
22
ワカメ完成

使用した用紙一覧

表紙・銀河鉄道の夜（口絵2～3ページ）

作品	折り方（ページ）	用紙の一般名称	商品名（色）［メーカー名］
家	33	色画用紙	MC色画用紙［ジャクエツ］
			ヴィベール（白）
木	38	色画用紙	MC色画用紙［ジャクエツ］
汽車	41		NKメタルカラー（シルバー）
（窓の内側の部分）			ハイピカE-2（ゴールド）
線路（枕木）	55		ラップランド　アーバンメタル（ゴールド/ブラック）
（レール）	57	普通の色紙白	
スペースシャトル	58		ハイピカE-2（ゴールド）
			ハイピカE-2（シルバー）
雪の結晶	64		NEW特レーグル輝き（ゴールド）
氷粒	67		NEW特レーグル輝き（ゴールド）

子ギツネの春と秋（口絵4～5ページ）

作品	折り方（ページ）	用紙の一般名称	商品名（色）［メーカー名］
子ギツネ	70	厚紙	レザック80つむぎ（茶）
		色画用紙	MC色画用紙［ジャクエツ］
バラ	74	普通の色紙	［トーヨー］のおりがみ（あか）
バラの葉	82	普通の和紙	
桜一輪	85		［トーヨー］のおりがみ（うすピンク）
桜玉	87		［トーヨー］のおりがみ（うすピンク）
桜玉（八重）	89		［トーヨー］のおりがみ（うすピンク）
おたくさ	90		オーロラおりがみシルキー［トーヨー］
枯葉	92	色画用紙	MC色画用紙［ジャクエツ］

海・浅瀬と深海（口絵6～7ページ）

作品	折り方（ページ）	用紙の一般名称	商品名（色）［メーカー名］
ヤリイカ	94		レーザーカラーおりがみリング［ショウワグリム］
ゴンズイ	100	普通の色紙	［トーヨー］のおりがみ（うすきみどり）（黒）
巻き貝	102	特殊紙（手作り）	
サザエ	110	特殊紙（手作り 典具帳紙＋銀紙）	
コウイカ	112	厚紙（レザック）	
サンゴ	116	普通の色紙	教育カラーおりがみ（さんご）［KOMA］
コンブ	120	厚紙	
ワカメ	122	厚紙	

応用作品（口絵16ページ）

作品	折り方（ページ）	用紙の一般名称	商品名（色）［メーカー名］
バラのイヤリング	74		スピンカラーおりがみ［トーヨー］ほか
バラのブローチ	74		カラーメッシュおりがみ［トーヨー］
イカの箸置き	94		NEW特レーグル輝き（ゴールド）
家のメモスタンド	36	色画用紙	MC色画用紙［ジャクエツ］

裏表紙・口絵扉（1ページ）

作品	折り方（ページ）	用紙の一般名称	商品名（色）［メーカー名］
バラ	74		オーロラおりがみシルキー［トーヨー］
	74		オーロラおりがみ［ダイヨ］

あとがき――折り紙、内と外の楽しみ

数学をやっているせいか、私の作品は見る人に幾何学的印象を与えるようで、数学的に計算して作品を考え出すのでしょうとよく言われます。しかし私の作品はほとんどが試行錯誤で生まれ、数学を直接に使うことはまずありません。ところが折り紙には数学に似たところがあります。紙と鉛筆があれば数学はできると言われますが、折り紙は紙と指があればできます。これは両者にブラックボックスがないことを象徴しています。人や道具に頼らず一から十まですべてを自分一人でできます。自由な思索、自分独りで楽しめる世界が折り紙や数学にはあります。序文で、新井正敏さんは折り紙をスクエアという言葉で表現されました。この言葉を拝借すると、折り紙作りはスクエア内の楽しみと言えるでしょう。

スクエア外の楽しみ。これに気づくのに15年かかりました。自分独りの楽しみとして生み出した作品は、知らぬ間に私の手を離れ、人々に語り始めていました。本書に収録した「バラ」はその旗手でした。結婚式のために2000個の「バラ」を折ったカップル。「ブラジルからの機内でバラを折って機長にプレゼントしたら、コクピットに招待された」と嬉しそうに語る日系一世のご婦人。

これは、バラにかぎった話ではありません。「私のお気に入りさ！」と自分で折った飛行機を披露した相手が、原作者(つまり私)であることを知って驚いたアメリカ人などなど。作品の歩いた後を辿るだけで世界中に仲間ができました。折り方を教え教えられることで、言葉、宗教、国境を越えた交流ができます。スクエア外の楽しみは誰もが簡単に手にすることができます。

本書は多くの方々の力を借りて完成しました。締めきり間際の無理なお願いを受けて序文を書いてくださった新井正敏さんは、私と朝日出版を結びつけるきっかけとなったNHKテレビ番組「誰もいない部屋」を製作されました。折り紙 夢WORLDの具現化では、神原恵里子さんという助っ人、いや先生に手とり足とりきめ細かく指導していただきました。撮影を杉山英治さん、ブックデザインを菊池大作さんにしていただきました。折り紙仲間の浦上新吾さんにバラのイヤリングを、鈴木恵美子さんにバラのブローチを作っていただきました。また、「おたくさ」の製作は私の兄・川崎英文。バラ、桜、枯葉、木などの製作は、淺田智宏くん、渕瀬大輔くん、貝野百合子さん、田代実加さん、掘田千華子さん、花村維さん、小川恭子さんほか、佐世保高専の多くの学生が手伝ってくれました。お力添えしていただいた方々に、この場を借りてお礼申し上げます。ありがとうございました。

最後に一言。この本は普段折り紙に接していなかった方でも楽しめるようにまとめました。本書を手にした方が、何かを感じとり、それをきっかけに新たな交流が生まれることを願っています。

2001年6月　川崎敏和

「折り紙夢WORLD」

2001年7月1日　初版第1刷発行
2004年5月10日　初版第9刷発行

著　者　川崎 敏和

発行者　原 雅久

発行所　朝日出版社
101-0065　東京都千代田区西神田3-3-5
電話番号　03-3263-3321（代表）
振替番号　00140-2-46008
HPアドレス　http://www.asahipress.com/

印刷・製本　凸版印刷株式会社

ISBN4-255-00096-4　C0076
乱丁、落丁はお取り替えします。

Printed in Japan